대학편입은 김영, 편입수험서는 김앤북!

편입수험서 No.1 김앤북

김영편입 **영어** 시리즈

| 어휘시리즈 |

| 기출 1단계(문법, 독해, 논리) |

| 워크북 1단계(문법, 독해, 논리) |

| 기출 2단계(문법, 독해, 논리) |

| 워크북 2단계(문법, 독해, 논리) |

| 기출 3단계(연도별 기출문제 해설집) |

김영편입 **수학** 시리즈

| 1단계 이론서(미분법, 적분법, 선형대수, 다변수미적분, 공학수학) |

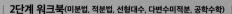

| 2단계 워크북(미분법, 적분법, 선형대수, 다변수미적분, 공학수학) |

| 3단계 기출문제 해설집 |

축적된 **방대한 자료**와 **노하우**를 바탕으로 **전문 연구진**들의 교재 개발,
실제 시험과 **유사한** 형태의 문항들을 개발하고 있습니다.
수험생들의 **합격을 위한** 맞춤형 **콘텐츠**를 제공하고자 합니다.

내일은 시리즈(자격증/실용 도서)

자격증

정보처리기사 필기, 실기

컴퓨터활용능력 1급, 2급 실기

빅데이터분석기사 필기, 실기

데이터분석 준전문가(ADsP)

GTQ 포토샵 1급

GTQi 일러스트 1급

리눅스마스터 2급

SQL개발자

실용

코딩테스트

파이썬

C언어

플러터

SQL

자바

코틀린(출간예정)

스프링부트(출간예정)

머신러닝(출간예정)

전기/소방 자격증

2024 전기기사 필기
필수기출 1200제

2025 소방설비기사 필기 공통과목
필수기출 400제

2025 소방설비기사 필기 전기분야
필수기출 400제

김앤북의 가치

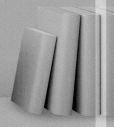

**도전
신뢰**

끊임없이 개선하며 **창의적인 사고**와 **혁신적인 마인드**를 중요시합니다.
정직함과 **도덕성**을 갖춘 사고를 바탕으로 회사와 고객, 동료에게 **믿음**을 줍니다.

**함께
성장**

자신과 회사의 발전을 위해 **꾸준히 학습**하며, 배움을 나누기 위해 노력합니다.
학생, 선생님 **모두 만족시킬 수 있는 **최고의 교육 콘텐츠**와 **최선의 서비스**를
위해 노력합니다.

**독자
중심**

한 명의 독자라도 **즐거움**과 **만족**을 느낄 수 있는 책, 많은 독자들이 함께 **교감**하는
책을 만들기 위해 노력합니다. **분야를 막론**하고 **독자들의 마음속**에 오래도록 깊이
남는 **좋은 콘텐츠**를 만들어가겠습니다.

김앤북은 메가스터디 아이비김영의
다양한 교육 전문 브랜드와 함께 합니다.

김영편입 　　　김영평생교육원 　　　미대편입 **Ch ngjo**

UNISTUDY 　　　더조은아카데미 　　　 메가스터디아카데미

메가스터디교육그룹
아이비원격평생교육원　　　 엔지니어랩

합격을 완성할 단 하나의 선택

김영편입

영어

2025 건국대학교

기출문제 해설집

김앤북
KIM&BOOK

PREFACE

건국대 기출문제 해설집, 합격을 향한 완벽 가이드!

편입영어 시험은 단순히 영어 능력만을 평가하는 것이 아니라, 해당 대학에서의 수학능력을 평가하는 도구로서 활용됩니다. 따라서 편입영어 시험에서는 어휘, 문법, 논리, 독해 영역에서 높은 이해도를 요구하며, 이를 통해 학생들의 역량을 평가하게 됩니다.

편입영어 시험은 대학마다 출제 방식이나 난이도가 다르기 때문에, 각 대학의 특성에 맞게 대비해야 합니다. 또한, 자신의 목표와 상황에 따라 적절한 전략을 수립하여 효율적으로 공부하는 것이 중요합니다.

『김영편입 영어 2025 건국대학교 기출문제 해설집』은 편입 수험생이 2020학년도~2024학년도 건국대 편입영어 시험에 출제된 문제를 통해 출제경향과 난이도를 파악하여 실전에 대비할 수 있도록 구성했습니다. 연도별 심층분석 자료와 더불어, 건국대 편입 성공을 이루어 낸 합격자의 영역별 학습법을 수록하였습니다. 지문 해석뿐만 아니라 선택지 해석, 어휘, 문제풀이 분석 및 오답에 대한 설명을 제공하여 편입 시험에 도전하는 수험생을 위하여 기출문제에 대한 자신감을 갖도록 기획했습니다.

김영편입 컨텐츠평가연구소

HOW TO STUDY

기출문제 해설집에 수록된 모든 유형의 문제를 풀어보자!

5개년 기출문제는 실제 시험의 출제경향과 난이도를 파악할 수 있는 중요한 참고 자료입니다. 기출문제는 연도별 난이도의 편차와 유형의 차이가 존재하므로, 5개년 기출문제를 통해 출제 포인트와 난이도를 파악하고 이에 맞춰 학습목표를 설정하는 것이 중요합니다.

실제 시험과 동일한 환경에서 풀어보자!

편입시험은 제한된 시간에 많은 문제를 풀어야 하기 때문에 시간안배가 중요합니다. 또한 문항별 배점이 다른 대학의 경우 배점이 높은 문제를 먼저 풀어 부족한 시간에 대비하는 것도 필요합니다. 실제 시험장에서 긴장하지 않고 시험환경에 얼마나 잘 적응할 수 있느냐가 고득점의 필수요건이므로, 기출문제집을 통해 이에 대비해야 합니다.

풀어본 문제는 해설과 함께 다시 한 번 확인하여 정리하자!

○ 기출문제 해설집에는 지문 해석뿐만 아니라 문제의 해석, 분석, 어휘, 오답에 대한 설명 등이 상세하게 수록됐습니다.

○ 어휘는 기출어휘에서 출제되는 경향이 높으므로 표제어뿐만 아니라, 선택지에 제시된 어휘를 잘 정리해서 암기해야 합니다. 출제된 어휘를 상세하게 수록하여 사전의 도움 없이 어휘 학습이 가능하도록 구성했습니다.

○ 문법은 문제별 출제 포인트를 제시하고, 해설과 문제에 적용된 문법 사항을 정리하여 문제를 쉽게 이해할 수 있도록 했습니다. 오답 노트를 만들어 취약한 부분을 정리하는 것이 필요하며, 해설이 이해가 안되는 경우 문법 이론서를 통해 해당 문법 사항을 반드시 이해하고 넘어가야 합니다.

○ 논리완성은 문제를 풀기 위해서 문장을 정확히 분석하는 능력을 키우는 동시에 다량의 어휘를 숙지하고 있어야 합니다. 문제에 대한 정확한 해석뿐만 아니라 글이 어떻게 구성되어 해당 어휘가 빈칸에 적절한지에 대한 상세한 분석이 돼 있습니다. 또한 문제 및 선택지에 출제된 어휘도 상세히 수록하여 어휘 학습을 병행하는 데 도움이 되도록 구성했습니다.

○ 독해는 편입시험에서 가장 비중이 높은 영역입니다. 지문 해석뿐만 아니라 선택지도 해석이 돼 있어 편입을 처음 접하는 학생들도 쉽게 이해할 수 있도록 구성했으며 오답에 대한 설명을 수록하여 문제의 이해도를 높였습니다.

CONTENTS

교재의 내용에 오류가 있나요?
www.kimyoung.co.kr ➡ 온라인 서점 ➡ 정오표 게시판
정오표에 반영되지 않은 새로운 오류가 있을 때에는 교재 오류신고 게시판에 글을 남겨주세요. 정성껏 답변해 드리겠습니다.

문제편

출제경향 및 난이도 분석

▶▶ 건국대 편입영어 시험은 예년과 출제된 문제 유형과 난이도는 비슷했지만, 유형별 문항 수에서 큰 변화가 있었다. 어휘와 문법, 독해의 비중이 축소되고 논리완성의 비중이 크게 증가했다. 그리고 지난해와 달리 변별력이 높지 않은 어휘, 단문형 논리완성 대신 장문형 논리완성과 독해 문제에 높은 배점을 부여했다.

2020~2024학년도 건국대 영역별 문항 수 비교

구분	어휘	문법	논리완성	독해	합계
2020학년도	4	6	14	16	40
2021학년도	7	6	11	16	40
2022학년도	6	6	10	18	40
2023학년도	8	6	9	17	40
2024학년도	6	4	16	14	40

2024 건국대 영역별 분석

어휘

구분	2020	2021	2022	2023	2024
문항 수(동의어)	4/40(10%)	7/40(17.5%)	6/40(15%)	8/40(20%)	6/40(15%)

▶▶ 밑줄 친 어휘와 의미가 가장 가까운 것을 고르는 동의어 유형 6문제가 출제됐다. 출제된 어휘에는 endorsement(=ratification), fictitious(=spurious), repugnant(=repulsive), equivocality(=ambiguity), congenial(=easygoing), indulgent(=lenient)가 있었다. 밑줄 친 어휘와 보기는 기출어휘 수준에서 크게 벗어나지 않는 범위 내에서 출제됐다.

문법

구분	2020	2021	2022	2023	2024
문항 수 (W/E)	6/40(15%)	6/40(15%)	6/40(15%)	6/40(15%)	4/40(10%)

▶▶ 밑줄 친 보기 중 어법상 옳지 않은 것을 고르는 Written Expression 유형 4문제가 출제됐다. 지난해와 달리 장문형 문법 문제의 비중이 축소되었다. 부사를 수식할 수 있는 의문부사 how의 용법, to부정사의 병치, 감정 및 심리 유발 동사의 분사의 태, be devoted to 다음에 동명사가 오는 경우를 묻는 문제가 출제됐다. 출제된 문제의 평가 요소를 살펴봤을 때 편입시험에 자주 출제되는 유형 위주로 다양한 문법 사항이 포함되었음을 확인할 수 있다.

논리완성

구분	2020	2021	2022	2023	2024
문항 수	14/40(35%)	11/40(27.5%)	10/40(25%)	9/40(22.5%)	16/40(40%)

▶▶ 단문의 어휘형 빈칸완성 10문제와 장문의 논리형 빈칸완성 6문제가 출제됐다. 지난해와 달리 논리완성의 비중이 크게 증가했으며, 특히 어휘형 빈칸완성 문제가 2문제에서 10문제로 늘어났다. 어휘형 빈칸완성 문제에서는 'incongruous'의 어원 분석, terse(간결한)의 반의어인 verbose(장황한), '해고하다'는 의미의 lay off, 스마트폰에 의해 디지털 연결이 어디에서나 가능해짐(ubiquity)에 따른 온라인 커뮤니티의 영향력의 증가, 정통파(orthodox)에 대한 설명, 비현실적인 꿈을 바탕으로 미래를 설계하는 것을 꺼리는 실용주의자(pragmatist), 음악의 보편성(universal)에 대한 특징, 생분해되는(biodegradable) 형태의 플라스틱, 새로운 치료법을 옹호하는 의학 연구원과 비판자들이 새로운 치료법을 비난(accusation)하는 이유, 시험 출제자가 두 개의 정답을 골라야 하는 문제를 출제할 때 응시자에게 혼란을 주는(mislead) 방법 등이 출제됐다. 논리형 빈칸완성 문제에서는 청각적 지각과 시각적 지각의 지각 불변성(perceptual constancy)의 문제, 창의성에 있어서 생산성(productivity)의 문제, 확증-증거 편향에 관한 연구, 조정자의 역할을 하는 인공 지능 기계, 사람들에게 적절하지 않은 인공지능식 사고 등이 출제됐다.

독해

구분	2020	2021	2022	2023	2024
지문 수	11	9	11	13	6
문항 수	16/40(40%)	16/40(40%)	18/40(45%)	17/40(42.5%)	14/40(35%)

▶▶ 독해는 문제의 난이도, 지문의 길이, 출제 유형 면에서 지난해와 큰 차이가 없었다. 글의 제목, 글의 주제, 내용일치, 빈칸완성, 문장삽입, 문맥상 적절하지 않은 단어 고르기 등 다양한 유형의 문제들이 출제됐다. 지문의 내용을 살펴보면 "교육에서 음악 가치의 변화", "영국 고딕 양식의 하위 유형", "아이들이 부모의 반응을 통해 공포증을 학습하는 과정", "감정과 도덕적 판단의 상호작용 과정으로 간주하는 사회영역이론", "친사회적이지 않은 성향", "동물 언어와 인간 언어의 차이" 등 교육, 심리, 사회와 관련된 주제의 지문이 주로 출제됐다.

2025 건국대 대비 학습전략

▶▶ 2024학년도 건국대 편입시험의 특징은 지난해에 비해 논리완성의 비중이 증가했다는 점이다. 특히 단문의 어휘형 빈칸완성 문제가 많이 출제됐다. 건국대는 논리완성과 독해의 출제 비중이 높으므로, 다양한 문장 속에서 빈칸을 추론하는 연습을 하고 중·단문 유형의 독해문제를 많이 풀어보는 것이 중요하다. 그리고 문맥상 적절하지 않은 단어 고르기 유형의 문제가 꾸준히 출제되고 있으므로 이에 대한 대비도 필요하다. 어휘와 문법은 기출어휘와 빈출 문법 사항 위주로 학습하면 시험을 대비하는 데 도움이 될 것이다.

건국대학교

2024학년도 인문·예체능계 A형
▶▶ 40문항·60분

[문항별 배점: 01-20 2점/ 21-40 3점]

[01-06] 밑줄 친 어휘와 의미가 가장 가까운 것을 고르시오.

01 The <u>endorsement</u> of our native powers of making sense of our experience according to our own standards of rationality should also make it possible for us to acknowledge the ubiquitous contributions made by sense perception to the tacit components of articulate knowledge.

① dissociation ② ratification ③ equilibrium
④ incongruity ⑤ alienation

02 The main difference between a <u>fictitious</u> mathematical entity, like a complex number, and a fantastic character like Sherlock Holmes, lies in the greater hold which the latter has on our imagination.

① veritable ② spurious ③ legitimate
④ detrimental ⑤ tangible

03 Lucy's roommate, a classical music major, found Lucy's love of hip-hop totally <u>repugnant</u>.

① rampant   ② rude   ③ repulsive

④ raw   ⑤ regressive

04 The archaeological 'record' is not a record at all, but made, not given, 'data'. 'The past' is gone and lost, and *a fortiori*, through the <u>equivocality</u> of things and the character of society, never existed as a definitive entity 'the present' anyway.

① stability   ② agility   ③ fragility

④ ambiguity   ⑤ specificity

05 The people in that city are <u>congenial</u>, and any visitor who stays more than a day or two soon catches the spirit.

① shy   ② mean   ③ eccentric

④ easygoing   ⑤ cold-hearted

06 The child was so spoiled by her <u>indulgent</u> parents that she pouted and became grumpy when she did not receive all of their attention.

① lenient   ② ingenuous   ③ discreet

④ unfathomable   ⑤ precarious

[07-16] 빈칸에 들어갈 가장 적절한 단어를 고르시오.

07 The word *incongruous* contains three key word parts. *In-* here means 'not'; *con-* means 'together'; *gru-* means to 'move or come'. *Incongruous* behavior, therefore, is behavior that _____ someone's usual behavior.

① can not support   ② is not followed by   ③ disagrees with

④ does not bring   ⑤ is not related with

08 Bored by the _____ prose of the typical Victorian novelist, he was attracted by the terse prose of the young American writer.

① tranquil   ② obtuse   ③ verbose

④ partial   ⑤ inconsistent

09 Finding themselves existentially homeless in the real world, many have found the experience of community online, especially in the form of social networks. The influence of online communities has drastically increased with the _____ of digital connectivity afforded by smartphones.

① ubiquity   ② concentration   ③ convenience
④ authenticity   ⑤ unification

10 If you describe someone as _____, you mean that they hold the older and more traditional ideas of their religion or party.

① degraded   ② orthodox   ③ shabby
④ cynical   ⑤ radical

11 If workers are _____, they are told by their employers to leave their job, usually because there is no more work for them to do.

① laid off   ② put up with   ③ called upon
④ fallen apart   ⑤ pulled down

12 She is a(n) _____, as disinclined to base her future on impractical dreams as she would be to build a castle on shifting sand.

① optimist   ② skeptic   ③ idealist
④ pessimist   ⑤ pragmatist

13 We often hear the expression "music is the _____ language." By this people mean that even if two people do not speak each other's language, they can at least appreciate music together. But like so many popular sayings, this one is only partially true. Although all people do have the same physiological mechanisms for hearing, what a person actually hears is influenced by his or her culture.

① clandestine   ② hedonistic   ③ taciturn
④ authentic   ⑤ universal

14 In a revolutionary development in technology, some manufacturers now make
_____ forms of plastic; some plastic trash bags, for example, gradually decompose
exposed to sunlight.

① inexpensive   ② biodegradable   ③ endurable
④ transparent   ⑤ multi-functional

15 The medical researchers defend their new treatment by saying that it follows
accepted, standard practices. What, therefore, must have been the critics' _____
about the treatment? They must have alleged it was nonstandard, violating
acceptable medical practices.

① suggestion   ② accusation   ③ provision
④ conclusion   ⑤ justification

16 Frequently, the test makers attempt to _____ you by using familiar words in
an unfamiliar way. Suppose you have found one answer choice that perfectly fits
the meaning of the sentence as a whole but can not find a second answer that
seems exactly right. Reread the sentence, substituting that perfect answer choice
for the blank, and then take a fresh look at the other answer choices.

① relieve   ② persuade   ③ invalidate
④ mislead   ⑤ enlighten

[17-18] 다음 글을 읽고 물음에 답하시오.

The shift from a teacher-centered, high-art focus to a more egalitarian, student-centered orientation highlights several issues about musical and educational values. In the past, musical values were typically rooted in the widespread music conservatory system, and the music curriculum was implemented by classically trained music teachers. In the context of early twenty-first century education, musical values in education are increasingly motivated by multiple sources-political democracy, cultural policies, mass media, art advocacy, social justice campaigns, school communities, and not least the individual musical preferences of teachers and students. The presence of these various sources is indicative of the breakdown of monolithic value systems, the demise of cultural hegemony, and the emergence of a world-view that acknowledges diverse ways of being musical. The goodness and value of individual music cultures are acknowledged in the multiple ways in which music functions _____, whether it is their quest for freedom, celebration of rites of passage, rebellion against social injustice, gratitude for divine intervention, or transmission of cultural heritage in the telling of a story.

17 윗글의 주제로 가장 적절한 것은?

① Music education for social justice

② How to train classical music teachers

③ Importance of democracy in education

④ Changes of musical values in education

⑤ Breakdown of music education in schools

18 빈칸에 들어갈 말로 가장 적절한 것은?

① for teaching the value of justice

② in the everyday lives of people

③ for student-centered education

④ in the whole school curriculum

⑤ for improving students' freedom

[19-20] 다음 글을 읽고 물음에 답하시오.

The English Gothic style of the 13th-15th centuries is characterized by pointed arches and increasingly ornate designs for the vault. Windows were tall and narrow in the Early English period (13th century), and later, in the Decorated period, had tracery (= lace-like patterns) at the top. In the Perpendicular period (15th century), they were greatly increased in size and filled with stained glass showing pictures of saints. Ceilings with elaborate fan vaults (= curved strips of stone spreading out from a point) are supported by flying buttresses that lean at an angle from the wall and form an arch. Salisbury Cathedral is a characteristic Early English building. Exeter Cathedral dates mainly from the Decorated period and Gloucester Cathedral with its fan vaults is typical of the Perpendicular period.

19 윗글의 제목으로 가장 적절한 것은?

① Sub-types of English Gothic Style

② Typical Structure of English Cathedrals

③ The Origin of Stained Glass in England

④ Arch and Vault: Two Fundamental Elements

⑤ The History of English Architecture

20 윗글의 내용과 일치하는 것은?

① Early English 시기 특징은 창문 위쪽의 레이스 모양 장식이다.

② Decorated 시기의 창문들은 길고 넓은 모양을 띠고 있다.

③ Perpendicular 시기에 창문들이 작아지고 스테인드글라스로 장식되었다.

④ 15세기로 갈수록 둥근 천정(vault) 디자인의 장식적 요소가 줄어들고 단순해졌다.

⑤ Gloucester Cathedral과 Salisbury Cathedral의 건축은 약 2세기의 시차가 있다.

21 Aesthetic designs are more effective at fostering positive attitudes than unaesthetic designs, and make people more Ⓐ<u>tolerant</u> of design problems. For example, it is common for people to name and develop feelings toward designs that have fostered positive attitudes (e.g., naming a car), and Ⓑ<u>rare</u> for people to do the same with designs that have fostered negative attitudes. Such personal and positive relationships with a design Ⓒ<u>evoke</u> feelings of affection, loyalty, and patience — all significant factors in the long-term usability and overall success of a design. These positive relationships have implications for Ⓓ<u>what</u> effectively people interact with designs. Positive relationships with a design result in an interaction that helps Ⓔ<u>catalyze</u> creative thinking and problem solving.

① Ⓐ   ② Ⓑ   ③ Ⓒ
④ Ⓓ   ⑤ Ⓔ

22 Timber is a challenging material because architects and engineers must understand Ⓐ<u>how</u> nature designed it as well as what they are trying to do with it. Wood itself has evolved over millions of years to withstand the forces it encounters in nature while also being able to transport water and nutrients and Ⓑ<u>performs</u> functions necessary for the tree's survival. Engineers are concerned with predicting the strength and stiffness of wood, a prediction Ⓒ<u>which</u> involves accounting for knots, grain structure, moisture content, species, deviations in grade, etc. Such deviations are commonly referred to as defects. These "defects" serve a purpose for the tree and are intrinsic to Ⓓ<u>its</u> structure. As trees are harvested from the forest, humankind seeks to reformulate or re-engineer wood Ⓔ<u>to fulfill</u> a new purpose.

① Ⓐ   ② Ⓑ   ③ Ⓒ
④ Ⓓ   ⑤ Ⓔ

23 Those speakers of creole languages Ⓐ<u>who</u> had access to education Ⓑ<u>were</u> duly Ⓒ<u>convincing</u> that their speech Ⓓ<u>was</u> wrong, and they often tried to make it more similar to the Ⓔ<u>standard</u>.

① Ⓐ   ② Ⓑ   ③ Ⓒ
④ Ⓓ   ⑤ Ⓔ

24 Then, since no discussion Ⓐ<u>of</u> pragmatics can proceed without a basic understanding of semantics and the Ⓑ<u>proposed</u> theoretical bases Ⓒ<u>for</u> distinguishing Ⓓ<u>between</u> the two fields, the remainder of the chapter will be devoted to Ⓔ<u>sketch</u> the domains of semantics and pragmatics.

① Ⓐ　　　　　② Ⓑ　　　　　③ Ⓒ
④ Ⓓ　　　　　⑤ Ⓔ

[25-30] 빈칸에 들어갈 가장 적절한 단어를 고르시오.

25 There are several similarities between auditory and visual perception. One is the problem of perceptual _____. Both systems manage to deal with widely varying sensory information, and give us remarkably stable perceptions. For example, when you see a person walking towards you, you correctly conclude that the person is not growing in size, even though the retinal image could simplistically be interpreted in such a way.

① dependency　　② constancy　　③ abstruseness
④ dissonance　　⑤ parsimony

26 One unspoken truth about creativity — it isn't about wild talent so much as it is about _____. To find a few ideas that work, you need to try a lot that don't. It's a pure numbers game. Geniuses don't necessarily have a higher success rate than other creators; they simply do more — and they do a range of different things. They have more successes and more failures. That goes for teams and companies too. It's impossible to generate a lot of good ideas without also generating a lot of bad ideas. The thing about creativity is that at the outset, you can't tell which ideas will succeed and which will fail. So the only thing you can do is try to fail faster so that you can move onto the next idea.

① disparity　　② productivity　　③ propensity
④ equanimity　　⑤ serendipity

27 In one psychological study of confirming-evidence bias, two groups read two reports of carefully conducted research on the effectiveness of the death penalty as deterrent to crime. One report concluded that the death penalty was effective; the other concluded it was not. Despite being exposed to solid scientific information supporting counter-arguments, the members of both groups became even more convinced of the _____ of their own position after reading both reports. They automatically accepted the supporting information and dismissed the conflicting information.

① nature   ② characteristic   ③ validity

④ aspect   ⑤ deficiency

28 Intelligent technology can help us overcome many cultural and societal obstacles. If we build them correctly, artificially intelligent machines can become mediators and arbiters, providing communal guidance we can rely upon to be _____. A group of politically neutral programmers have formed a coalition to build a "truth machine." Thirty of the biggest and most influential tech companies have authored the Digital Geneva Accord, subscribing to a set of principles that commits them not to assist any governments to mount cyber-attacks against "innocent civilians or enterprises from anywhere."

① powerful   ② impartial   ③ efficient

④ communicative   ⑤ innovative

29 Licensing grants individuals formal or legal permission to practice their profession. Licenses are granted by states or even local agencies. The licensing authority provides the licensee with a set of rules to follow to keep the license. If the rules are violated, the authority may have the right to _____ the licensee or recall the license. Clearly a license is a privilege, not a right, and if licensees want to maintain that privilege, they must follow the prescribed code.

① probate   ② incarcerate   ③ sanction

④ infuriate   ⑤ procrastinate

30　A very large body of work in AI begins with the assumptions that information and knowledge should be represented in first-order logic and that reasoning is theorem proving. On the face of it, this seems _____ as a model for people. It certainly doesn't seem as if we are using logic when we are thinking, and if we are, why are so many of our thoughts and actions so illogical? In fact, there are psychological experiments that purport to show that people do not use logic in thinking about a problem.

① irreversible　　　② inconsiderate　　　③ implausible
④ imperative　　　⑤ irreducible

[31-32] 밑줄 친 Ⓐ~Ⓔ 가운데 문맥상 자연스럽지 <u>않은</u> 것을 고르시오.

31　For nonscientific short articles where a term would be used only once, Ⓐ<u>avoid</u> jargon altogether. There is little benefit to introducing new vocabulary or notation if you will not be using it again. And for nonstatisticians, equations full of Greek symbols, subscripts, and superscripts are more likely to Ⓑ<u>reawaken</u> math anxiety than to promote effective communication. The same logic applies to introductory or concluding sections of scientific papers. Using a new word means that you must Ⓒ<u>define</u> it, which takes attention away from your main point. If you will not be using that term again, Ⓓ<u>preclude</u> other ways to describe numeric facts or patterns. Replace complex or unfamiliar words, acronyms, or mathematical symbols with their everyday equivalents, and rephrase complicated concepts into more Ⓔ<u>intuitive</u> ones.

① Ⓐ　　　② Ⓑ　　　③ Ⓒ
④ Ⓓ　　　⑤ Ⓔ

32　There is a widespread belief that creativity is best served through inner peace, stillness, and calmness. One of my colleagues was convinced that her own creative writing was best when she had no Ⓐ<u>distractions</u>, quietly sipping tea in a peaceful setting. However, after three months of such Ⓑ<u>languid</u> writing days, she produced nothing that she was proud of. Shortly thereafter, her first baby was born and her schedule went from long, open, peaceful, Ⓒ<u>unstructured</u> days to tightly orchestrated, minute-by-minute slots, punctuated by extreme activity. The result? She became prolifically Ⓓ<u>productive</u>. In her words, she was "wired." The way she put it to me was, "I have ninety minutes when Sam is napping, and I run to the computer and write like crazy. I'm totally focused." Turns out, my colleague is onto something. In fact, it is better to be Ⓔreposed when attempting to think creatively.

① Ⓐ   ② Ⓑ   ③ Ⓒ
④ Ⓓ   ⑤ Ⓔ?

[33-34] 다음 글을 읽고 물음에 답하시오.

All phobias are learned, usually by children watching a parent's reaction to certain things. Children take their cues as to what is dangerous in life from the adults closest to them. If your child sees you focusing on an object or situation in an unhealthy way, they will be more likely to focus on that object or situation in a similar fashion. One classic psychology study involved mothers and their twelve-month-old babies. Each mother was with her baby throughout the study, but the mothers were divided into two groups, A and B. Both groups A and B were exposed to the same situation, the only difference being that group B mothers had to positively encourage their baby to continue playing with the things in front of them, whereas the mothers in group A just had to be themselves in response to what their baby was playing with.

What were these babies playing with? An extremely large but tame python. The study went as follows: the children from group A were placed on the floor so the python could slither among them. As the fear of snakes is _____ in humans but isn't activated until approximately the age of two, these babies saw the python as a large toy. As the group A babies started playing with the live python, they looked up to see what their mothers were doing. The mothers, who were told to be themselves, naturally looked horrified. Seeing the fear on their mothers' faces, the babies burst into tears. When it was group B's turn, as instructed the mothers laughed and encouraged their babies to keep playing with the python. As a result, these babies were grabbing and chewing on the python, all because their mothers were supportive of their new toy.

33   빈칸에 들어갈 말로 가장 적절한 것은?
　　① tractable   ② arbitrary   ③ cryptic
　　④ innate   ⑤ inconsequential

34 윗글의 내용과 일치하지 <u>않는</u> 것은?

① 아이들의 공포증은 대개 부모의 반응을 통해 학습된다.

② 12개월 된 아기들이 심리학 연구에 참여했다.

③ 집단 A의 어머니들은 아기들이 잘 놀도록 격려했다.

④ 아기들은 길들인 큰 비단뱀을 가지고 놀았다.

⑤ 집단 B의 어머니들은 비단뱀을 보고 웃었다.

[35-36] 다음 글을 읽고 물음에 답하시오.

Social domain theory views emotions and moral judgments as reciprocal processes that cannot be disentangled. This view differs from emotivist or intuitionist approaches to morality, which give priority to emotional and implicit processes while avoiding reasoning as largely post hoc rationalizations. From the social domain perspective, this treatment of emotions and reasoning as distinct and opposing influences represents a false dichotomy. Rather, this theory assumes that _____ experiences are an important component of moral judgments and that the latter involves a complex integration of thoughts, feelings, and experiences. To borrow from Kant's famous saying, moral reasoning without emotion is empty; emotions without reasoning are blind. Children's _____ experiences influence their understanding, encoding, and memory of moral violations and are part of a complex evaluative process.

35 빈칸에 공통으로 들어갈 말로 가장 적절한 것은?

① strong   ② mutual   ③ satisfactory

④ confident   ⑤ affective

36 윗글의 주제로 가장 적절한 것은?

① Importance of social domain theory

② Kant's theory of moral reasoning and emotion

③ Role of moral judgment in children's development

④ Reciprocity of emotions and moral judgments

⑤ Difference between social domain theory and emotivist approaches

[37-38] 다음 글을 읽고 물음에 답하시오.

We are not naturally prosocial, which is evident from the fact that both religious and nonreligious authorities constantly have to command us to fulfill our obligations. $\boxed{A}$ We are forever reminding children to share their toys, and adults to stick to the socially agreed rules of behaviors. $\boxed{B}$ In reality, in the absence of social and religious warnings, prosocial behavior is largely confined to close family and friends. $\boxed{C}$ Many ethnographic studies demonstrate that aid is usually freely given to family and friends without expectation of return. $\boxed{D}$ The demands of living in super-large communities have made it necessary to impose demands of generosity — or at least neutrality — in our interactions with those with whom we live. $\boxed{E}$ It would help prevent crime and delinquency from bursting the fragile bonds that hold our communities together.

37 윗글의 내용과 일치하지 <u>않는</u> 것은?

① 인간이 천성적으로 친사회적인 것은 아니다.
② 친족이나 친구들과 잘 지내기 위해서는 관용이 필요하다.
③ 범죄와 비행은 우리 공동체의 취약한 유대감을 파괴할 수 있다.
④ 종교적·비종교적 권위자들은 우리에게 의무를 수행하라고 명령해야 한다.
⑤ 사회적·종교적 경고가 없다면, 인간은 주로 가까운 친족이나 친구에게만 친사회적 행동을 보일 것이다.

38 글의 흐름상 다음 문장이 들어가기에 가장 적절한 곳은?

It is given to those outside this magic circle of a few hundred people only on the explicit agreement to return or repay the favour.

① $\boxed{A}$ ② $\boxed{B}$ ③ $\boxed{C}$
④ $\boxed{D}$ ⑤ $\boxed{E}$

Many species have languages; birds and baboons can warn others in their group of the approach of predators. But animal languages can share only the simplest of ideas, almost all of them linked to what is immediately present, a bit like mime. Several researchers have tried to teach chimps to talk, and chimps can, indeed, acquire and use vocabularies of one or two hundred words; they can even link pairs of words in new patterns. But their vocabularies are small and they don't use syntax or grammar, the rules that allow us to generate a huge variety of meanings from a small number of verbal tokens. Their linguistic ability seems never to exceed that of a two- or three-year-old human, and that is not enough to create today's world. And here's where the butterfly flapped its wings. Human language crossed a subtle linguistic threshold that allowed utterly new types of communication. _____, human languages let us share information about abstract entities or about things or possibilities that are not immediately present and may not even exist outside of our imagination.

39 빈칸에 들어갈 말로 가장 적절한 것은?

① Unfortunately　　　② Hopefully　　　③ Above all
④ Nonetheless　　　⑤ By the way

40 윗글의 내용과 일치하는 것은?

① 침팬지는 단어들을 연결하여 새로운 어구 패턴을 만들 수 있다.
② 침팬지의 언어능력은 두세 살짜리 어린아이보다 우월하다.
③ 침팬지의 언어는 어휘가 수천 개에 이를 정도로 매우 풍부하다.
④ 새들은 포식자가 접근해도 동료 집단에게 경고할 수 없다.
⑤ 침팬지는 인간처럼 통사 혹은 문법구조를 이용한다.

건국대학교

2024학년도 자연계 A형
▶▶ 영어 20문항, 수학 20문항·60분

[문항별 배점: 01-20 2점]

[01-03] 밑줄 친 어휘와 의미가 가장 가까운 것을 고르시오.

01 During the first few months we lived in our house, we suffered one <u>calamity</u> after another; first the furnace exploded; then the washing machine stopped working; then the roof began to leak.

① disaster ② diameter ③ diagnosis
④ disease ⑤ difficulty

02 It was religion, not <u>secular</u> thought, that advanced the view that nature is founded on a deep rationality.

① worldly ② separate ③ guarded
④ awkward ⑤ profound

03 They lived in the <u>dreary</u> little town in the Midwest.

① peaceful and calm
② rural and pastoral
③ dull and depressing
④ warlike and fiery
⑤ cozy and comfortable

[04-08] 빈칸에 들어갈 가장 적절한 단어를 고르시오.

04 The doctor paid _____ attention to his patients; he made careful notes of even tiny changes in their illnesses.

① cool   ② rare   ③ passionate
④ meticulous   ⑤ sincere

05 When an underwater object is seen from outside the water, its appearance becomes _____. This is because refraction changes the direction of the light rays that come from the object.

① disposed   ② distorted   ③ dismissed
④ distressed   ⑤ discharged

06 When photography came along in the nineteenth century, painting was put in crisis. The photograph, it seemed, did the work of imitating nature better than the painter ever could. Some painters made _____ use of the invention. There were Impressionist painters who used a photograph in place of the model or landscape they were painting.

① imaginable   ② pragmatic   ③ illogical
④ moderate   ⑤ independent

07 A: You're not eating your spaghetti correctly.
B: I'm not?
A: You're supposed to put your spaghetti in the spoon and twirl it with the fork.
B: (laughs)
A: Why are you laughing?
B: Why do you want _____?
A: What do you mean?
B: I was born in Italy!

① to add insult to injury
② to have the right chemistry
③ to go home and kick the dog
④ to teach a fish how to swim
⑤ to mend the barn after the horse is stolen

08 A: Have you seen Sue's new car?

B: Yeah. It looks good, but she's had nothing but problems with it.

A: That's too bad. It sounds like she got a real _____.

B: She sure did! No sooner did she drive it home from the dealer's than it proved defective and started breaking down.

① parasite   ② bread   ③ deal
④ duck   ⑤ lemon

[09-10] 밑줄 친 Ⓐ~Ⓔ 중 어법상 적절하지 <u>않은</u> 것을 고르시오.

09 Laughter Ⓐ<u>resulting</u> from humor shows Ⓑ<u>itself</u> when people find themselves in an unfavorable situation, Ⓒ<u>for</u> which they generally Ⓓ<u>would</u> have felt anger and/or fear, and the detection of incongruent elements allows Ⓔ<u>themselves</u> to watch it from a different perspective.

① Ⓐ   ② Ⓑ   ③ Ⓒ
④ Ⓓ   ⑤ Ⓔ

10 We are often told that there is no innovation without competition, Ⓐ<u>what</u> is absurd Ⓑ<u>given</u> that most of the greatest innovations in science and technology Ⓒ<u>have</u> resulted from the sharing of research Ⓓ<u>across</u> academic silos, national borders, and language barriers. In truth, no great innovations Ⓔ<u>occur</u> in isolation.

① Ⓐ   ② Ⓑ   ③ Ⓒ
④ Ⓓ   ⑤ Ⓔ

[11-13] 빈칸에 들어갈 말로 가장 적절한 것을 고르시오.

11 If you cannot retrieve a fact or idea, stay with it until the memory appears. Don't give up assuming it's lost. When a memory doesn't surface the moment we want, the default response is to assume it is forgotten. You likely didn't forget. You just need to give the brain a moment to shuffle through the mental forest. The key is not to force the memory, but instead, to relax and let it come. If you are stuck for an extended period, try recalling anything. Then use the power of _____ to steer toward the information. For example, if you are struggling to recall the earlier chapters of a book, start with the middle or later chapters, or any part that comes easy.

① concentration　　② association　　③ continuation
④ internalization　　⑤ reconciliation

12 It is well known that the ancient Greeks, Indians and Chinese produced vast bodies of sophisticated knowledge, ranging over mathematics, medicine, and astronomy. Indeed, much of this knowledge was appropriated and reworked by the Muslims and Christian scholars who are normally credited with having initiated the scientific project. So why then should we not also call these antique sages "scientists"? The simple but generally applicable answer is that their societies did not assign a specific social role to the scientist. What we would now recognize as _____ was always done in service of something else, not as an end in itself. That "something else" may be leisure or statecraft, each in its own way forcing science to operate within a rigid framework that allowed for considerable innovation but never autonomy.

① science　　② knowledge　　③ project
④ religion　　⑤ creativity

13 The most disastrous activities of humans included hunting with firearms, ranching activities, and the building of beach resorts. There is little doubt that the Nene's near-extinction was hastened after shotguns were brought to Hawaii. It seems reasonable to assume that many more Nene were killed when guns became common. _____, as people moved further inland on the islands they began to open more and more land for the development of ranches and beach resorts. These developments forced the geese out of their natural nesting and breeding ranges. As these ranches and resorts became more and more plentiful, the Nene population accordingly decreased.

① As a result
② To recapitulate
③ On the other hand
④ In a similar fashion
⑤ In a notable contrast

14 다음 글의 제목으로 가장 적절한 것은?

The devastation began on May 18, when an explosion, estimated at 500 times the force of the atomic bomb that destroyed the Hiroshima, ripped off the top 1,200 feet of the 9,700-foot volcano. In less than seven days, a cloud of volcanic gas containing some toxic chemicals and minute particles of radioactive substances spread over the nation. Scientists say that within several months the cloud — invisible to the naked eye in most regions — will cover the Northern Hemisphere in the stratosphere above 55,000 feet. It is expected to last about two years before completing its fall to earth. The environmental effects are considerable. The greatest economic impact is expected to be to the agriculture and timber industries in the country.

① Atomic Energy: Merits and Demerits
② Nuclear Umbrella: Causes and Effects
③ Exploding Volcano: Full Impact Yet To Come
④ Environmental Crisis: Some Novel Immense Disasters
⑤ Global Warming: Rationales and Immediate Consequence

[15-16] 다음 글을 읽고 물음에 답하시오.

A carbon sink is a natural feature that absorbs or stores more carbon than it releases. A The value of carbon sinks is that they can help create equilibrium in the atmosphere by removing excess CO_2. B One example of a carbon sink is a large forest. Its mass of plants and other organic material absorb and store tons of carbon. However, the planet's major carbon sink is its oceans.

Since the Industrial Revolution began in the eighteenth century, CO_2 released during industrial processes has greatly increased the proportion of carbon in the atmosphere. C Carbon sinks have been able to absorb about half of this excess CO_2, and the world's oceans have done the major part of that job. They absorb about one-fourth of humans' industrial carbon emissions, doing half the work of all Earth's carbon sinks combined.

Like kitchen sinks, the ocean sinks can fill up, though. The Southern Ocean, the strongest ocean sink, has taken in about 15 percent of the world's excess CO_2. D Clearly, the oceans do not have an infinite capacity to absorb carbon. E As their absorption capacity weakens, the buildup of CO_2 and other so-called greenhouse gases in the atmosphere increases, the result being a worldwide warming of the climate.

15 윗글의 제목으로 가장 적절한 것은?

① Oceans: Earth's Major Carbon Sink
② Increase of Greenhouse Gases
③ CO_2: The Cause of Climate Warming
④ Equilibrium: What Carbon Sinks Make
⑤ Overflow of The Southern Ocean

16 글의 흐름상 다음 문장이 들어가기에 가장 적절한 곳은?

However, a multinational scientific survey completed in 2007 has shown that this ocean is reaching its carbon saturation point.

① A   ② B   ③ C
④ D   ⑤ E

[17-18] 다음 글을 읽고 물음에 답하시오.

Smart cities are definitely nudging the world toward some sustainability goals, and smart technologies are visibly improving city services within some fast-growing economies, most notably China. But Ⓐincrementally improving the management of electrical grids, pollution and waste, transportation, and city services can take the world only a short distance toward global sustainability. Smart city technologies do very little to alter and can even worsen problems such as wasteful consumption, feelings of alienation, income inequality, and inequality of services. The positive discourse of smart cities can also obscure the ways that the political and economic structures of cities themselves have Ⓑlong been a cause of global environmental degradation.

Ecologist William Rees, who coined the term "ecological footprint," reminds us of the complex ways that cities and the accompanying suburban sprawl draw down global resources and harm distant ecosystems. Urban economics, as he demonstrates, Ⓒtends to exaggerate the value of urbanization for sustainability by underestimating the global environmental damage from the rising consumption of city residents. Most cities rely on land, food, fresh water, natural resources, and energy far beyond their borders. And they rely on externalizing the cost of waste into distant lands, the global commons, and future generations. ⒹMeasured locally, the ecological footprint of the residents of a smart city may seem to be declining. But taking into account the shadows of consumption in faraway lands, this footprint looks very different, with deep social and environmental costs for Ⓔmarginalizing peoples and fragile ecosystems.

17 윗글의 주제로 가장 적절한 것은?

① Causes of global environmental degradation

② Use of smart technologies for sustainable future

③ Environmental crises for residents of a smart city

④ Reduction of the cost of waste for future generations

⑤ Negative effects of smart cities on global sustainability

18 밑줄 친 Ⓐ~Ⓔ 가운데 어법상 옳지 <u>않은</u> 것은?

① Ⓐ   ② Ⓑ   ③ Ⓒ

④ Ⓓ   ⑤ Ⓔ

[19-20] 다음 글을 읽고 물음에 답하시오.

Gypsies are a people scattered through many countries. The name Gypsy comes from the word 'Egyptian' because Gypsies were once thought to have come from Egypt. Some people now believe that they originally came from India. In the US Gypsies are called Roma, and in Britain they are known as Romanies or travellers. Roma or Romanies, like many other minority groups, have a strong sense of pride in their identity. Gypsies have always been associated with fortune-telling. They can be found at fairgrounds predicting people's future by reading their palm or looking into a crystal ball. Because of the mystery associated with their origins and their magical powers, Gypsies have a popular romantic image that _____ the reality of families living on dirty caravan sites and being moved on by council officials or the police. Americans have little contact with Gypsies and think of the Roma only as exciting, mysterious people who wear brightly colored clothes and gold jewellery and have unusual powers.

19 빈칸에 들어갈 말로 가장 적절한 것은?
① results from ② depends on ③ conflicts with
④ coincides with ⑤ accounts for

20 Gypsy에 대한 윗글의 내용과 일치하는 것은?
① 고대 이집트에서부터 기원한 민족이다.
② 일정한 곳에 머무르지 않아 정체성 인식이 약하다.
③ 주술적 능력 때문에 대체로 두려운 존재로 여겨진다.
④ 미국인은 빈번한 접촉을 통해 그들을 흥미롭다고 생각한다.
⑤ 영국에서는 이들을 Romany 혹은 '여행자'라고 부른다.

인생 첫 업그레이드, 김영에서의 성공기

김〇민

건국대학교 경제학과
편입구분: 일반편입

어휘 학습법

저는 다양한 방법을 시도한 끝에, 눈으로 반복해서 보는 것이 가장 효과적이라는 결론을 내렸습니다. 손으로 가리며 외우고, 잘 안 외워지는 단어는 영영풀이나 연상법을 활용했습니다. 하루가 끝나면 안 외워지는 단어를 종이에 적어 복습하고, 다음 날 미련 없이 종이를 버렸습니다. 짧게 여러 번 나누어 공부하는 방식도 효과적이었습니다.

문법 학습법

문법은 개념 노트를 만들어 반복해서 외우고, 취약한 부분과 실수를 따로 정리했습니다. 많은 문제를 풀면서 출제 유형과 의도를 파악하고 자신감을 얻었습니다. 또한 학교별 기출분석을 통해 자주 출제되는 문법 사항을 정리했습니다.

논리 학습법

논리 공부는 키워드와 문제의 방향성을 찾는 연습에 중점을 두었습니다. 매일 일정한 양의 문제를 풀어 감을 유지했습니다. 틀린 문제는 빠르게 리뷰하고, 선택지의 단어를 전부 암기했습니다.

독해 학습법

문제를 풀고 채점을 하지 않은 채로 같은 지문을 여러 번 읽었으며, 문제를 반복해서 풀었습니다. 답을 알고 리뷰하는 것은 끼워 맞추기 식의 독해를 유도할 수 있기 때문입니다. 1회독은 시간을 재면서 풀었고, 그 이후에는 정답에 확신이 들 때까지 반복해서 읽고 푸는 과정을 거쳤습니다. 지문과 선지를 계속 보다 보면 처음 읽었을 때 보이지 않았던 부분이 드러나고, 제가 잘못 생각했던 부분이나 놓쳤거나 실수한 부분도 확인할 수 있습니다. 이러한 과정을 통해 부족한 부분을 보완하고 수정하면서 실력을 향상시킬 수 있었습니다.

건국대학교 | 2023학년도 인문·예체능계 A형 | 40문항·60분

어휘

▶▶ 밑줄 친 어휘와 의미가 가장 가까운 것을 고르는 동의어 유형 8문제가 출제됐다. 출제된 어휘에는 gratification(=fulfillment), disseminate(=diffuse), prudence(=frugality), restless(=tumultuous), enumerate(=list), preponderance(=majority), ludicrous (=ridiculous), convoluted(=intricate)가 있었다.

문법

▶▶ 밑줄 친 보기 중 어법상 옳지 않은 것을 고르는 Written Expression 유형 6문제가 출제됐다. 동사가 없어 비문인 문장을 정동사로 고쳐 완전한 문장을 만드는 문제를 비롯해, 주어와 동사의 수일치, 병치, 과거분사와 현재분사의 용법 구분, 동사의 태를 고치는 문제 등이 출제됐다. 건국대는 특정 유형이 반복되어 출제되는 경향이 있는데, 지엽적인 문법 사항보다는 주어와 동사를 찾는 문의 구성, 수일치, 능동태와 수동태의 구분 등 문장 구조를 분석하는 문제가 자주 출제된다.

논리완성

▶▶ 단문의 어휘형 빈칸완성 2문제와 단락 길이의 문장에서 빈칸을 완성하는 논리형 빈칸완성 7문제가 출제됐다. 단문의 어휘형 빈칸 완성 문제에서는 모피 코트를 입은 여성이 동물 권리 단체들에게 어떤 대상(anathema)인지, 해가 진 이후에 아이들의 외출과 관련한 부모들이 가지고 있는 어려운(thorny) 문제에 대한 내용이 출제됐다. 논리형 빈칸완성 문제에서는 언어학자들이 기존에 강조했던 내용을 반박하는 내용을 제시해 이들의 주장을 유추하는 문제, 폴리우레탄 폼 쿠션의 품질과 관련하여 고려해야 할 사항 을 찾는 문제, 우주의 은하계에 우리와 같은 문명이 존재하지 않는다는 문제, 부모는 아이가 하는 말의 문법성보다는 말의 진실성에 더 주의를 기울인다는 내용을 통해 부모들이 어떤 점에 집중하는지 파악하는 문제, 다양한 정보 중 특정 정보에만 집중하는 선택적 주의(selective attention)의 실험에서 참가자들이 정보를 걸러내는 것과 관련된 보기를 고르는 문제 등이 출제됐다. 논리형 빈칸 완성 문제의 경우 문맥을 이해하고 해당 빈칸에 적절한 어휘를 고르는 내용파악 위주의 문제가 출제됐다.

독해

▶▶ 문맥상 자연스럽지 않은 단어와 문장을 고르기, 문장 삽입, 글의 제목과 주제, 내용일치, 빈칸완성 등 편입 독해 시험의 대표적인 유형의 문제들이 출제됐다. 지문의 내용을 살펴보면 "동물의 존재가 의료에 미치는 긍정적인 영향", "인간이 타인에 대한 의존적인 자질", "속성 이원론자의 견해", "수면 중 일어나는 악몽(nightmare)과 야경증(night terror)에 대한 설명", "모노폴리 게임과 현실 세계의 비교", "메이슨-딕슨 선(Mason-Dixon Line)", "제2차 세계대전에서 미군의 군사 암호로 나바호어가 채택된 배경", "언어 기능을 통제하는 좌뇌", "역사와 관련한 포스트모더니스트의 견해", "감정에서 대인관계의 중요성"과 같이 다양한 주제를 다룬 지문이 출제됐다.

KONKUK
UNIVERSITY

건국대학교
2023학년도 인문·예체능계 A형
▶▶ 40문항·60분

[01-20번: 문항 당 3점/ 21-40번: 문항 당 2점]

[01-08] 밑줄 친 어휘와 의미가 가장 가까운 것을 고르시오.

01 Where Marcuse differs from Freud is that he pointed to the possibilities that conscious actions have for eliminating extraneous and unnecessary barriers to <u>gratification</u>.

① wretchedness ② animosity ③ fulfillment
④ compassion ⑤ unawareness

02 He launched a series of course books and handbooks that <u>disseminated</u> the Birmingham approach to a much wider audience.

① recanted ② diffused ③ deteriorated
④ intercepted ⑤ disregarded

03 Her <u>prudence</u> should not be confused with miserliness; as long as I have known her, she has always been willing to assist those who are in need.

① enthusiasms ② diffidence ③ frugality
④ intolerance ⑤ interiority

04 Vain and prone to violence, Caravaggio could not handle success; the more his eminence as an artist increased, the more <u>restless</u> his life became.

① tumultuous   ② providential   ③ passionate
④ placid   ⑤ sullen

05 After the doctor from the public health department had <u>enumerated</u> all the dreadful sounding diseases that were rampant in the water park, I decided I didn't want to visit it after all.

① alloted   ② incarnated   ③ validated
④ listed   ⑤ presupposed

06 In the modern period (after 1750), the <u>preponderance</u> of chamber music was written for the string quartet, an ensemble composed of two violins, a viola, and a cello.

① overture   ② consummation   ③ improvisation
④ substitution   ⑤ majority

07 It was <u>ludicrous</u> for us to expect that our teenaged children would look after the house while we were gone. We should have known that they would throw a big party.

① sarcastic   ② precarious   ③ marginal
④ outstanding   ⑤ ridiculous

08 A misconception frequently held by novice writers is that sentence structure mirrors thought: the more <u>convoluted</u> the structure, the more complicated the ideas.

① essential   ② obtuse   ③ intricate
④ redundant   ⑤ inconsequential

[09-10] 빈칸에 들어갈 가장 적절한 단어를 고르시오.

09 The women in fur coats were _____ to the members of the animal-rights group.

① genesis   ② elation   ③ anathema
④ continuum   ⑤ stupor

10 Whether to let children go out alone after dark is a _____ question for the parents of urban teenagers. Is it more important to keep them safe at home or to allow them to develop a sense of independence?

① commodious   ② thorny   ③ tepid
④ capricious   ⑤ quaint

[11-16] 밑줄 친 Ⓐ~Ⓔ 가운데 어법상 옳지 않은 것을 고르시오.

11 The extent Ⓐto which member skill influences group performance Ⓑvarying across different group tasks. On an automobile assembly line, Ⓒperforming the task requires only relatively minimal skills, and there is not a lot of coordination Ⓓamong the individuals involved. In this case, it is primarily the number of the individuals Ⓔwho are working on the task that influences the group outcome.

① Ⓐ   ② Ⓑ   ③ Ⓒ
④ Ⓓ   ⑤ Ⓔ

12 Autism is a brain development disorder that Ⓐimpairs social interaction and communication and causes restricted and repetitive behavior, all Ⓑstarting before a child is three years old. The genetics of autism Ⓒare complex and it is generally unclear Ⓓwhich genes are responsible Ⓔfor it.

① Ⓐ   ② Ⓑ   ③ Ⓒ
④ Ⓓ   ⑤ Ⓔ

13 Maldives Ⓐconsists of approximately 1,190 coral islands in the Indian Ocean, with an average natural ground level of only 1.5 meters above sea level. The rising sea level Ⓑcombined with the apparent apathy Ⓒdisplayed by the world's largest greenhouse gas-emitting nations Ⓓspell catastrophe for the country and other Ⓔlow-lying areas like Bangladesh.

① Ⓐ   ② Ⓑ   ③ Ⓒ
④ Ⓓ   ⑤ Ⓔ

14 There are three periods of Ireland's history of peculiar Ⓐinterest to the students Ⓑof political or social science. The first is Ⓒthat of Henry VIII and Elizabeth, when the English colonists in Ireland adopted the reformed faith, Ⓓthus infusing a new element of discord and Ⓔmade the old war also a war of religions.

① Ⓐ   ② Ⓑ   ③ Ⓒ
④ Ⓓ   ⑤ Ⓔ

15 When feelings are addressed in schools, it is done Ⓐusing the verbal languages of cognitive literacy. These languages are inadequate for the task as Ⓑevidenced by the increasing number of feelings that manifest into Ⓒchallenged behaviors that need psychological referral or psychiatric drug intervention in primary school children. If we introduce emotional literacy and use the languages of Ⓓfeeling life, which are primarily non-verbal, Ⓔto help children to identify and process their basic human feeling states, then many of today's school behavioral problems will not emerge.

① Ⓐ   ② Ⓑ   ③ Ⓒ
④ Ⓓ   ⑤ Ⓔ

16 The human compulsion toward the community and communal life is Ⓐrevealing in institutions of religion, for example, where group worship creates a bond between members of congregations. ⒷJust as the conditions of our lives are determined in the first place by the facts of the universe, further conditions arise through the social and communal life of human beings and the laws and regulations Ⓒspringing from it. The needs of the community Ⓓgovern all human relationships. Communal life Ⓔpredates the individual life of humanity.

① Ⓐ   ② Ⓑ   ③ Ⓒ
④ Ⓓ   ⑤ Ⓔ

17 문맥상 Ⓐ, Ⓑ, Ⓒ에 들어갈 가장 적절한 말로 짝지어진 것은?

Studies of the ability of animals to alter perceptions of social desirability and to increase positive social interactions between strangers have been uniformly Ⓐnegative/positive. When considered alongside the large numbers of anecdotal statements attesting to the power of animals to hasten the building of rapport between patients and therapist, as well as to Ⓑfacilitate/inhibit meaningful interaction between the two, these findings have important healthcare implications. If the presence of an animal can make the therapist appear happier, friendlier, less threatening, and more relaxed, it seems Ⓒreasonable/unreasonable to believe that some patients would achieve a greater sense of comfort more quickly.

① positive — inhibit — resonable
② positive — facilitate — resonable
③ negative — inhibit — unreasonable
④ negative — facilitate — unreasonable
⑤ negative — inhibit — resonable

[18-20] 밑줄 친 Ⓐ~Ⓔ 가운데 문맥상 자연스럽지 <u>않은</u> 것을 고르시오.

As our actual knowledge is always limited or fragmentary the desire for coherency and order in our ideas leads to the Ⓐextension of our knowledge by way of observation and experiment in order to provide more adequate material for the testing of our ideas. In this process there is a constant give-and-take between what we regard as Ⓑascertained fact and possible hypotheses. We not only eliminate hypotheses found Ⓒinconsistent with the facts, but we also employ theoretic arguments to correct the readings of observation or experimental results. When facts do not fit in with our idea or hypothesis, we re-examine the process by which the facts are obtained, and try to correct them by other observations. It is only as a Ⓓfirst resort that we modify (as little as possible) the old ideas. If we did not hold on to our old ideas tenaciously, we could never develop any strong ideas and our science would have no Ⓔcontinuity of development.

18 ① Ⓐ   ② Ⓑ   ③ Ⓒ
④ Ⓓ   ⑤ Ⓔ

Whether we're dancing at a club or playing ball in the park, there are certain looks and personality Ⓐtraits that make the heart go "pit-a-pat." The characteristics that appeal to us in a dog are often the exact ones we seek in a mate. Our choice of Ⓑsignificant others and dogs goes paw in hand and it Ⓒreveals how we view ourselves and the world around us. We often search for another who makes us complete, and what we feel we are lacking, we Ⓓseek from our significant others — qualities that make us Ⓔindependent.

19　① Ⓐ　　　　　② Ⓑ　　　　　③ Ⓒ
　　④ Ⓓ　　　　　⑤ Ⓔ

One of the more subtle positions on the relationship between the conscious mind and the material world is property dualism. Property dualists accept that materialists are Ⓐcorrect in supposing there is only one sort of substance — physical substance. But they Ⓑsuppose that material substances can have both physical and mental properties. And they suppose the mental properties are distinct from, and cannot be Ⓒreduced to, physical properties. Some suppose, for example, that human brains possess two quite Ⓓdifferent sorts of properties: purely physical properties, such as weighing 1.8 kg, having two hemispheres, containing neurons; and mental properties, such as experiencing pain, thinking about cheese, remembering Vienna. The Ⓔformer properties, says the property dualist, are extra properties that exist in addition to all the various physical properties possessed by that brain.

20　① Ⓐ　　　　　② Ⓑ　　　　　③ Ⓒ
　　④ Ⓓ　　　　　⑤ Ⓔ

21 Traditionally, many linguists stressed _____ while teaching English. In recent years, the majority of educators have become more aware of the fallacy of this approach and other approaches promoting vocabulary development have gained popularity. It has been found out without vocabulary to put on top of the grammar system, the learners can actually say very little despite being able to manipulate complex grammatical structures in exercise drills. It is obvious that to learn English, one needs to learn many words. Native speakers have a vocabulary of about 20,000 words but foreign learners of English need far fewer. They need only about 5,000 words to be quite competent in speaking and listening. The reason for this seemingly small number is the nature of words and the frequency with which they appear in a language.

① the value of exercise drills
② the effect of word frequency
③ the process of language acquisition
④ the significance of speaking and listening
⑤ the importance of mastering grammar structures first

22 Strong and resilient, polyurethane foam is now the most widely used filling for lift-out seat and back cushions. Because it is fairly firm, it is most comfortable when wrapped with another material, such as down or cotton batting. To test the quality of a polyurethane-foam cushion, pick one up. If it is very light, it may be made of poor-quality material. As a rule of thumb, an 8-inch cushion that measures 2x3 feet _____.

① can surely be called polyurethane foam
② is likely to be more comfortable
③ is considered the most typical
④ should not weigh less than 3 pounds
⑤ is not qualified for down batting

23 Many have claimed that, with billions of likely Earth-like planets, civilizations like ours must be common in our galaxy. However, the more we learn, the more _____ that appears. SETI — the Search for Extraterrestrial Intelligence program — has been scanning the sky for radio signals over more than forty years, and they have failed to intercept a single coherent message. More fundamentally, complex biological beings did not evolve to traverse the vastness of interstellar space; if interstellar travelers exist, they will be robots capable of "sleeping" over many thousands of years. Remember that stars are separated in distances measured by "light years" and, with light speed at 186,000 miles (300,000 km) in a single second, interstellar travel by living things remains a fantasy.

① mysterious   ② unlikely   ③ enormous
④ complicated   ⑤ tortuous

24 Mardi Gras, which means "Fat Tuesday" in French, was introduced to America by French colonists in the early eighteenth century. From that time it has grown in _____, particularly in New Orleans, and today it is actually a legal holiday in several southern states. The Mardi Gras celebration in New Orleans begins well before the actual Mardi Gras Day. Parades, parties, balls, and numerous festivities take place throughout the week before Mardi Gras Day. Tourists from various countries throughout the world flock to New Orleans for the celebration, where they take part in a week of nonstop activities before returning home for much-needed rest.

① place   ② notoriety   ③ dilution
④ popularity   ⑤ anonymity

25 Researchers looked at mothers' response to "primitive" and to "well-formed" constructions uttered by the child and asked whether the response indicated comprehension or failure to comprehend the child's meaning. Surprisingly, primitive and well-formed utterances were understood equally well by the mothers. There seemed to be no communication pressure for grammatical utterances. A mother is apparently too engaged in interacting with a child to pay attention to the linguistic form of their utterances. Parents pay attention to the _____ of child speech, approving true utterances and criticizing false ones, without regard to grammaticality.

① solution　　　　　② clarity　　　　　③ content
④ grammar　　　　　⑤ fluency

26 Language is often _____ specific, and historians must be extremely cautious not to read modern definitions into past times and thereby corrupt meaning. Words may have had a specific meaning or use in the past that is far different from current usage. For example, the past use of the word *icon* would have religious connotations, while in the twenty-first century the word would often be associated with a clickable image on a computer screen.

① dictionary　　　　② corruption　　　　③ currency
④ usage　　　　　　⑤ period

27 The state of awareness which involves concentrating on a particular aspect of the environment while ignoring other aspects is known as selective attention. An experiment was carried out to demonstrate how selective attention operates. In the experiment, participants looked at a video of two ball-passing games. One team of players wore white uniforms; the other wore black. The participants in the experiment had to determine the number of passes occurring between members wearing black uniforms. During the games, a woman with an umbrella suddenly walked across the basketball court where the players were competing. The woman could clearly be seen for four seconds. When asked about the video, only 21% of the participants said they saw the woman with the umbrella. This is because of selective attention _____ part of the stimulus. This process does not only occur in visual stimulus but generally happens across perception.

① adapting to　　　　② filtering out　　　　③ substituting for
④ weighting down　　⑤ dissimilating from

28 다음 중 문맥에 맞지 <u>않는</u> 문장은?

A nightmare is an elaborate dream sequence that produces a high level of anxiety of fear for the dreamer. ⒶThe dreamer may experience a sense of physical danger to himself or his loved ones or a strong sense of embarrassment about doing something unacceptable. ⒷWhen a danger threatens we experience fear response. ⒸThese dreams are vivid and can often be elaborately described by the dreamer upon awakening; they generally occur during the last stage of sleep. ⒹIn contrast, night terrors occur in much deeper sleep states as they involve actual behaviors such as screaming, jerking movements, and crying. ⒺA person suffering from a night terror may also be quite mobile, going through all the motions of being attacked by some horror, and yet be fully asleep.

① Ⓐ　　　　　　② Ⓑ　　　　　　③ Ⓒ
④ Ⓓ　　　　　　⑤ Ⓔ

29 글의 흐름상 다음 문장이 들어가기에 가장 적절한 곳은?

Simply knowing they are being observed may cause people to behave differently.

Researchers in psychology follow the scientific method to perform studies that help explain and may predict human behavior. Ⓐ This is a much more challenging task than studying snails or sound waves. Ⓑ It often requires compromises, such as testing behavior within laboratories rather than natural settings, and asking those readily available to participate rather than collecting data from a true cross-section of the population. Ⓒ It often requires great cleverness to conceive of measures that tap into what people are thinking without altering their thinking, called reactivity. Ⓓ People may give answers that they feel are more socially desirable than their true feelings. Ⓔ But for all of these difficulties for psychology, the payoff of the scientific method is that the findings are replicable; that is, if you run the same study again following the same procedures, you will be very likely to get the same results.

① Ⓐ　　　　　　② Ⓑ　　　　　　③ Ⓒ
④ Ⓓ　　　　　　⑤ Ⓔ

30 다음 글의 제목으로 가장 적절한 것은?

According to the rules of Monopoly, the game is supposed to be played until any properties acquired by others earlier in the game are mortgaged and eventually lost to the winner. Only when the winner has everything is the game officially over. In the real world, there is no "Chance" card for gaining the patent on a new technology with wide consumer appeal. If there was such a card, it would do for the lucky player what cars did for Henry Ford and personal computers did for Bill Gates. It would be a rare opportunity. The normal play of the board game differs from the real-life situation in two important ways. Losing everything hurts more in real life than in the board game, and the rich winners are not interested in ending the game. While it makes sense to wrap up the game when the conclusion becomes obvious, the winners of the real-world Monopoly game don't see it that way. Standard doctrine asserts that acquiring as much as possible is the purpose of life, and winning feels good. Coupled with the justification of the invisible hand, we can count on the winners maneuvering to keep the game going for as long as possible.

① Your Monopoly game may be endless in real life
② How to decide who wins Monopoly if you end early
③ Why is Monopoly so popular among board games?
④ Rich people tend to think they deserve their money
⑤ Diversification: Don't put all your eggs in one basket

31 Mason-Dixon Line에 관한 다음 글의 내용과 일치하지 <u>않는</u> 것은?

The Mason-Dixon Line is often considered by Americans to be the demarcation between the North and the South. It is in reality the boundary that separates the state of Pennsylvania from Maryland and parts of West Virginia. Prior to the Civil War, this southern boundary of Pennsylvania separated the nonslave states to the north from the slave states to the south. The Mason-Dixon Line was established well before the Civil War, as a result of a boundary dispute between Pennsylvania and Maryland. Two English astronomers, Charles Mason and Jeremiah Dixon, were called in to survey the area and officially mark the boundary between the two states. The survey was completed in 1767, and the boundary was marked with stones, many of which remain to this day.

① 미국의 Civil War가 끝난 뒤 형성되었다.
② Pennsylvania와 Maryland 주 사이에 있다.
③ 노예가 있는 주와 그렇지 않은 주를 구분했다.
④ 18세기에 만들어졌으나 오늘날까지도 남아있다.
⑤ 두 명의 영국인들에 의해 조사되고 설치되었다.

[32-33] 다음 글을 읽고 물음에 답하시오.

For the US Armed Forces, communications had become a bewildering problem during World War II. Japanese cryptographers were proving themselves amazingly adept at breaking top-secret military codes almost as rapidly as these could be devised. Many of the Japanese code breakers had been educated in the United States, where they had learned to speak English and had become familiar with American colloquialisms, including slang terms and profanity. Ⓐ_____, American battle plans became known to the enemy almost immediately, often before they had become operational, and there appeared to be no immediate workable solution.

In 1942, Phillip Johnston, a World War I veteran, formulated a plan to create a secret military code based on the Navajo language. Johnston, who was fluent in this language, chose it because it includes many words that change in meaning depending on the inflection used. Ⓑ_____, the language is virtually incomprehensible to most people who were not raised speaking it. The use of native Navajo speakers, known as code talkers, proved to be a great success. By basing codes on Navajo words, the US army could be confident that exchanges between military personnel would not be understood by the enemy. The effectiveness of the code talkers is demonstrated by their role in the Battle of Iwo Jima, which was a major turning point in the Pacific campaign. It is generally accepted that without the six Navajo code talkers who put themselves at great personal risk to provide secure communications during the battle, the US forces would faced defeat.

32 위 글의 내용으로 알 수 있는 것은?

① 나바호어가 영어보다 음성 기호가 단순하다.
② 미군의 영어 암호에 비속어가 포함되었을 수 있다.
③ Johnston은 위험을 무릅쓰고 전쟁을 승리로 이끌었다.
④ 일본인 암호 해독자들은 영어 암호를 쉽게 풀지 못했다.
⑤ 수십 명의 나바호어 암호 해독자들이 태평양전쟁에서 전사했다.

33 Ⓐ와 Ⓑ에 공통으로 들어갈 말로 가장 적절한 것은?

① Namely   ② For instance   ③ As a result

④ Nevertheless   ⑤ On the contrary

34 빈칸에 들어갈 말로 가장 적절한 것은?

During the nineteenth century, breakthroughs were made concerning the correlation between the left hemisphere of the brain and language. Neurologists Paul Broca and Carl Wernicke undertook research in this area and found that people who had damage to a certain region in the left hemisphere of the brain had difficulties with speech and language. They observed that people who suffered injuries to the same area in the right hemisphere did not, however, experience any difficulty with language. This led them to conclude that _____.

In 1861, Broca worked with a patient who could understand everything said to them but could only articulate one word: "tan." Subsequently, the man was given the same nickname. When Broca carried out an autopsy on Tan's brain after his death, he found a large lesion in the left frontal cortex of his brain. After studying eight other patients who presented the same speech problem, he was led to conclude that this part of the brain is responsible for creating speech.

① brain injuries cause speech impairment

② the right hemisphere is responsible for speech

③ the left hemisphere controls language function

④ both hemispheres are related to word memorization

⑤ speech production and comprehension are interdependent

[35-36] 다음 글을 읽고 물음에 답하시오.

Using recent research, psychologists argue that dreams are not just a stage of sleep. They are connected to a person's Ⓐwaking hours, thoughts, and behavior. Also, there is a connection between dreams and Ⓑage, gender, and culture. Dreaming is a mental skill that needs time to develop in humans. Children do not dream as much as adults. Until they reach age five, they cannot express very well what their dreams are about. Once people become adults, there is little or no change in their dream content. In addition, the dreams of men and women Ⓒdiffer. For instance, the characters that appear in the dreams of men are often other men, and often involve physical aggression. This same Ⓓfeature was found in the dreams of people from 11 different societies, with notable Ⓔsimilarities in their dreams. For instance, animals often show up in the dreams of people from traditional societies.

35 위 글의 내용과 일치하지 <u>않는</u> 것은?

① 꿈은 개인의 생각이나 행동과 관련이 있다.
② 성인들이 아동보다 꿈을 꾸는 빈도가 높다.
③ 남성들의 꿈에는 다른 사람들이 등장하는 일이 많다.
④ 현대 사회일수록 사람들이 동물 꿈을 자주 꾼다.
⑤ 꿈꾸는 능력을 발달시키는 데는 시간이 필요하다.

36 Ⓐ~Ⓔ 가운데 문맥상 자연스럽지 <u>않은</u> 것은?

① Ⓐ   ② Ⓑ   ③ Ⓒ
④ Ⓓ   ⑤ Ⓔ

[37-38] 다음 글을 읽고 물음에 답하시오.

If finding the whole truth about what happened in the past is nearly impossible and if interpretations of the past are constantly being changed or revised, then how can we make any definitive statements about what really happened in the past? In other words, is historical knowledge possible? For several decades, postmodernists have harshly criticized the narratives that historians tell about the past. A narrative, they argue, is ultimately shaped by a narrator who brings his or her biases to the story, exercises power over the story, and chooses which voices to include in the story and which voices to exclude. Take, for example, a college history textbook. Many undergraduates assume that the textbook they have been assigned for World Civilization survey course simply provides them with a narrative of "what happened" in the past, without realizing that the authors of that textbook have made interpretive choices — either consciously or subconsciously — in how they have chosen the story. Thus postmodernists assert that narratives will be forever contested and do not offer us any _____ guide to what happened in the past.

37 빈칸에 들어갈 말로 가장 적절한 것은?

① historical　　　　② reliable　　　　③ interesting
④ preferable　　　　⑤ academic

38 위 글의 내용과 일치하지 <u>않는</u> 것은?

① 과거에 대한 해석과 시각은 바뀔 수 있다.
② 역사 기록학자들은 나름의 편견을 가지고 있다.
③ 포스트모더니스트들은 역사가 객관적이라고 생각한다.
④ 역사적 기록에는 기록자의 주관적 견해가 반영되기 쉽다.
⑤ 대학생들은 대개 역사 교재가 사실의 기록이라고 생각한다.

[39-40] 다음 글을 읽고 물음에 답하시오.

We have already known how our emotions often take someone else's experiences as their object. It also seems that we take into account their evaluations and interpretations when making our own appraisals of other emotional objects. For example, we may enjoy a comedy film less when our companions are evidently _____ by its content, or become more anxious partly because those sharing our fate seem to find the situation worrying. In effect, we calibrate perceptions of emotional meaning against the apparent perspective of key others. Because these processes of social appraisal work in both directions, others are also affected by our own apparent evaluations. Indeed, sometimes we may only arrive at emotional conclusions as a consequence of discussion with each other, or by otherwise registering mutual reactions (in smiles, frowns, or diverted gazes). In either of these cases, the appraisals shaping emotions are influenced by a fundamentally interpersonal process.

* calibrate 조정하다

39 빈칸에 들어갈 말로 가장 적절한 것은?

① exhilarated   ② convinced   ③ attracted
④ offended   ⑤ excited

40 위 글의 주제로 가장 적절한 것은?

① The benefit of interesting emotions
② The role that emotions play in society
③ Social appraisal and interpretation of emotions
④ The significance of mutual reactions in relationship
⑤ The importance of interpersonal process in emotions

건국대학교

2023학년도 자연계 B형
▶▶ 영어 20문항, 수학 20문항·60분

[문항별 배점: 01-20 2점]

[01-03] 밑줄 친 어휘와 의미가 가장 가까운 것을 고르시오.

01 Recovery from stage fright involved developing humility — recognizing that whatever his talent, he was <u>fallible</u>, and that an imperfect performance was not a disaster.

① faulty   ② impeccable   ③ dissonant
④ ingenious   ⑤ compulsory

02 A perfect <u>specimen</u> of Oriental ruby is the most precious stone, being worth many times the price of a diamond of the same size.

① type   ② sample   ③ definition
④ representation   ⑤ artifact

03 Sensory and physical impairments <u>adversely</u> affect a student's educational performance and may include visual, auditory, and orthopedic impairments.

① abundantly   ② affirmatively   ③ incrementally
④ harmfully   ⑤ predominantly

[04-06] 밑줄 친 Ⓐ~Ⓔ 중 어법상 적절하지 <u>않은</u> 것을 고르시오.

04 Naturalistic studies are important within psychology because many studies are Ⓐ<u>conducted</u> under the Ⓑ<u>controlling</u> conditions of a laboratory or Ⓒ<u>through</u> asking people about their behavior. Then, when a study Ⓓ<u>takes place</u> "in the wild," psychologists sometimes observe that people's behavior in real settings Ⓔ<u>differs</u>.

① Ⓐ   ② Ⓑ   ③ Ⓒ
④ Ⓓ   ⑤ Ⓔ

05 No one is Ⓐ<u>sure</u> why these butterflies migrate or Ⓑ<u>how</u> they navigate. All we know Ⓒ<u>are</u> that they migrate Ⓓ<u>by</u> the millions and that they come back every spring. There are too many things we don't know why, Ⓔ<u>aren't there</u>?

① Ⓐ   ② Ⓑ   ③ Ⓒ
④ Ⓓ   ⑤ Ⓔ

06 In 1981, there were more than 4 million experiments on animals in Britain. They include everything from trials of new pet foods Ⓐ<u>involving</u> no suffering whatsoever, to experiments Ⓑ<u>which</u> dogs and monkeys are forced to smoke continuously. On the other hand, there Ⓒ<u>have been</u> protests from animal rights groups about experiments on animals. In the last few years, extreme activists have raided laboratories and Ⓓ<u>released</u> the animals. So attitudes to animals vary greatly between two extremes. Some of us regard animals as simply lumps of walking meat, Ⓔ<u>while</u> others see them as almost human.

① Ⓐ   ② Ⓑ   ③ Ⓒ
④ Ⓓ   ⑤ Ⓔ

[07-08] 빈칸에 들어갈 가장 적절한 단어를 고르시오.

07 It is difficult to understand what you are reading if you do not know what it is about. Even when there are no difficult words or grammar, you cannot make sense of the sentences if you do not know the _____. Therefore, knowing the _____ is necessary in order to comprehend what you read.

① syntax   ② character   ③ organization
④ topic   ⑤ metaphor

08 Children have a range of _____ behaviors that signal to the parents that they need comfort — for example, a child might cry, follow or cling to the parent. The child is letting the parent know at this moment he needs attention and nurture.

① attachment   ② deduction   ③ adoration
④ mimicry   ⑤ empathy

[09-15] 빈칸에 들어갈 말로 가장 적절한 것을 고르시오.

09 An American journalist Elizabeth Seaman achieved fame for the _____ way she obtained her stories. She felt the best way to get the real story was from the inside rather than as an outside observer. On one occasion she pretended to be a thief so that she would get arrested and see for herself how female prisoners were really treated. On another occasion she faked mental illness in order to be admitted to a mental hospital to get the real picture on the treatment of mental patients.

① careful and considerate
② innovative and updated
③ philanthropic and humanistic
④ humoresque and satiric
⑤ bold and adventuresome

10 Is bird song music? The thrush's song has some of the characteristics of music. It has rhythm, melody, repetition, and variation. It also has a(n) _____: scientists believe that birds sing to announce their presence in a particular territory to other birds of the same kind, and that they sing to attract a mate. In some species one bird's song can tell the other birds which bird is singing and how that bird is feeling.

① harmony   ② imitation   ③ refrain
④ function   ⑤ composition

11 It is a common belief in every culture that the fruits and vegetables which have the most flavor are nutritionally _____. It is logical that our tastes would have evolved to lead us to the most valuable foods. Whether taste reflects the quality and quantity of vitamins, minerals and protein, or whether it is an index of other as yet undiscovered nutrients or properties of foods, has not been verified in the laboratory. Nevertheless, as a working hypothesis, it is probably safe to assume that produce which looks pretty but has no taste is less desirable in the diet.

① superior　　　　　② deficient　　　　　③ injurious
④ controversial　　　⑤ simple

12 Many agricultural chemicals have long been to have toxic effects when improperly handled, stored, or applied. It is clear that neither manufacturers nor producers intended or wanted these consequences, and both groups have made efforts to mitigate and control unintended consequences. Nevertheless, unintended consequences of agricultural chemicals pose ethical problems in that it is impossible to _____ the risk of an unwanted event entirely.

① consolidate　　　　② stabilize　　　　③ eliminate
④ take　　　　　　　⑤ conceal

13 Hormones are natural chemicals produced in the thyroid, ovaries, and other glands. Carried in the bloodstream to target tissues, each hormone exerts effects specific to the hormone. As one illustration, estrogen produced in the ovaries is transported to responsive tissues where it stimulates and maintains changes that make an animal female. At natural levels estrogens and other hormones exert actions vital to an animal's well-being. Only a tiny dose of a hormone is needed to react with the receptor although, up to a point, the response increases as the dose increases. _____, if the dose continues to rise, negative feedback comes into play and this can turn off the hormone's effect. So what will happen if an environmental hormone (pollutant) can mimic a hormone? Fortunately, a pollutant is a very weak "hormone" compared with the real one. _____, wildlife is often directly exposed to such pollutants and sometimes serious effects are seen.

① what is better — In conclusion
② Therefore — Moreover
③ However — Nonetheless
④ For example — Instead
⑤ In contrast — Namely

14 Scientists wondered for a long time just how whales are related to land mammals, especially the largest land mammal, the elephant. They believed that there must have been some kind of in-between mammal that lived partly in the sea and partly on land. They had _____, however, until the discovery of the bones of an animal scientists have called "Pakicetus." This large mammal lived 50 million years ago, lived on the land but found its food in the water.

① never tried to prove this
② no doubt about its existence
③ no evidence for such an animal
④ been convinced of its extinction
⑤ a very strong belief in mammals

15 Many authors have implied that heritable traits are difficult or impossible to alter. Heritability is defined in percentages. If a characteristic is 0%, all differences in the trait are entirely determined by the environment, and if it is 100% heritable, then all differences are defined by genetics. The majority of personality traits are 60% heritable. Nevertheless, the fact that a trait is heritable does not mean we cannot _____ it. Instead, a high heritability means that current environmental factors impact minimally on individual differences in a trait. The figure does not relate to the potential effects of new environments.

① modify　　　　　　② corroborate　　　　　③ endure
④ persuade　　　　　⑤ investigate

16 글의 흐름상 다음 문장이 들어가기에 가장 적절한 곳은?

> The Harvard University Nurses' Health study reveals that women who eat two or more servings of vegetables a day may be able to reduce their risk of breast cancer by 17%.

Genes are not your total destiny. Ⓐ No matter what your age or medical history, there are plenty of changes you can make today to reduce your risk for breast cancer. Ⓑ First, eat a low-fat diet. The next time you have a craving for ice-cream, try reaching for a celery stick instead. Studies show that eating more vegetables may help prevent breast cancer. Ⓒ American women consume three times as much fat as do women in Asia and have three times the risk of breast cancer. Ⓓ When Asian women move to the U.S. and begin eating the high-fat American diet, their risk of breast cancer climbs. Ⓔ

① Ⓐ　　　　　　　② Ⓑ　　　　　　　③ Ⓒ
④ Ⓓ　　　　　　　⑤ Ⓔ

[17-18] 다음 글을 읽고 물음에 답하십시오.

> Mathematics as taught in school is perceived by most students as a subject lacking history. The teacher becomes the source of all that has to be learned on the subject, and his task is to convey that knowledge to the student. Usually in the instructional process, the understanding of the process of mathematical creation and of the age-old grappling with mathematical problems are completely lost. Mathematics to most students is a Ⓐ_____ subject, located in the mind of the teacher who decides whether answers are correct or not. This situation is particularly harmful to mathematics teaching more than to teaching of the other sciences. Mathematics is by nature an accumulative subject; most of what was created millennia ago — both content and processes — is still Ⓑ_____ today. Exposing students to some of this development has the potential to make the subject fun and to humanize it for them.

17 ⓐ, ⓑ에 들어갈 말로 바르게 짝지어진 것은?

① reasonable — valid
② fragmentary — reasonable
③ valid — open
④ remarkable — open
⑤ closed — valid

18 위 글의 내용과 일치하지 않는 것은?

① 수학 문제 해결에는 대개 오랜 고투가 필요하다.
② 수학교사는 지식 전달보다 수학의 역사에 집중한다.
③ 교실에서 수학은 예, 아니오의 문제로 다루어지곤 한다.
④ 수학의 역사를 배움으로써 수학에 대해 친밀감을 느낄 수 있다.
⑤ 역사 교육의 부재는 다른 과학분야보다 수학교육에서 더 해로울 수 있다.

[19-20] 다음 글을 읽고 물음에 답하시오.

For many people, sitting still for a long time is one of the worst things about flying. Now doctors are discovering that there are good reasons to be unhappy about sitting still on long flights. ⓐ_____, it is not good for you at all. The blood in your legs does not flow well and you are more likely to get a blood clot (a small lump) in your leg. The clot may cause swelling and pain in the leg because the blood cannot flow past it. More serious problems can develop if part of a clot breaks off and travels to the lung. In this case, there is even the risk of death. To avoid risk, doctors recommend moving around as much as possible during a flight. ⓑ_____, you cannot stand up often or walk continually around the plane. But you can help the blood flow in your body by doing special exercises at your seat. Many airline companies now include instructions for these exercises in their in-flight magazines.

19 빈칸 ⒜, ⒝에 들어갈 말로 올바르게 짝지어진 것은?

① For example — In reality

② In contrast — Consequently

③ In fact — Of course

④ For this reason — Naturally

⑤ However — In addition

20 위 글의 제목으로 가장 적절한 것은?

① Never fear long flight!

② Blood clots: Threats to your health

③ Why you should move a lot in a plane

④ Uncomfortable truth about travelling by plane

⑤ Pros and cons of sitting in a plane

나의 마지막 입시

최○서

건국대학교 산업공학과
편입구분: 일반편입

어휘 학습법

MVP와 교수님 자료를 여러 번 회독하였습니다. 단어를 외울 때는 단어를 보자마자 뜻이 무엇인지 바로 생각할 수 있을 때까지 반복하여 암기하였습니다. 계속해서 외우지 못한 단어들은 A4용지를 사 등분하여 영어단어와 뜻을 따로 적어 가며 암기했습니다.

문법 학습법

교수님의 수업과 자료를 활용하여 주요 문법공식들을 암기하였고, 김영편입 문법 2단계와 기출문제를 통해 문제를 반복해 풀었습니다. 상반기에는 이론과 문제 풀이에 집중하였고, 하반기에는 기출문제 위주로 공부하면서 시험 직전까지 실전 감각을 익혔습니다.

논리 학습법

교수님의 논리 필수 단어를 많이 외웠으며, 논리 문제를 풀기 위한 스킬들을 적용하며 공부했습니다. 그리고 논리에 자주 나오는 단어는 단어 하나를 보았을 때 유의어들이 무엇인지, 반의어는 무엇인지 바로 떠오를 수 있을 만큼 암기했습니다.

독해 학습법

독해 수업 전에 문제를 풀고 글의 주제와 패턴을 생각해 보고, 수업을 들을 때 교수님의 방식과 비교해 나가며 최대한 교수님의 방식과 가까워지려 노력했습니다. 글의 주제와 패턴을 생각하는 것은 시험 직전까지 연습했습니다. 또한 교수님께서 어느 부분에서 힘을 빼고 해석하시는지, 어느 부분에서 힘을 주고 해석하시는지를 캐치하여 복습할 때 활용했습니다.

건국대학교 | 2022학년도 인문·예체능계 A형 | 40문항·60분

어휘

▶▶ 밑줄 친 어휘와 의미가 가장 가까운 것을 고르는 동의어 유형 6문제가 출제됐다. 밑줄 친 어휘와 보기가 기출 어휘 위주로 출제됐고, 논리완성 문제로 출제될 수 있는 위치에 단어가 제시되어 문맥을 통해 밑줄 친 단어의 의미를 유추할 수 있었다. 출제된 어휘에는 convivial(=gregarious), plastic(=malleable), insufficient(=meager), irrevocable(=unchangeable), exhilarate(=fill with high spirits), remonstrate(=say or plead in protest)가 있었다.

문법

▶▶ 지난해와 같이 밑줄 친 보기 중에 오류를 찾는 Written Expression 유형 6문제가 출제됐다. 동사가 목적어를 취할 수 있도록 수동태를 능동태로 바꾸는 문제, 타동사의 목적어가 되고 수식어구의 한정을 받을 수 있도록 동명사를 명사로 고치는 문제, 명사 concern과 함께 관용적으로 쓰이는 전치사 with, 진주어가 될 수 있도록 동명사 finding을 to 부정사 to find로 고치는 가주어-진주어 구문, 선행사를 포함한 관계대명사 what, 정동사가 있는 문장에서 앞의 명사를 수식할 수 있도록 동사를 현재분사로 고치는 문제가 출제됐다.

논리완성

▶▶ 빈칸에 들어갈 단어와 관련한 '정의'를 문장으로 제시해 빈칸에 적절한 어휘를 고르는 문제를 비롯하여, 문맥의 흐름에 맞는 단어와 구를 고르는 일반적인 유형의 논리완성 문제가 출제됐다. 빈칸을 해결할 수 있는 단서 또는 키워드가 명확하게 제시되어 있는 문제들이 출제됐다. 예를 들면, 앞선 문장을 부연 설명하는 두 번째 문장을 통해 역사학 연구와 인류학 연구의 차이점을 구하는 문제와 유아의 지각 능력과 관련한 습관화-탈습관화 기술에서 새로운 자극이 주어졌을 때 아기가 습관화된 자극에 보였던 반응을 어떻게 여기는지를 추론하는 문제, 그리고 영어를 유창하게 구사하는 것이 경제적 이익을 얻는 데 큰 도움이 되지만 현지 언어를 희생시키면서 영어를 장려하는 것이 문화적 가치와 충돌하는 딜레마 상황 등이 출제됐다.

독해

▶▶ 지문과 문제의 난이도 그리고 독해 지문의 길이 면에서 지난해와 큰 차이가 없었다. 출제된 문제 유형 또한 문맥상 자연스럽지 않은 단어 또는 문장 고르기, 주어진 보기에 들어갈 적절한 단어 고르기, 글의 제목과 주제, 내용일치, 문장삽입, 빈칸완성 등 다양한 문제가 골고루 출제됐다. 지문의 내용을 살펴보면 "파레토의 법칙과 상반되는 인터넷 시장을 통해 드러난 긴 꼬리 법칙의 예", "조기퇴직을 장려한 것에 대한 부작용", "아름다움을 추구하고 아름다운 대상에게 끌리는 생물의 본성", "주의력 결핍의 긍정적인 측면", "사람들이 에이즈 감염의 원인을 알고 있지만 심정적으로 이를 기피하는 상황에 대한 설명"등 다양한 주제가 포함되었다.

건국대학교

2022학년도 인문·예체능계 A형
▶▶ 40문항·60분

[문항별 배점: 01-20 2점/ 21-40번 3점]

[01-06] 밑줄 친 어휘와 의미가 가장 가까운 것을 고르시오.

01 In a large group of people, she often seemed taciturn and aloof, although among her friends and family she was quite <u>convivial</u>.

① reluctant ② indifferent ③ credible
④ gregarious ⑤ independent

02 We know that the human brain is highly <u>plastic</u>; neurons and synapses change as circumstances change. When we adapt to a new cultural phenomenon, including the use of a new medium, we end up with a different brain.

① original ② vulnerable ③ transparent
④ malleable ⑤ secure

03 Member of poor peasant families spun or wove cloth and linens at home for scant remuneration in an attempt to supplement <u>insufficient</u> family income.

① primary ② meager ③ regular
④ overestimated ⑤ copious

04 It's only a guideline, not some <u>irrevocable</u> rule or law. We can change it anytime the situation calls for an alteration. It's not set in stone. Thus, we should not worry about the rigidity of the manager.

① unchangeable   ② ineffable   ③ illogical
④ irrelevant   ⑤ incalculable

05 Things were simpler then. A couple of oranges as a Christmas or birthday gift were enough to <u>exhilarate</u> us for days. The only way to elate kids these days is with exorbitant toys and clothes.

① lie down to rest
② make amends for
③ fill with high spirits
④ make afraid of or anxious
⑤ cause uncomfortable feelings

06 When she came home after two days from their dispute over the location of the new house, her husband was on the phone vehemently raising objections to the changed bus route. She pulled out her cellular phone and secretly recorded him as he <u>remonstrated</u> some poor public official. It was so amusing that she posted it in her blog, which eventually resulted in their reconciliation.

① found fault with
② said or pled in protest
③ treated roughly or cruelly
④ kept down or held back
⑤ troubled or annoyed constantly

[07-10] 빈칸에 들어갈 가장 적절한 단어를 고르시오.

07 Your _____ is the way that chemical processes in your body cause food to be used in an efficient way, for example to make new cells and to give your energy.

① metabolism ② reproduction ③ physiology
④ complexion ⑤ digestion

08 The prisoner's desire to make amends to the victims whom he had wronged indicated that he was truly _____, so the judges let him out of the prison.

① predictable ② defenceless ③ overwhelming
④ apathetic ⑤ penitent

09 Not one to be easily intimidated, the corporal remained _____, while the opposing army pressed toward his troop's position.

① steadfast ② furious ③ deferential
④ assertive ⑤ ambivalent

10 _____ is the legal right to keep and look after a child, especially the right given to a child's mother or father when they get divorced: Child _____ is normally granted to the mother.

① custody ② confinement ③ detention
④ abduction ⑤ counsel

[11-16] 밑줄 친 Ⓐ~Ⓔ 가운데 어법 상 옳지 않은 것을 고르시오.

11 ⒶSurrounded by the enemy, the two soldiers Ⓑwere changed their clothing from Ⓒthose of combatants to those of the local citizens Ⓓwho were not Ⓔinvolved in the fighting.

① Ⓐ ② Ⓑ ③ Ⓒ
④ Ⓓ ⑤ Ⓔ

12 In recent years, public libraries in the United States Ⓐhave experienced Ⓑreducing in their Ⓒoperating funds due in large part Ⓓto cuts Ⓔimposed at the federal, state, and local government levels.

① Ⓐ   ② Ⓑ   ③ Ⓒ
④ Ⓓ   ⑤ Ⓔ

13 Historically, the criteria used to define the developing world have focused largely Ⓐon economic growth, Ⓑof little concern for questions of equity, sustainability, or empowerment. ⒸUntil the 1990s, for example, the Ⓓmost common way of differentiating the developing world from the developed world was Ⓔthrough the use of GDP figures that measured the value of goods and services produced in a country in a given year.

① Ⓐ   ② Ⓑ   ③ Ⓒ
④ Ⓓ   ⑤ Ⓔ

14 ⒶWith such prices, drug pushers can earn billions of dollars each year Ⓑby pushing their wares Ⓒin even the poorest neighborhoods. Most people agree that so-called drug war is far from Ⓓbeing won in the United States. Consequently, it has become an obsession for many Americans Ⓔfinding some solution to the drug problem.

① Ⓐ   ② Ⓑ   ③ Ⓒ
④ Ⓓ   ⑤ Ⓔ

15 I hate Ⓐbeing ill. I do not simply mean that I dislike the illness itself (although that is true), but I hate Ⓑthat being ill does to my character. ⒸAs soon as I have a headache or a cold or the first signs of flu coming on, I proceed to behave as if I Ⓓwere in the grip of some fatal illness, and Ⓔto wear an expression of martyrdom which is supposed to indicate that I will bravely face the few days of life that are left to me.

① Ⓐ   ② Ⓑ   ③ Ⓒ
④ Ⓓ   ⑤ Ⓔ

16 ⒶTrekking through the Himalayas, Maggie Doyne met hundreds of orphaned and poverty-stricken Nepalese children. Upon Ⓑreturning to her hometown, she asked her community to help her Ⓒbuild a safe and loving home for these children. To Doyne's surprise, her neighbors supported the idea. With their help, Doyne and the local Nepalese community built the Kopila Valley Children's Home, a home that Ⓓprovides young orphans, street children, child laborers, and abused children with an education, health care, and a loving place to grow up. Today, there are 25 children Ⓔlive in the home, and 60 children are enrolled in school through the Kopila Outreach program.

① Ⓐ   ② Ⓑ   ③ Ⓒ
④ Ⓓ   ⑤ Ⓔ

17 밑줄 친 Ⓐ~Ⓔ 가운데 문맥상 자연스럽지 <u>않은</u> 것은?

    The last gold rush belongs as much to Canadian history as it does to American. The discovery of gold along Klondike River, which flows from Canada's Yukon Territory into Alaska, Ⓐdrew some 30,000 prospectors to the north seeking their fortune — though only a Ⓑtiny fraction of these "sourdoughs" would get rich. The Yukon became a territory and its capital of the time, Dawson, would not have Ⓒperished without the gold rush. The gold strike Ⓓfurnished material for a dozen of Jack London's novels; it inspired Robert Service to write "The Shooting of Dan McGrew" and other poems; and it provided the background for the wonderful Charlie Chaplin movie, *The Gold Rush*. It also Ⓔmarked the beginnings of modern Alaska.

---

① Ⓐ   ② Ⓑ   ③ Ⓒ
④ Ⓓ   ⑤ Ⓔ

18 문맥상 Ⓐ, Ⓑ, ⓒ에 들어갈 가장 적절한 말로 짝지어진 것은?

Many teachers shy away from using contemporary art in their teaching because they do not feel comfortable with their own level of knowledge and are Ⓐreluctant/willing to introduce their students to anything they may not have mastered themselves. This response is not unique to educators. As an art critic pointed out, the field of contemporary art "has become mystified to the point where many people doubt and are even embarrassed by their own responses." To make matters worse, teaching resources are Ⓑopulent/scarce. The absence of curriculum materials about contemporary art reflects the attitude that the only valuable art is that which has "withstood the test of time." This attitude, in turn, reflects the belief that it is ⓒpossible/impossible to establish universal cultural standards that remain fixed and permanent.

① reluctant — scarce — impossible
② willing — opulent — possible
③ reluctant — scarce — possible
④ willing — scarce — impossible
⑤ reluctant — opulent — impossible

19 다음 글의 제목으로 가장 적절한 것은?

The problems we face in conserving natural resources are laborious and complex. The preservation of even small bits of marshlands or woods representing the last standards of irreplaceable biotic communities is interwoven with the red tape of law, conflicting local interests, the overlapping jurisdiction of governmental and private conservation bodies, and an intricate tangle of economic and social considerations. During the time spent in resolving these factors, it often happens that the area to be preserved is swallowed up. Even more formidable is the broadscale conservation problem raised by the spread of urban belts in such places as the northeastern part of the United States. The pressures of human growth are so acute in such instances that they raise issues which would tax the wisdom of Solomon.

① Hindrance to Conservation
② How to Prevent Nature's Attack
③ Living with Biotic Communities
④ Education for Eco-friendly Future
⑤ Best Way to Conserve Natural Resources

20 다음 글에서 곤충이 시대를 거듭하면서 살아남을 수 있었던 이유가 <u>아닌</u> 것은?

Insects enjoy many advantages for survival. Insects reproduce often and in large numbers. Their small size is a very definite advantage. Their food needs are small, and they can easily escape detection, especially with their keen sense of sight and smell. They are not fussy about diet and can adapt to changes, as illustrated by the new forms they have reproduced that defy man's poisons. Camouflage helps many insects blend with the environment. The names assigned to such insects as the "walking stick" and the "dead leaf" are illustrations. Mimicry is another device used for protection and ultimate survival. Birds often turn down a meal of a viceroy butterfly that mimics the unpleasant-tasting monarch butterfly.

Let us bear in mind that we need some members of the insect world. For example, when other factors are absent, some species of insects transfer pollen from anthers of stamens to pistils of blossoms. Without pollination, fruit formation is impossible. Our pure silk comes from the material of the cocoon of an insect. Also do not overlook the work of the honeybee.

* anther: 꽃밥, stamen: 수술, pistil: 암술

① mimicry
② camouflage
③ small body size
④ ability to pollinate blossoms
⑤ reproduction in large numbers

21 What should you do if, near the end of the test, you realize that you don't have enough time to finish? Don't panic! Let's say that you have one more passage to complete and there are only about four or five minutes remaining. You should skim over the passage to get the main idea. Answer the first item about the passage (which will probably be a main idea item). Then answer all of the vocabulary items and reference items because these _____. Then go back and answer any remaining items. Refer to the passage as little as possible. If you can't find the information needed to answer the item in about ten seconds, just pick the choice that seems most logical. Then, in the last few seconds, answer any remaining items by clicking on your "guess answer."

① require less time
② can be answered by guessing
③ comprise smaller portion in the total score
④ are usually less difficult than a main idea item
⑤ should be answered without referring to the passage

22 Although historical research and anthropological research often complement one another, the two disciplines retain important _____ because of the fundamental questions that each poses. Historians are ultimately interested in why change occurred, whereas anthropologists are concerned with the meanings of actions and systems.

① affinities ② paradoxes ③ fallacies
④ distinctions ⑤ consequences

23 A new technique of studying infant perception has come into vogue. It is the habituation-dishabituation technique, in which a single stimulus is presented repeatedly to the infant until there is a measurable decline in whatever attending behavior is observed. At that point a new stimulus is presented, and any recovery in responsiveness is recorded. If the infant fails to dishabituate and continues to show habituation with the new stimulus, it is assumed that the baby is _____.

① likely to show abnormal behaviors
② able to recover what has been forgotten
③ able to discern a new stimulus from an old one
④ unable to perceive the new stimulus as different
⑤ unable to continue participating in the experiment

24 The sun set on the British Empire long ago, but the shadow of the English language lingers. In many newly independent countries, that heritage ran into resistance; having command of English was seen as being under the sway of foreign influences. Now, though, the bane has turned into a gain, giving an edge to those able to use the language of global communication in computers, finance and tourism as well as academe. In other words, knowing English can be the key to top jobs and big money, not to mention foreign investment. Among educators and officials in some parts of the world, this státus quó renews a _____. Promoting English in schools, sometimes at the expense of local languages, confronts a host of cultural values.

① convergence   ② hypothesis   ③ policy
④ curriculum   ⑤ dilemma

25 During imperial times, the Roman Senate was little more than a collection of _____ yes men, intent on preserving their own lives by gratifying the Emperor's every whim. Their lands, slaves, and even their lives were at the hand of the whimsical Emperor who hated listening to advices from his loyal vassals.

① bashful   ② versatile   ③ flattering
④ treacherous   ⑤ stubborn

26 The "wisdom of crowds" has become a mantra of the Internet age. Need to choose a new vacuum cleaner? Check out the reviews on online merchants. But a new study suggests that such online scores don't always reveal the best choice. A massive controlled experiment of Web users finds that such ratings are highly _____ irrational "herd behavior" — and that they can be manipulated. Skeptics argue that people's opinions are easily swayed by those of others. So _____ a crowd early on by presenting contrary opinions — for example, exposing them to some very good or very bad attitudes — will steer the crowd in a different direction.

① endangered by — intriguing
② susceptible to — nudging
③ affiliated with — dissuading
④ responsible for — supporting
⑤ intertwined with — challenging

[27-28] 다음 글을 읽고 물음에 답하시오.

Department stores have a special parking lot for customers with excellent records. These VIP customers can have a cup of tea at an exclusive lounge and enjoy an extra discount. Ⓐ The department stores offer the special perks to frequent patrons because a large portion of their revenue, about 80 percent, comes from a small number of loyal customers, the top 20 percent. Italian economist Vilfred Pareto's 80-20 rule can easily be found in our daily lives. Ⓑ Eighty percent of the calls we get come from the closest 20 percent of the people we know. Twenty percent of the population has 80 percent of the money in the country, and 20 percent of the workers do 80 percent of the work. American linguist George Kingsley Zipf arranged the words appearing in the Bible and *Moby Dick* according to the frequency of their occurrence, and obtained a distribution very similar to the Pareto's distribution. Ⓒ Yoshihiro Sugaya argues that the center of the market is shifting from the few to the many. He calls it the "Long tail" principle. Ⓓ As an example, he cites the American online bookstore Amazon.com. Half of its revenue comes from the sale of books that are not publicly popular. Ⓔ The long tail portion in the distribution, which was considered insignificant in the Pareto distribution, is growing more important.

27 글의 흐름상 다음 문장이 들어가기에 가장 적절한 곳은?

The internet delightfully turned over Pareto's principle.

① Ⓐ   ② Ⓑ   ③ Ⓒ
④ Ⓓ   ⑤ Ⓔ

28 위 글을 통해 추론할 수 있는 것은?

① The popularity of Internet shopping has reached the state of plateau.
② The word frequency example supports the "Long tail" principle.
③ The example of Amazon does not adhere to the Pareto principle.
④ We make calls to strangers more often than to close acquaintances.
⑤ Department stores try to reduce the benefits for VIP customers.

[29-30] 다음 글을 읽고 물음에 답하시오.

The story of the motel business from 1920 to the start of World War II in 1941 is one of <u>uninterrupted</u> growth. Motels (the term comes from a combination of the words *motor* and *hotels*) spread from the West and the Midwest all the way to Maine and Florida. They clustered along transcontinental highways such as U.S. Routes 40 and 66 and along the north-south routes running up and down both the east and west coasts. There were 16,000 motels by 1930 and 24,000 by 1940. The motel industry was one of the few industries that were not hurt by the Depression of the 1930s. _____, their cheap rates attracted travelers who had very little money.

29 밑줄 친 단어의 의미상 가장 가까운 것은?
① remarkable   ② unquestionable   ③ invisible
④ continuing   ⑤ marginal

30 빈칸에 들어갈 말로 가장 적절한 것은?
① However   ② For example   ③ In fact
④ In conclusion   ⑤ In addition

[31-32] 다음 글을 읽고 물음에 답하시오.

Just 25 years ago in the industrialized nations, four out of five men between 60 and 65 would have had jobs. Today half the men in this age group are no longer counted as workers. ⒶWhy have so many older men been cut from the work force? One reason is that many countries encouraged early retirement: ⒷFrance went so far as to lower its mandatory retirement age to 60. The theory was that early retirements would free up more jobs for the young, thus reducing the level of unemployment, which has soared particularly in Europe. ⒸIt is essential to try to spend more time on leisure and personal relations before retirement. But this has turned out to be largely a myth; most of the jobs opened up by early retirement are simply lost. ⒹRestructuring is the order of the day in the industrialized world; work forces are being cut back both on the factory floor and in the company office. Older male workers are often the first to be let go. They are seen as expensive because of their age and having old skills that are difficult to renew.

Those assumptions should be rethought in the light of the newest labor research. Populations are already aging faster than they are growing in the industrialized economies. With more retirees having to be supported by fewer workers, governments will have to spend more on pensions, social security and health care. ⒺIn Europe, social-welfare systems are already at breaking point and in the process of being cut. Industrialized countries seem to have little choice but _____.

31 Ⓐ~Ⓔ 중 글의 흐름상 <u>어색한</u> 것은?

① Ⓐ   ② Ⓑ   ③ Ⓒ
④ Ⓓ   ⑤ Ⓔ

32 빈칸에 들어갈 말로 가장 적절한 것은?

① to hire robust workers from overseas
② to find ways to stretch out working life
③ to eliminate the jobs of existing employees
④ to urge business owners not to take a risk
⑤ to encourage companies to invest more in IT business

Looking good is a universal human obsession. Ⓐ How do we perceive physical beauty, and why do we place so much stock in it? When it comes to choosing a mate, a female penguin knows better than to fall for the first creep who pulls up and honks. She holds out for the fittest suitor available — which in Antarctica means one chubby enough to spend several weeks sitting on newly hatched eggs without starving to death. Ⓑ That looks count in human affairs is beyond dispute. Studies have shown that people considered attractive fare better with parents and teachers, make more friends and more money, and have better sex with more (and more beautiful) partners. Ⓒ Every year, 400,000 Americans, including 48,000 men, flock to cosmetic surgeons. In other lands, people *bedéck* themselves with scars, lip plugs or bright feathers. "Every culture is a 'beauty culture'," says Nancy Etcoff, a neuroscientist who is studying human attraction at MIT Media Lab and writing a book on the subject. "I defy anyone to point to a society, any time in history or any place in the world, that wasn't preoccupied with beauty." Ⓓ It's widely assumed that ideals of beauty vary from era to era and from culture to culture. But a harvest of new research is confounding that idea. Ⓔ Studies have established that people everywhere — regardless of race, class or age — share a sense of what's attractive. And though no one knows just how our minds translate the sight of a face or a body into rapture, new studies suggest that we judge each other by rules we're not aware of.

33 위 글의 제목으로 가장 적절한 것은?

① The Biology of Beauty
② The History of Beauty Culture
③ The Cultural Variation of Beauty
④ The Parametric Human Obsession
⑤ The Ethics of Cosmetic Surgery

34 글의 흐름상 다음 문장이 들어가기에 가장 적절한 곳은?

Is our corner of the animal world different?

① Ⓐ   ② Ⓑ   ③ Ⓒ
④ Ⓓ   ⑤ Ⓔ

[35-36] 다음 글을 읽고 물음에 답하시오.

The ability to pay attention is considered such an essential life skill that the lack of it has become a widespread medical problem. Nearly 4 to 5 percent of the American children are now diagnosed with attention-deficit hyperactivity disorder (ADHD). In recent years, however, the surprising benefits of not paying attention have been found. For instance, researchers have found a surprising link between daydreaming and creativity — people who daydream more are also better at generating new ideas. According to the scientists, the inability to focus helps ensure a richer mixture of thoughts in consciousness. Because these people struggle to filter the world, they end up letting everything in. Such Ⓐdetails/lapses in attention turn out to be a crucial creative skill. When we are faced with a difficult problem, the most obvious solution is probably wrong. At such moments, it often helps to consider Ⓑpractical/farfetched possibilities, to approach the task from a(n) Ⓒconventional/ unconventional perspective. And this is why distraction is helpful: People unable to focus are more likely to consider information that might seem irrelevant but will later inspire the breakthrough.

35 Ⓐ, Ⓑ, Ⓒ에 들어갈 말로 바르게 짝지어진 것은?

① details — practical — conventional
② details — practical — unconventional
③ details — farfetched — unconventional
④ lapses — farfetched — conventional
⑤ lapses — farfetched — unconventional

36 위 글의 주제로 가장 적절한 것은?

① 주의력 향상의 중요성
② 주의력 결핍의 긍정적 측면
③ 주의력과 학업 성취도의 관계
④ 창의력이 주의력에 미치는 영향
⑤ 산만한 학생들을 위한 효율적 교육 방법

Researchers found new evidence that tea may prime the immune system to fend off attacks from bacteria and other pathogens. "This is the first report of tea affecting the immune system," says Dr. Jack Bukowski, a rheumatologist and co-author of the study. But it's hardly the first health benefit attributed to tea. Over the years, credible claims have been made that tea may help protect against various forms of cancer, cardiovascular diseases, Alzheimer's, Parkinson's disease and rheumatoid arthritis. Before you rush out to stock up on tea bags, however, there are a few things you need to know. The evidence of tea's benefits is still _____. Even if tea does turn out to be some kind of general immune-system booster, the effect can't be that strong. After all, there are millions of tea drinkers in the world, yet even they were not free from the attack of disease like SARS.

37 빈칸에 들어갈 말로 가장 적절한 것은?

① invisible ② unknown ③ salient
④ prevalent ⑤ contradictory

38 위 글의 내용과 일치하는 것은?

① 면역력을 높이는 차의 효능은 강력하다.
② 차를 자주 마시는 사람들은 SARS에 걸리지 않았다.
③ 차는 암, 심장혈관 질환 등을 예방하는 데 도움을 준다.
④ 차의 다양한 효능이 알려지자 재고량이 부족해지고 있다.
⑤ Bukowski 박사팀의 연구로 차의 효능이 처음으로 알려졌다.

From the time Americans began worrying about AIDS a decade ago, researchers have been troubled by the obdurate ignorance surrounding the subject. Despite a massive public education campaign, many people remain confused about how the disease is transmitted. Again and again, medical workers have emphasized that infections come largely through direct contact with the blood, semen or saliva of HIV carriers. Yet even some doctors seem uneasy about casual contact with them. Psychologists suspect there's something more at work than a simple fear of infection.

_____. In a recent study, researchers at Arizona State University asked several hundred business and science majors how they would feel about dining with the silverware used by AIDS patients on the previous day (and then washed), the previous week and as much as a year ago. Although they were well informed factually about HIV infection, the majority admitted they would feel some lingering unease even after a year. "People don't want to touch people with AIDS or share their dishes even when they know they're being irrational," says clinical psychologist Carol Nemeroff, who headed the study.

39 위 글의 제목으로 가장 적절한 것은?

① A Resistance to Reason
② Competence and Performance
③ Unforgettable Truths of AIDS
④ The Nature of Pandemic Diseases
⑤ New Myths of Medical Science

40 빈칸에 들어갈 말로 가장 적절한 것은?

① The fear seems to override logic
② Much of the concern about AIDS is legitimate
③ AIDS is no longer widely spread in the public area
④ There's no distinction between moral and physical properties
⑤ If the odds are a thousand to one, everyone would take a risk

KONKUK
UNIVERSITY

건국대학교

2022학년도 자연계 A형
▶▶ 영어 20문항, 수학 20문항·60분

[01-20번: 문항 당 2점]

[01-02] 밑줄 친 어휘의 의미가 가장 가까운 것을 고르시오.

01　Even though my son lives in Spain now, I have a sort of sixth sense when he's in trouble. My daughter thinks my <u>prescience</u> is only my imagination, but time after time I've been right about my son's safety matters.

　① apprehension　　　② sentiment　　　③ resentment
　④ foresight　　　　　⑤ involvement

02　The terms of your insurance policy that you have purchased last September clearly state that any false information in your application <u>invalidates</u> the policy. We recently made a decision that the medical history you provided us was not accurate. Accordingly, with this email, we inform you that, as of Dec. 2l, 2020, your policy is cancelled.

　① diminishes　　　② upgrades　　　③ prolongs
　④ distorts　　　　　⑤ repeals

[03-04] 빈칸에 들어갈 말고 가장 적절한 것을 고르시오.

03 Because scientific assessments of whether or not global warming is occurring have been _____, it has been difficult to convince the public that this phenomenon is a critical problem that needs to be addressed.

① substantial ② indisputable ③ inconclusive
④ plausible ⑤ tranquil

04 If you describe someone as _____, you mean they behave in a silly or light-hearted way, rather than being serious and sensible.

① modest ② insolent ③ frivolous
④ boorish ⑤ dexterous

[05-08] 밑줄 친 Ⓐ~Ⓔ 중 어법상 적절하지 않은 것을 고르시오.

05 The instinct of curiosity greatly contributes to humans' individual and collective progress. It urges people to seek the Ⓐunknown and to find answers to things not yet Ⓑunderstood. Thus, in more serious fields, it drives humans to explore and to conquer new frontiers in all dimensions. For example, Ⓒsparkling objects in the night sky have fascinated the human instinct of curiosity to the point Ⓓthat humans have found a way to land on the moon and Ⓔreached beyond it.

① Ⓐ ② Ⓑ ③ Ⓒ
④ Ⓓ ⑤ Ⓔ

06 Gemstones are minerals Ⓐthat occur naturally. The value of a gemstone is measured in various ways. It is measured by the stone's color, clearness, size, and how well the stone Ⓑhas been cut. A jeweler cuts a stone to bring out its beauty. A gemstone sparkles because it is cut to have Ⓒangled sides, or facets. The facets reflect the light that Ⓓenter into the stone, Ⓔcausing it to sparkle.

① Ⓐ ② Ⓑ ③ Ⓒ
④ Ⓓ ⑤ Ⓔ

07 Anecdotal evidence of a looming crisis in biodiversity is now Ⓐbeing reinforced by science. In their comprehensive surveys of plants, butterflies and birds over the past 20 to 40 years in Britain, ecologists found significant population Ⓑdeclines in a third of all native species. The problem would be bad enough if it Ⓒwere merely local, but it's not; because Britain's temperate ecology is similar to Ⓓthose in so many other parts of the world, it's the best microcosm scientists Ⓔhave been able to study in detail.

① Ⓐ   ② Ⓑ   ③ Ⓒ
④ Ⓓ   ⑤ Ⓔ

08 When the necessary amount of an element in an organism is extremely small, it Ⓐis called a trace element. Iodine is a trace element vital to the Ⓑfunctioning of the thyroid gland, which regulates the rate of the body's chemical activity, or metabolism. A slight iodine deficiency may Ⓒresult in a huge swelling on the neck in the region of the gland, a condition Ⓓknown as simpler goiter. Complete absence of iodine is fatal. Yet the total amount of iodine in a man's body is only about 1/2,500,000 of the entire body weight. As is the case with all minerals, iodine Ⓔmust supply to the body in the diet.

① Ⓐ   ② Ⓑ   ③ Ⓒ
④ Ⓓ   ⑤ Ⓔ

[09-15] 빈칸에 들어갈 말로 가장 적절한 것을 고르시오.

09 When are the people going to realize that women are a _____ source of our national defense? Canadian law has been revised, and now women are allowed to serve in all military positions in the Canadian armed forces.

① viable   ② representative   ③ distinctive
④ superficial   ⑤ presumptuous

10 Lately John's been more conscientious about the accuracy and quality of his work with the company. He was warned that his job was _____ because of his lack of concern for his duties. When John was alerted that he was in danger of losing his job, he began to take his obligations with the company more seriously.

① in stitches   ② out of the woods   ③ on his last legs
④ in the hole   ⑤ on the line

11 Etymology, the study of words and word roots, may sound like the kind of thing done by boring librarians in small, dusty rooms. Yet etymologists actually have a uniquely interesting job. They are in many ways just like _____ digging up the physical history of people and events. The special aspect of etymology is that it digs up history, so to speak, through the words and phrases that are left behind.

① meteorologists   ② linguists   ③ physicists
④ archaeologists   ⑤ psychologists

12 The technology of the North American colonies did not differ strikingly from that of Europe, but in one respect, the colonists enjoyed a great advantage. Especially by comparison with Britain, Americans had a wonderfully plentiful supply of wood. The first colonists did not find an entire continent covered by a climax forest. Even along the Atlantic seaboard, the forest was broken at many points. Nevertheless, there was an abundant supply of fine trees of all types, and through the early colonial period, those who pushed westward encountered new forests. By the end of the colonial era, the price of wood had risen slightly in eastern cities, but wood was _____.

① still readily available
② not very easy to find
③ considered too expensive
④ exported to other continents
⑤ different in types from western cities

13 Until the 19th century, when steamships and transcontinental trains made long-distance travel possible for large numbers of people, only a few adventurers, mainly sailors and traders, ever traveled out of their own countries. "Abroad" was a truly foreign place about which the vast majority of people knew very little indeed. Early map makers therefore had little fear of being accused of mistakes, even though they were often wildly inaccurate. When they compiled maps, imagination was as important as geographic reality. Nowhere is this more _____ than in old maps illustrated with mythical creatures and strange humans.

① important　　　　② horrifying　　　　③ unanticipated
④ evident　　　　　⑤ impeccable

14 A special feature of the real estate rental market is its tendency to undergo a prolonged contraction phase, more so than with manufactured products. When the supply of a manufactured product exceeds the demand, the manufacturer cuts back on output, and the merchant reduces inventory to balance supply and demand. However, property owners cannot reduce the amount of space available for rent in their buildings. Space that was constructed to accommodate business and consumer needs at the peak of the cycle _____, so vacancy rates climb and the downward trend becomes more severe.

① decreases　　　　② remains　　　　③ suspends
④ inflates　　　　　⑤ returns

15 What traditional entertainment always promised was to transport us from our daily problems, to enable us to escape from the struggles of life. Analyzing the mechanism through which this was achieved, literary scholar Michael Wood in his book *America in the Movies* described our films as a "rearrangement of our problems into shapes which tame them, which disperse them to the margins of our attention," where we can forget about them. This is what we really mean when we call entertainment "escapist": We escape from life by escaping into the neat narrative formulas in which most entertainments are packaged. Still, with movies there was always the assumption that the escape was _____. At the end of the film one had to leave the theater and reenter the maelstrom of real life.

* maelstrom: 대혼란, 큰 동요

① fundamental　　　　② perpetual　　　　③ temporary
④ unusual　　　　　　⑤ tragic

[16-17] 다음 글을 읽고 물음에 답하시오.

The moon is the only world beyond the Earth whose landscape is laid out for view with the naked eye. If your eyesight is normal, you can make out a great many features on the moon's face — plains, mountainous regions, and the marks of meteorite impacts. The most obvious markings are dark gray patches. These are flat plains of lava, but 17th century astronomers using the newly invented telescope assumed they were water. They named each spot as if it were a sea, *mare* in Latin. *Mare Tranquillitatis,* the Sea of Tranquility, is the largest and famous as the site where Neil Armstrong first set foot in 1969. To its upper left is *Mare Serenitatis,* the Sea of Serenity, and *Mare Imbrium,* the Sea of Rains. All three are roughly circular, the result of lava's flooding gigantic craters left by meteorite impacts when the moon was young. To their left is the larger, more formless *Oceanus Procellarum,* the Ocean of Storms, with *Mare Humorum* (Sea of Moisture) and *Mare Numbium* (Sea of Clouds) below it. The large bright areas are mountainous, cratered terrain made of lighter colored rock. Tiny bright patches in *Oceanus Procellarum* are splashes of bright-colored rock kicked up by the formation of individual craters.

16 위 글의 주제로 가장 적절한 것은?
① Spot in the Moon where humans first set foot
② History of observing the Moon with telescope
③ What we can see in the Moon with naked eyes
④ Why there are many seas and craters in the Moon
⑤ Origin of the Latin names of regions in the Moon

17 위 글의 내용과 일치하지 <u>않는</u> 것은?
① 닐 암스트롱이 처음 착륙했던 곳은 평평한 용암 지대이다.
② 어두운 회색빛 조각들처럼 보이는 곳은 물이 흘렀던 흔적이다.
③ Mare Imbrium은 용암이 거대한 분화구 위로 범람하여 생겨났다.
④ 달 표면의 평야와 운석의 흔적들이 육안으로도 관찰 가능하다.
⑤ 달의 산악지역은 상대적으로 밝은 색의 바위들로 이루어져 있다.

18 Ⓐ, Ⓑ, Ⓒ에 들어갈 말로 가장 적절한 것은?

Beginner drivers of all ages lack both driving skills and experience in recognizing potential dangers. For newly-licensed teenage drivers, their immaturity and limited driving experience result in Ⓐproportionately/disproportionately high rates of crashes. Graduated driver licensing systems address the high risks faced by new drivers by requiring an apprenticeship of planned and supervised practice — the learner's permit stage. This is then followed by a Ⓑprovisional/permanent licence that places temporary restrictions on unsupervised driving. Commonly imposed restrictions include limits on night-time driving, limits on the number of passengers, and a prohibition against driving after drinking any alcohol. These Ⓒguidelines/restrictions are lifted as new drivers gain experience and teenage drivers mature, gaining a full licence. Although the specific requirements for advancing through these three stages vary by country, they provide a protective environment while new drivers become more experienced.

① proportionately — provisional — guidelines
② proportionately — provisional — restrictions
③ proportionately — permanent — guidelines
④ disproportionately — provisional — restrictions
⑤ disproportionately — permanent — guidelines

[19-20] 다음 글을 읽고 물음에 답하시오.

Ⓐ<u>Although</u> subtle, the effect of positive emotions is reliable and has been tested and supported in research laboratories, using a wide range of methods. Studies of memory, attention, and verbal fluency show that, under the influence of positive emotions, people have access to a wider array of information than Ⓑ<u>is</u> typically accessible to them. Eye-tracking studies show that positive emotions literally expand one's peripheral vision, allowing people to see Ⓒ<u>more</u> their surroundings. Brain imaging studies _____. Stroke patients with visual neglect, for instance, show expanded visual awareness when listening to pleasant music, Ⓓ<u>relative</u> to unpleasant or no music, an effect apparently mediated by functional coupling of emotional and attentional brain regions. Likewise, brain-based measures of breadth of visual encoding indicate that induced emotions Ⓔ<u>bias</u> early visual inputs, with positive emotions increasing and negative emotions decreasing the field of view.

19 밑줄 친 Ⓐ~Ⓔ 중 어법상 적절하지 <u>않은</u> 것은?

① Ⓐ   ② Ⓑ   ③ Ⓒ

④ Ⓓ   ⑤ Ⓔ

20 문맥상 빈칸에 들어갈 말로 가장 적절한 것은?

① differ   ② matter   ③ concur

④ evolve   ⑤ prosper

도전하는 자에게 기회가 온다

노○정

건국대하교 철학과
편입구분: 일반편입

어휘 학습법

MVP 1, 2 교재로 매일 단어 데일리 테스트를 진행하며 항상 100점을 목표로 삼았습니다. 책상에 앉아서 단어 외우는 시간을 최대 2시간으로 제한하고, 자투리 시간을 활용하여 못 외웠던 단어를 암기했습니다. 어려운 단어는 퀴즐렛 어플을 활용해 따로 외웠습니다. 단어장을 항상 가지고 다니며 단어 암기를 일상적으로 했습니다.

문법 학습법

문법은 이론암기를 중심으로 공부했습니다. 이론 진도가 모두 끝날 때까지 매일매일 그날 배운 내용을 반복했습니다. 이론이 끝난 뒤 문제 풀이 강의를 들어갈 땐 시간을 재서 문제를 풀고 틀린 문제의 개념을 이론서에서 찾아 다시 외우는 방식으로 공부했습니다. 시험에서 틀린 문제의 개념을 간단히 정리하여 포스트잇에 작성하여 오답노트를 만들었습니다. 이를 시험 마지막 날까지 매일 확인했습니다.

논리 학습법

초반에는 논리 문제를 풀기 위해 단어를 많이 외웠습니다. 특히 반복되는 단어, 시간 표현, 형용사 키워드를 파악하는 데 집중했습니다. 건국대 논리 문제의 핵심이 출제경향을 명심하며 학습했습니다.

독해 학습법

초반에는 시간제한 없이 모든 문장을 이해하려고 노력했습니다. 주제를 파악하기 위해 핵심 키워드를 찾아내는 방식으로 공부했습니다. 후반기에는 시간을 제한하여 문제를 풀고 채점한 뒤, 주제와 핵심 키워드를 이분법적으로 나누는 연습을 많이 했습니다.

건국대학교 | 2021학년도 인문·예체능계 A형 | 40문항·60분

어휘

▶▶ 밑줄 친 어휘와 의미가 가장 가까운 것을 고르는 동의어 유형 7문제가 출제됐다. 문장 속에 제시된 단어와 보기의 수준이 높지는 않아서 기출 어휘를 제대로 암기한 수험생은 쉽게 문제를 풀 수 있었다. 하지만 문장을 통해 밑줄 친 단어의 의미를 유추하기 어려운 문장이 제시됐고, 보기가 문장과 호응되는 단어들로 구성되어 제시어의 정확한 의미를 몰랐던 수험생은 어려웠을 것이다. 출제된 어휘에는 facade(=appearance), chasm(=gap), opulent(=rich), reservoir(=storage), viable(=feasible), raise the hackles(=arouse the anger), odds(=likelihood)가 있었다.

문법

▶▶ 지난해와 같이 밑줄 친 보기 중에 오류를 찾는 Written Expression 유형 6문제가 출제됐다. 출제된 문법 사항으로는 생략된 주어를 파악해 과거분사를 현재분사로 고치는 분사구문, 시간을 선행사로 하는 관계부사 when, 관계대명사 what의 역할, in which를 주격관계대명사 which로 고치는 관계대명사의 격과 관련한 용법, 목적어를 취할 수 없는 수동태 구문, 완전한 절을 취할 수 없는 관계대명사와 관련한 문제가 출제됐다. 출제된 문제의 평가 요소를 살펴봤을 때 2021학년도 시험은 특히 연결사와 관련된 문제가 많이 출제됐다. 건국대는 일반적으로 편입 시험에서 중요하게 다루는 문장 구조와 관련된 빈출유형 문제가 주로 출제되므로 주요 문법 사항을 반드시 정리해 두어야 한다.

논리완성

▶▶ 보기에 제시된 단어의 수준이 높지 않기 때문에 문장의 구조와 내용을 파악했다면 어렵지 않게 정답을 고를 수 있었다. refer to A as B(A를 B라고 부르다)의 구문에서 A에 해당하는 의미를 파악하여 B에 해당하는 단어를 고르는 문제, 가정법 구문의 주절을 통해 빈칸에 들어갈 구동사를 파악하는 문제, 부연 설명되는 두 번째 문장을 통해 첫 번째 문장의 빈칸을 완성하는 문제, 빈칸 전후의 관계를 파악하여 의미상 적절한 부사를 고르는 문제 등 어휘와 문장의 의미를 파악하는 논리완성 문제가 골고루 출제됐다.

독해

▶▶ 문제 유형이 매년 조금씩 바뀌지만, 문맥상 적절하지 않은 단어 고르기, 문장삽입, 빈칸완성, 지시대상 등 편입 독해에서 일반적으로 출제되는 유형을 매년 출제하고 있다. 특히 올해 시험에는 빈칸 전후의 논리적 관계를 파악하는 접속부사와 관련된 빈칸완성 문제와 지문에 밑줄 친 단어의 의미와 가장 가까운 것을 고르는 어휘 관련 문제가 늘었다. 지문의 내용을 살펴보면 "생활수준이 향상되고 있음에도 불구하고 여전히 스트레스를 받는 현대인", "노인들의 지적 능력이 감소하고 있다는 가정이 틀렸음을 제시하는 연구 결과", "피드백을 받았을 때 행복한 사람들과 불행한 사람들의 차이", "업무상 전화를 엿듣는 것을 허용하는 일리노이주의 주법(州法)과 관련한 사생활 침해 논란", "쓰레기를 통해 사람들의 식습관을 분석한 쓰레기학(garbology)", "프랑스 화가 앙리 루소(Henri Rousseau)", "여성의 지위와 출산율의 상관관계"와 같이 사회 문화, 예술, 심리 등 다양한 내용이 출제됐다.

[문항별 배점: 01-20 3점/ 21-40 2점]

[01-07] 밑줄 친 어휘와 의미가 가장 가까운 것을 고르시오.

01 The tension between outer <u>facade</u> and inner conflicts is a central theme in literature and psychology.

① calmness   ② dimension   ③ beauty
④ appearance   ⑤ arcade

02 Inspired by psychoanalysis and various "life reform" movements, exposing inner lives, psychological <u>chasms</u> and passions became a central concern to artists.

① narratives   ② characteristics   ③ allusions
④ myths   ⑤ gaps

03 Hans Makart exploited the potential of theatrical spectacle and swept his audiences into <u>opulent</u> fantasy worlds.

① excessive   ② rich   ③ unfamiliar
④ mysterious   ⑤ popular

04 Stories are the secret <u>reservoir</u> of values: Change the stories that individuals or nations live by and you change the individuals and nations themselves.

① storage   ② simile   ③ metonymy
④ metaphor   ⑤ hyperbole

05 When are the people going to realize that women are a <u>viable</u> source of our national defense? Canadian law has been revised, and now women are allowed to serve in all military positions.

① feasible   ② abundant   ③ inappropriate
④ essential   ⑤ impartial

06 This sure <u>raises the hackles</u> of a great many hunters. We can't justify the cruelty in hunting if we kill animals just for fun.

① arouses the anger
② sheds tears of joy
③ is in deep grief
④ express the feelings
⑤ is in a state of disorder

07 We can do far more than we think to improve our <u>odds</u> of preventing the most horrendous of catastrophes.

① endeavor   ② likelihood   ③ provocation
④ intention   ⑤ apathy

[08-18] 빈칸에 들어갈 말로 가장 적절한 것을 고르시오.

08 You can refer to an exciting place where there is a lot of activity or entertainment as a(n) _____.

① hot spot   ② life cycle   ③ death toll
④ black market   ⑤ identity parade

09 If workers are _____, they are told by their employers to leave their job, usually because there is no more work for them to do.

① put aside   ② laid out   ③ put off

④ put out   ⑤ laid off

10 A _____ is the difference between two amounts, especially the difference in the number of votes or points between the winner and the loser in an election or other contests.

① margin   ② statistics   ③ significance

④ verification   ⑤ matrix

11 If you accuse someone of _____, you mean that you disapprove of them because they pay excessive attention to unimportant details or traditional rules, especially in connection with academic subjects.

① criticism   ② harrassment   ③ swindling

④ plagiarism   ⑤ pedantry

12 There are times in everyone's life when several crises hit you at once and multiple priorities _____. No matter how organized and balanced you have become, occasionally you will find yourself in a situation where everything is urgent, time sensitive, and deadline driven.

① dissipate   ② mitigate   ③ converge

④ deteriorate   ⑤ augment

13 If one thing or person is _____ another, they are very different in important ways, and do not suit each other or agree with each other.

① independent of   ② irrelevant to   ③ subsumed to

④ dubious about   ⑤ incompatible with

14 Related to making e-commerce successful is the fact that media companies must show a willingness to _____ some of the control they have had over packaging media content. Allowing customers to buy individual songs rather than an entire CD is one simple example of something recording labels showed remarkable resistance to until recently.

① surrender   ② maintain   ③ dilate
④ corroborate   ⑤ strengthen

15 Why should society and the entertainment industry pay the price for the few people who can't seem to teach their children right or wrong? The real _____ are the parents who are not interested in what their own kids watch on TV. Where are the role models? Who is teaching children the proper values?

① judges   ② plaintiffs   ③ attorneys
④ prosecutors   ⑤ culprits

16 The term "cyborg," an abbreviation for "cybernetic organism," was first used in a 1960 article on space travel. It was defined as an organism to which artificial components have been added for the purpose of helping it adapt to new environments. According to this definition, an astronaut in a spacesuit is a cyborg, as the spacesuit helps the astronaut adapt to a new environment — space. _____, anyone implanted with a pacemaker, an artificial limb, or an emergency life-support system would qualify as a cyborg. Thus, chances are that most of you already know someone who is a cyborg.

① Similarly   ② However   ③ For example
④ In consequence   ⑤ As a matter of fact

17 Keep the same standards of behavior on-line that you follow in real life. In real life, most of us are fairly law-abiding, either because we were born that way or because we're afraid of getting caught. In cyberspace, the chances of getting caught sometimes seem _____. Nevertheless, standards of behavior are never lower than in real life.

① virtual   ② high   ③ slim
④ optimal   ⑤ imaginary

18 During the firing process, something miraculous happens to make the *onggi* jar a very special container. Like other earthenware, the jar comes to have a waterproof surface so that water cannot seep into or leak out of the container. More importantly, the firing process produces lots of small pores on the jar's surface, which are not visible to the naked eye but can be seen with a microscope. These pores are formed because of the raw materials used and the heat trapped in the oven. Consequently, the right amount of air can move in and out of the *onggi* jar. Thanks to _____, the jar is called a "breathing" pot.

① the most experienced craftsmen
② the skillful and traditional process
③ its proper porosity and permeability
④ the raw materials drawn from nature
⑤ its affordable way of keeping grains fresh

19 밑줄 친 Ⓐ~Ⓔ 가운데 문맥상 적절하지 <u>않은</u> 것은?

Beauty is highly valued in today's society. When we meet people for the first time, we may have favorable impressions because they are Ⓐ<u>attractive</u>. We love to look at Ⓑ<u>blemished</u> faces and get acquainted with those people. We even become Ⓒ<u>prejudiced</u> based on looks. We should, however, Ⓓ<u>abandon</u> this way of judging people and start looking at how nice they are on the Ⓔ<u>inside</u>.

① Ⓐ ② Ⓑ ③ Ⓒ
④ Ⓓ ⑤ Ⓔ

20 글의 흐름으로 보아, 주어진 문장이 들어가기에 가장 적절한 곳은?

> However, there is a system we can engage to prevent such mistakes; slow thinking can check and monitor fast thinking.

Do we always behave rationally? Ⓐ We certainly strive to, but our efforts may not be enough. Ⓑ Our everyday behaviors mostly rely on fast thinking, which includes intuitive thoughts and entirely automatic mental activities. Ⓒ The downside of this is that we tend to fall for traps of fast thinking; we often end up with foolish thoughts and inappropriate impulses. Ⓓ It also improves performance in numerous activities and is essential to some tasks, including comparing, choosing, and ordered reasoning. Ⓔ Below, we will consider four examples illustrating the perils of fast thinking and see how slow thinking could save us from embarrassing ourselves or suffering from disastrous losses.

① Ⓐ   ② Ⓑ   ③ Ⓒ
④ Ⓓ   ⑤ Ⓔ

[21-26] 밑줄 친 Ⓐ~Ⓔ 가운데 어법상 적절하지 <u>않은</u> 것을 고르시오.

21 Philip Guston's relationship with the Ⓐ<u>work</u> of T. S. Eliot is not only one of shared images; it is Ⓑ<u>what</u> the poet referred to as a "unified sensibility." Reflected in the creative act itself, poems, like the painter's canvases, Ⓒ<u>are</u> based on the ability of the artist "to show experience Ⓓ<u>as</u> both psychological and sensual, while at the same time Ⓔ<u>infused</u> this portrayal with wit and uniqueness."

① Ⓐ   ② Ⓑ   ③ Ⓒ
④ Ⓓ   ⑤ Ⓔ

22 The basis of Golden Lane is an irregular strip of land Ⓐvarying in width from four to eight meters between the older, Romanesque walls from the 12th century, and the later walls Ⓑthat form the outer north fortification of Prague Castle on the edge of a natural gorge Ⓒknown as the Stag Moat. Work on the north fortification of Prague Castle was begun by the architect Benedikt Ried shortly after 1484, Ⓓwhere King Vladislav Jagiellon decided to leave the Old Town and Ⓔsettle at the Castle.

① Ⓐ   ② Ⓑ   ③ Ⓒ
④ Ⓓ   ⑤ Ⓔ

23 Learn from people at school or work Ⓐwho seem to have lots of friends. Observe Ⓑhow they make and keep friends. Don't imitate all of the things they do, but try to notice what they do. Then try some of those things Ⓒyourself. Don't be afraid to show people what you're really Ⓓgood. Talk about the things you like and do best. Don't hide your strong points. People will be interested in you if there is something Ⓔinteresting about you.

① Ⓐ   ② Ⓑ   ③ Ⓒ
④ Ⓓ   ⑤ Ⓔ

24 In 1934, a chemist Ⓐnamed Wallace Carothers produced in a laboratory a substance that could Ⓑbe stretched into long, smooth strands. It was Ⓒfar more elastic than silk. Du Pont, the company Ⓓin which employed Carothers, kept the discovery secret while Ⓔresearching a way to use the substance in a fabric.

① Ⓐ   ② Ⓑ   ③ Ⓒ
④ Ⓓ   ⑤ Ⓔ

25 In retrospect, it might seem Ⓐsurprising that something as mundane as the desire Ⓑto count sheep was the driving force for an advance as fundamental as written language. But the desire for written records Ⓒhas been always accompanied economic activity, Ⓓsince transactions are meaningless unless you can clearly keep track of Ⓔwho owns what.

① Ⓐ   ② Ⓑ   ③ Ⓒ
④ Ⓓ   ⑤ Ⓔ

26 Believe it or not, even in this computerized world there Ⓐ<u>are</u> still many situations Ⓑ<u>which</u> a sheet of paper and a pencil are the best tools for the music composer. Many important modern composers, especially those Ⓒ<u>born</u> before 1940, won't work with anything but paper and pencil. So, never think you are too Ⓓ<u>advanced</u> for these humble tools. Writing music with only paper and pencil has some amazing advantages to Ⓔ<u>composing</u> at a piano or other instruments.

① Ⓐ   ② Ⓑ   ③ Ⓒ
④ Ⓓ   ⑤ Ⓔ

[27-28] 다음 글을 읽고 물음에 답하시오.

> Plagued by stress, a growing number of people in modern society say they think time is becoming more precious than money and they're trying to slow down. People say they have become worn down. But the exhaustion represents a(n) _____. They are extraordinarily stressed out even though they make more money, have more leisure time, and enjoy more time-saving and efficient technology than adults did a generation ago. The reasons underlying this _____ are varied. Many people, especially married women, are working longer at their jobs now than they were then although they have cut back on the amount of work they do around home. The anxieties wrought by the increasingly competitive global economy also have put many on edge, not to mention the fact that work can intrude via fax, E-mail or cellular phone anywhere, from the living room to the family minivan.
>
> Now, a growing number of citizens have begun to unplug their lives from a system that they feel leaves little or no time to recharge. They have begun to retreat into their private corners, demanding at least some quiet time.

27 빈칸에 공통으로 들어갈 말로 가장 적절한 것은?

① ambivalence   ② concern   ③ trouble
④ misconception   ⑤ paradox

28 위 글의 요지로 가장 적절한 것은?

① Productivity increases the value of time spent at work.

② People are still stressed out even though their living standards are improving.

③ The proliferation of labor-saving devices makes it easier to spend their free time.

④ Despite advancement in technology, married women are working longer at their jobs now than a generation ago.

⑤ There is no divide between work and private life in modern society due to efficient technology for communication.

[29-30] 다음 글을 읽고 물음에 답하시오.

When older people can no longer remember names at a cocktail party, they tend to think that their brainpower is declining. But a growing number of studies suggest that this assumption is often wrong. ⒶⒷⒶ_____, the research finds, the aging brain is simply taking in more data and trying to sift through a clutter of information, often to its long-term benefit. Some brains do deteriorate with age. Alzheimer's disease, Ⓑ_____, strikes 13 percent of Americans 65 and older. But for most aging adults, the authors say, much of what occurs is a gradually widening focus of attention that makes it more difficult to <u>latch onto</u> just one fact, like a name or a telephone number. Although that can be frustrating, it is often useful.

29 빈칸 Ⓐ와 Ⓑ에 들어갈 말로 가장 적절한 것은?

① Namely — in contrast

② Moreover — however

③ Instead — for example

④ What is worse — in conclusion

⑤ Therefore — however

30 밑줄 친 <u>latch onto</u>와 의미가 가장 가까운 것은?

① ignore　　　　　② forget　　　　　③ overstate

④ minimize　　　　⑤ comprehend

[31-32] 다음 글을 읽고 물음에 답하시오.

In one study, participants were asked to videotape a lesson for preschool children. An "expert" gave the participants detailed feedback on their performance. Participants performed alongside a partner who gave the same lesson. The question of interest was how the feedback would affect participants' moods. The moods of happy people improved when ⓐthey got positive feedback and worsened when ⓑthey got negative feedback, but whether ⓒthey heard or didn't hear the feedback given to ⓓtheir partner made no difference. Unhappy people, Ⓐ_____, were very much affected by the feedback ⓔtheir partner received. If a participant got positive feedback, but her partner got better feedback, the participant's mood worsened. If a participant got negative feedback, but her partner got worse feedback, the participant's mood improved. Ⓑ_____ it seemed as though the only thing that mattered to the unhappy people was how they did in comparison to their partners.

31 밑줄 친 ⓐ~ⓔ 가운데 가리키는 대상이 나머지 넷과 다른 것은?

① ⓐ   ② ⓑ   ③ ⓒ

④ ⓓ   ⑤ ⓔ

32 빈칸에 Ⓐ와 Ⓑ에 들어갈 말로 가장 적절한 것은?

① for example — However

② on the other hand — Thus

③ to sum up — Similarly

④ in short — Surprisingly

⑤ as a result — Moreover

Workplace privacy has always been a sensitive issue that weighs a boss's right to know what's going on in the office against an employee's right to be left alone. But in Illinois that delicate balance has been upset by a new state law that permits bosses to <u>eavesdrop on</u> employees' work phones. As originally conceived by telemarketers and retailers, the law was intended solely to enable supervisors to monitor service calls for courtesy and efficiency. But on its way to Republican Governor Jim Edgar for a Dec. 13 signing, the measure was reworked to embrace any listening in that serves "educational, training or research purposes" without defining inappropriate monitoring. The final bill is more permissive than laws in many other states as well as the federal wiretap law, which instructs listeners to hang up if they chance upon a personal call.

This leaves Illinois workers skittishly wondering who might be listening in, and when. After all, in this era of expanding work hours and contracting leisure time, who hasn't used the office phone to learn the results of an anxiously awaited medical test or to do battle with a creditor? "I don't condone the misuse of company telephones, but suppose you call home with a marital or financial problem. Clearly, you are in jeopardy if your employer knows something about those kinds of things," says a union chief whose organization represents Northwest Airlines telephone-reservation operators. "It's a George Orwell kind of thing."

33 밑줄 친 <u>eavesdrop on</u>과 의미가 가장 가까운 것은?

① charge   ② inhibit   ③ legalize

④ minimize   ⑤ tap

34 위 글의 내용과 일치하지 <u>않는</u> 것은?

① The bill was originally introduced on behalf of retailers and telemarketers.

② The new state law in Illinois may not avoid some of its possibility for abuse.

③ The final bill in Illinois is less lenient or tolerant than the federal wiretap law.

④ Employees are more likely to use company phones to conduct private business in modern society.

⑤ Unions are opposed to the new law since employees can be in danger if employers detect their personal problems.

[35-36] 다음 글을 읽고 물음에 답하시오.

William Rathje, "the father of garbology," was a professor who had the idea that garbage could tell us a lot about people. With this in mind, he started the Garbage Project.

For the Garbage Project, Rathje and his students examined the trash thrown away by a group of survey respondents. By comparing these participants' responses to what they actually threw away, Rathje and his team were able to discover what they called the Lean Cuisine Syndrome. People overreported how much healthy food they ate, but underreported how much junk food they had. Ⓐ_____, people claimed to have eaten more fruit than they had actually purchased. Ⓑ_____, people insisted they had eaten far fewer snacks like potato chips than the empty snack bags in their trash indicated.

The name garbology may have originated as a sort of joke. Now, however, garbology is considered a real branch of science.

35 Garbage Project에 관한 위 글의 내용과 일치하지 <u>않는</u> 것은?

① Rathje 교수에 의해 시작되었다.

② 참가자들은 자신들이 버리는 쓰레기의 양을 축소해서 응답하였다.

③ Rathje 교수는 참가자들의 응답에서 Lean Cuisine Syndrome을 발견했다.

④ 참가자들은 건강에 좋지 않은 음식은 실제 먹은 양보다 덜 먹었다고 주장했다.

⑤ Garbology는 실제 학문의 한 분야로 인정받게 되었다.

36 빈칸 Ⓐ와 Ⓑ에 들어갈 말로 가장 적절한 것은?

① In contrast ― To sum up

② As a result ― Meanwhile

③ For example ― To sum up

④ As a result ― In fact

⑤ For example ― Meanwhile

[37-38] 다음 글을 읽고 물음에 답하시오.

Henri Rousseau was born in the town of Laval, in France's Loire Valley. After the death of his father in 1868, he moved to Paris to support his widowed mother. He got a job as a toll collector in 1871. It was at this time that he started to paint in his spare time as a hobby. He never received formal training. He taught himself to paint by copying paintings in the art museums of Paris or by sketching in the city's botanical gardens and the National Museum of Natural History. Rousseau openly claimed that he had "no teacher other than nature."

Being a self-taught painter, Rousseau developed a highly personal style with an absence of correct proportions, a flat perspective, and the use of sharp, often unnatural, colors. His portraits and landscapes often have a childlike, "naive" quality, and some of his paintings look like scenes out of dreams. In 1893, at the age of 49, Rousseau retired from his job as a toll collector, and started to paint full-time. _____, he became widely known by the nickname of *Le Douanier* (the customs officer), a reference to his old job.

37 Henri Rousseau에 관한 위 글의 내용과 일치하는 것은?

① 프랑스 파리에서 태어났다.
② 1871년 생계를 위해 그림을 그리기 시작했다.
③ 파리에 있는 국립 미술 학교에서 그림을 배웠다.
④ 그가 그린 초상화는 때 묻지 않은 소박한 모습을 보여준다.
⑤ 49세에 그림을 그만 두고, 예전 직업을 다시 갖게 되었다.

38 빈칸에 들어갈 말로 가장 적절한 것은?

① In sum   ② Nevertheless   ③ To begin with
④ For instance   ⑤ On the other hand

[39-40] 다음 글을 읽고 물음에 답하시오.

Why do women in less-developed countries have many children when feeding and caring them can be a problem? The answer may often be that they have no choice. Many factors make it difficult for women to limit the size of their families. Economics undoubtedly plays an important role. In poor countries, a large family is necessary for economic survival. More children mean more hands for work. They also mean someone to take care of the parents in old age. However, economics cannot entirely explain birth rates. Saudi Arabia, for example, is one of the richest countries in the world, but has _____. Mexico and Indonesia also do not follow the general rule. Though they are not very rich, they have considerably reduced their population growth in recent years. Clearly, other factors are involved. Population experts now believe that the most important of these factors is the condition of women.

39 빈칸에 들어갈 말로 가장 적절한 것은?

① a high infant mortality
② a very high birth rate
③ a poor child caring system
④ a poor social welfare system
⑤ a high proportion of aged people

40 위 글의 다음에 이어질 글의 순서로 가장 적절한 것은?

Ⓐ It also explains the decline in birth rates in Mexico, Thailand, and Indonesia.
Ⓑ A high birth rate almost always goes together with lack of education and low status for women.
Ⓒ Their governments took measures to improve education for women and opportunities for them outside the home.
Ⓓ This would explain the high birth rate of Saudi Arabia: Traditional Arab culture gives women little education or independence and few possibilities outside the home.

① Ⓐ — Ⓓ — Ⓒ — Ⓑ   ② Ⓑ — Ⓐ — Ⓒ — Ⓓ   ③ Ⓑ — Ⓓ — Ⓐ — Ⓒ
④ Ⓒ — Ⓑ — Ⓐ — Ⓓ   ⑤ Ⓓ — Ⓐ — Ⓑ — Ⓒ

건국대학교

2021학년도 자연계 A형
▶▶ 영어 20문항, 수학 20문항 · 60분

[문항별 배점: 01-20 2점]

[01-05] 밑줄 친 어휘와 의미가 가장 가까운 것을 고르시오.

01 In large part, Japan's lead in green-car technology is an outgrowth of its old <u>austerity</u>.

① ingenuity   ② convention   ③ abstention
④ tenacity   ⑤ propensity

02 Just as her work has given voice to this little-remarked <u>facet</u> of African-American culture, it has affirmed the unique vantage point of the black woman.

① restoration   ② embellishment   ③ decadence
④ distinctiveness   ⑤ aspect

03 Danny's father hit the ceiling when he was informed that his son had been <u>detained</u> by the police for disorderly conduct.

① charged   ② murdered   ③ imprisoned
④ tormented   ⑤ investigated

04 When the security guard saw a light in the store after closing hours, it seemed to him that there was something <u>fishy</u> going on.

① suspicious   ② obvious   ③ placid

④ worthy   ⑤ helpless

05 A life of <u>indulgence</u>, a "gay life," as it is falsely called, is a miserable mockery of happiness.

① frugality   ② discipline   ③ luxury

④ complaint   ⑤ contempt

[06-07] 빈칸에 공통으로 들어갈 말로 가장 적절한 것을 고르시오.

06 In a court of law, after considering evidence such as a verbatim record of a confession, the jury reaches a(n) _____. However, if the accused disagrees with the conviction, a retrial can take place. If the claims of the accused pass the test of justification, a new _____ is reached, and the conviction is overturned.

① verdict   ② itinerary   ③ covenant

④ declaration   ⑤ propaganda

07 People try to get to the top of the world for fame and money without paying due attention to the mountain's hazards. Why only Everest? There are lots of virgin mountains. It's because mountain climbers want to scale the highest point, not because they have a real love for adventure. Doing something like this for _____ purposes is dangerous because the guide is under a contract obligation to push people, irrespective of their ability and understanding, to climb the mountain. The death of those people are a waste of human life and talent. It's time to stop mountain climbing on a _____ basis because alpinism in high altitudes is very different from trekking or hiking. One should not take chances with very large mountains — they are mightier than man.

① recreational   ② legal   ③ commercial

④ scientific   ⑤ professional

08 Like people, ants distribute the work to Ⓐ<u>be done</u>. Some worker ants get food and feed it to young ants. They are like farmers Ⓑ<u>gathering food</u> for people to eat. When the young ants eat the food, they give out Ⓒ<u>a liquid that</u> the grown-up ants can eat. In some colonies, the ants feed liquid food to a few special workers. These workers store it in their stomachs, Ⓓ<u>which become</u> very large. They spend all their time in the nest giving out liquid Ⓔ<u>to whomever</u> needs it, just like the person who runs a store.

① Ⓐ   ② Ⓑ   ③ Ⓒ
④ Ⓓ   ⑤ Ⓔ

09 The issue here is to Ⓐ<u>do with</u> whether people are free to Ⓑ<u>constructing</u> their identity in Ⓒ<u>any</u> way they wish or whether identity construction is constrained by Ⓓ<u>forces</u> of various kinds, from the unconscious psyche to Ⓔ<u>institutionalized</u> power structures.

① Ⓐ   ② Ⓑ   ③ Ⓒ
④ Ⓓ   ⑤ Ⓔ

10 Intensified grazing and browsing pressure by increasing numbers of deer Ⓐ<u>are</u> very likely to have caused a reduction in habitat quality and Ⓑ<u>contributed to</u> the declines of some woodland birds, but it should not Ⓒ<u>be concluded</u> that deer Ⓓ<u>are</u> the principal causes of decline in any bird species Ⓔ<u>on</u> a large scale.

① Ⓐ   ② Ⓑ   ③ Ⓒ
④ Ⓓ   ⑤ Ⓔ

[11-13] 빈칸에 들어갈 말로 가장 적절한 것을 고르시오.

11 Scientists are very concerned about the many species that are disappearing around the world. The loss of our fellow creatures is a loss for us as well. Not only do we lose the chance to learn more about ourselves and our environment. We also lose valuable economic or scientific _____. Many wild plants, such as the wild tomato and the wild sunflower, are useful in genetically improving food crops. Other plants or animals are useful in medical research.

① findings ② challenges ③ heritages
④ resources ⑤ backgrounds

12 Humor includes a lot more than laughing and joke telling. Many people worry needlessly that they do not have a good sense of humor because they are not good joke tellers. More than jokes, a sense of humor requires being willing and able to see the funny side of life's situations as they happen. In fact, one of the best definitions of a sense of humor is "the ability to see the non-serious element in a situation." The ability to tell jokes is _____.

① something that cannot be defined adequately
② not associated with its definition at all
③ closely related with one's personality
④ the most important aspect of humor
⑤ only one small part of humor

13 Haugen has pointed out that 'language' and 'dialect' are ambiguous terms. Ordinary people use these terms quite freely in speech; for them a dialect is almost certainly no more than a local non-prestigious variety of a real language. In contrast, scholars often experience considerable difficulty in deciding whether one term should be used rather than the other in certain situations. As Haugen says, the terms "represent a simple dichotomy in a situation that is _____."

① almost infinitely complex
② not so ambiguous as the terms
③ rarely examined in detail by scholars
④ very sensitive to most of the language users
⑤ often ignored by both linguists and common people

14 글의 흐름으로 보아, 주어진 문장이 들어가기에 가장 적절한 곳은?

But Gacy took 18 minutes to die.

For the families of John Wayne Gacy's victims, his death was long anticipated. The man who tortured and murdered 33 young men and boys during the 1970's was finally executed by lethal injection at the Illinois Stateville Penitentiary. Ⓐ Justice would be served, swiftly and cleanly, as three chemicals were introduced intravenously into his bloodstream. Ⓑ The first drug would knock him out, the second would suppress his breathing, and the last would stop his heart — in no more than five minutes. Ⓒ A clog developed in the delivery tube attached to his arm. Ⓓ He snorted just before death-chamber attendants pulled a curtain around him as they struggled to clear a tube. Ⓔ Finally, the two lethal drugs streamed into him. The monster was dead.

① Ⓐ   ② Ⓑ   ③ Ⓒ
④ Ⓓ   ⑤ Ⓔ

[15-16] 다음 글을 읽고 물음에 답하시오.

Many travelers go to Bilbao just to see the famous Guggenheim Museum, designed by Frank Gehry. It is one of the most iconic buildings of modern architecture. Unfortunately, when I got to the Guggenheim, it was already Ⓐ<u>getting dark</u>. The museum closes at 8 p.m. and admission is only until 7:30 p.m. I was too late, so I couldn't go inside. What a pity! I Ⓑ<u>should have come</u> earlier. I was obliged to look at the outside of the museum only. Ⓒ<u>Constructed of</u> titanium and glass, the outside of the architecture looked mysterious against the sunset. The titanium skin Ⓓ<u>was appeared</u> to flow in the wind, which made the building look like a live fish. The skin changed its color, reflecting the glow of the sunset. It was simply spectacular! It is said that the best time to appreciate its beauty is at sunset. How lucky I was! My disappointment suddenly turned into joy. I took great photos there and walked around the outside of the museum. There were several unusual pieces of art Ⓔ<u>installed there</u>. The most prominent one was the 9-meter-tall spider sculpture called *Maman*. The spider, who is protecting her precious eggs, was like a creature out of a dream. It was getting late, so I decided to return the next day. I wanted to see the art collections inside the museum, as well as the other artworks outside.

15 Guggenheim Museum에 관한 위 글의 내용과 일치하지 <u>않는</u> 것은?

① 현대적인 건축 양식을 잘 보여주는 건물이다.
② 저녁 7시 30분 이후에는 박물관에 입장할 수 없다.
③ 티타늄 외장재 사용으로 살아 있는 물고기처럼 보인다.
④ 해질 녘에 건물을 감상하는 것이 가장 좋다고 한다.
⑤ 9미터 높이의 거미 조각이 건물 안쪽에 전시되어 있다.

16 밑줄 친 Ⓐ~Ⓔ 가운데, 어법상 적절하지 <u>않은</u> 것은?

① Ⓐ   ② Ⓑ   ③ Ⓒ
④ Ⓓ   ⑤ Ⓔ

The 13th century was a century of saintly women, some of whom, like Agnes of Bohemia, came from famous royal families. They undoubtedly had strong personalities, as Ⓐevident from the story of St. Agnes's life. Agnes was highly Ⓑalienated for her faith, intellect and strong will and would often influence the politics in both her country and abroad. She built a monastery that became her home for almost half a century and founded an important hospital order which administered a whole network of hospitals for the poor and which still exists today. She also Ⓒsignificantly contributed to forming her order's rules and to spreading the order across Central Europe. As a great diplomat, she could Ⓓsubtly influence her dynasty's politics. Her Ⓔlegacy lived on for centuries despite the harsh times, and she has been deservedly included in the company of national patron saints, along with her ancestors.

17 **St. Agnes에 대한 위 글의 내용과 일치하지 않는 것은?**

① 13세기에 활약한 성녀로서 왕족 출신이다.
② 국내외적으로 상당한 정치적 영향력이 있었다.
③ 수도원을 건립하고 그곳에서 가난한 사람들을 치료했다.
④ 그녀가 구축한 빈자들을 위한 병원 체계가 오늘날까지 남아있다.
⑤ 자신의 조국에서 국가의 수호성인 중 한 명으로 추앙받고 있다.

18 **밑줄 친 Ⓐ~Ⓔ 가운데 문맥상 어색한 것은?**

① Ⓐ   ② Ⓑ   ③ Ⓒ
④ Ⓓ   ⑤ Ⓔ

[19-20] 다음 글을 읽고 물음에 답하시오.

The term 'creative writing' suggests imaginative tasks such as writing poetry, stories, and plays. Such activities have a number of features to recommend them. Chief amongst these is that the end result is often felt to be some kind of achievement, and that 'most people feel pride in their work and want to be read', according to Ur. This is significantly more marked for creative writing than for other more standard written products. Garffield-Vile says that creative writing is a journey of self-discovery, and self-discovery promotes effective learning. When teachers set up imaginative writing tasks so that their students are thoroughly engaged, those students frequently strive harder than usual to produce a greater variety of correct and appropriate language than they might for more _____.

19 위 글의 제목으로 가장 적절한 것은?

① Types and major features of creative writing
② Creative vs. Imaginative writing: Difference and similarity
③ How to motivate the students to deeply engage in writing
④ Strengths and benefits of creative writing tasks in learning
⑤ Importance of feeling a sense of achievement through writing

20 문맥상 빈칸에 들어갈 말로 가장 적절한 것은?

① difficult learning tasks
② routine assignments
③ fundamental exercises
④ effective learning activities
⑤ diverse works of literature

지치면 지는 거고, 미치면 이기는 것

이〇영

건국대학교 스마트ict융합공학과
편입구분: 일반편입

어휘 학습법

편입영어를 공부할 때 가장 중요한 것은 단어라고 생각합니다. 저는 편입을 시작하면서 끝날 때까지 단어만큼은 단 한 번도 놓은 적이 없습니다. 학교 가는 날이나 학원 가는 날에 퀴즐렛을 이용해 암기하거나 사진으로 단어장을 찍어서 핸드폰으로 수시로 들여다보았습니다. 이과라면 후반부에 영어를 많이 못 하실 텐데 단어만큼은 포기하지 말라고 조언해 드리고 싶습니다.

문법 학습법

여름방학 전까지 이진희 교수님의 문법 강의를 들으며 복습 위주로 공부했습니다. 노트에 그날 배운 것을 필기해 두고 그 내용을 복습했습니다. 시험이 끝날 때까지 교재와 필기 노트를 복습하면서 암기 문제에서만큼은 문제를 꼭 맞히려고 전략을 짰습니다.

논리 학습법

논리 문제는 명확한 방향성과 정확성을 가지고 단어들이 대칭을 이룹니다. 방향성을 나타내는 단어를 중심으로 모든 단어들은 같은 의미를 나타내거나 반대되는 의미로 대칭을 이룹니다. 이 과정에서 정확성을 나타내는 단어를 찾아 문제를 풀어야 합니다. 이러한 과정들이 처음에는 많이 힘들었습니다. 아무래도 논리는 수능에서도 다루지 않는 파트이고, 정확성을 나타내는 단어를 찾지 못해 의욕이 꺾이기도 했습니다. 그래서 저는 객관적인 사고를 체화시키기 위해 교재를 복사해 반복하여 학습했습니다.

독해 학습법

독해는 논리의 연장선입니다. 첫 세 문장을 중심으로 지문의 진행 방향을 예상하며 끊임없이 대칭시키며 읽어야 합니다. 독해 역시 교재를 복습하며 스스로 체화시키려고 하였습니다.

건국대학교 | 2020학년도 인문·예체능계 A형 | 40문항·60분

어휘

▶▶ 문장의 밑줄 친 부분과 가장 가까운 의미를 지닌 것을 고르는 동의어 유형 4문제가 출제됐다. 문장 속에 제시된 단어의 수준이 높지 않고, underline{symptoms} such as sore throat and fatigue(인후염과 피로와 같은 증상)와 같이 symptoms를 설명해 주는 단어가 문장 속에 제시되어 제시어의 의미를 쉽게 파악할 수 있었다. 또한 선택지에 제시된 단어도 어렵지 않은 기출어휘로 구성됐다. 출제된 어휘에는 bans(=restriction), preoccupied(=absorbed), symptoms(=indications), humiliating(=shameful)이 있었다.

문법

▶▶ 밑줄 친 보기 중에 오류를 찾는 Written Expression 유형 6문제가 출제됐다. 원급 as successful 뒤에 비교급 than이 와서 원급비교를 할 수 있도록 than을 as로 고치는 원급 비교, 명사 people을 수식할 수 있도록 명사 sighting을 형용사 sighted로 고치는 문제, 형용사 interwoven을 수식할 수 있도록 형용사 dense를 densely로 고치는 문제, 부정대명사의 용법, 완전한 절 다음에 and caused를 현재분사 causing으로 고치는 분사구문 등 편입시험에 자주 출제되는 문법 유형이 출제되었다. 하지만 5번 문제의 경우 to 부정사의 병치, demands 앞에 생략된 관계대명사, 3형식 동사로 사용된 make a demand of의 용법을 복합적으로 알고 있어야 풀 수 있는 수준 높은 문의 구성 문제였다.

논리완성

▶▶ 선택지에 수준 높은 어휘를 제시해 수험생의 어휘 실력을 평가하는 어휘형 논리완성 문제가 아니라, 문맥을 파악하고 빈칸을 완성하는 문장 이해 능력을 평가하는 문제가 주로 출제됐다. 세상과 사람들을 자신과 관련지어서만 보는 사람이 가지는 특성인 자만(conceit)을 유추하는 문제, 멕시코에서 결혼한 후 아이가 태어나면 아이가 갖게 될 이름의 순서를 설명한 뒤 아이의 이름을 고르는 문제, 낮과 밤에 부르는 지상풍의 방향을 통해 reversed를 고르는 문제, 무대 공포증을 겪었던 관현악단의 한 첼리스트의 일화를 소개한 후 무대 공포증을 극복하는 데 도움이 되었던 태도인 자신을 과신하지 않는 것을 의미하는 겸손(humility)을 고르는 문제 등이 출제됐으며, 앞뒤 문장의 연결 흐름을 물어보는 연결어 관련 문제가 매년 출제되고 있다.

독해

▶▶ 건국대는 독해 영역의 비중과 배점이 높다. 문제 유형은 해마다 바뀌지만, 지문의 길이가 길지 않고, 주제 및 요지 찾기, 빈칸완성, 내용 일치 등 편입 시험에 자주 출제되는 유형의 비중이 높은 편이다. 그리고 문맥상 적절하지 않은 단어 고르기, 글의 흐름상 어색한 문장 고르기, 어법상 틀린 표현 고르기는 매년 출제되고 있으므로 이에 대한 대비가 필요하다. 지문의 내용을 살펴보면 "본성 대 양육", "남북전쟁", "인간의 학습 능력", "꿀벌의 감소로 인한 식량 위기 경고" 등 심리, 역사, 환경 문제와 관련된 일반적인 내용이 주로 출제됐지만, "필립 거스턴 회화의 양식적 특징", "자연선택 개념으로 예술을 설명하기 부적절한 이유"와 같이 수준 높은 지문의 독해 문제가 출제되어 독해의 변별력을 높였다.

건국대학교

2020학년도 인문·예체능계 A형
▶▶ 40문항·60분

자연계
▶▶ 영어 20문항, 수학 20문항·60분

인문·자연계 공통 영어문제 별도 * 표시

[문항별 배점: 01-20 2점/ 21-40 3점]

[01-04] 밑줄 친 어휘와 의미가 가장 가까운 것을 고르시오.

01* Despite various state-law <u>bans</u> and nationwide campaigns to prevent texting from behind the wheel, the number of people texting while driving is actually on the rise, a new study suggests.

① offer   ② permit   ③ restriction
④ institution   ⑤ project

02* Wherever we turn up records and artifacts, we usually discover that in every culture, some people were <u>preoccupied</u> with measuring the passage of time.

① absorbed   ② excluded   ③ provided
④ convicted   ⑤ dissolved

03* Since indoor plants contribute to more ideal humidity levels and reduce dust buildup, they help reduce colds and related <u>symptoms</u> such as sore throat and fatigue by up to 30 percent.

① prompts   ② indications   ③ illnesses
④ occasions   ⑤ functions

04 The greatest achievement in my life in terms of morality is that I can apologize to someone I have wronged. I can bow my head and ask for forgiveness. I think everyone should learn to do this, everyone should realize that, far from <u>humiliating,</u> it elevates the soul.

① abnormal   ② shameful   ③ amicable
④ obscene   ⑤ provident

[05-10] 밑줄 친 Ⓐ~Ⓔ 가운데 어법상 적절하지 <u>않은</u> 것을 고르시오.

05 Anger can mobilize you Ⓐ<u>to take</u> action, for example, to set Ⓑ<u>limits</u> to the demands others Ⓒ<u>make you</u>, to think about why something Ⓓ<u>matters</u> to you or to defend yourself if Ⓔ<u>attacked</u>.

① Ⓐ   ② Ⓑ   ③ Ⓒ
④ Ⓓ   ⑤ Ⓔ

06* Your skills led Ⓐ<u>to</u> your being Ⓑ<u>promoted</u> to executive secretary in 1992. Thus, it is safe to say that without your Ⓒ<u>contributions</u> over the years, we Ⓓ<u>would</u> not be as successful Ⓔ<u>than</u> we have been.

① Ⓐ   ② Ⓑ   ③ Ⓒ
④ Ⓓ   ⑤ Ⓔ

07 Helen Keller lost her sight at a very early age and, so, was very frustrated as a child. First of all, because she could neither hear Ⓐ<u>nor</u> speak, she couldn't understand what was happening around her. She felt her mother's lips Ⓑ<u>moving</u> as she spoke, but this made no sense to her. She couldn't understand Ⓒ<u>what</u> her mother was doing. Secondly, once she learned what words were, she felt she could never communicate with them as quickly as Ⓓ<u>sighting</u> people could. As a result of all her frustration, she would often cry and scream until she was Ⓔ<u>exhausted</u>.

① Ⓐ   ② Ⓑ   ③ Ⓒ
④ Ⓓ   ⑤ Ⓔ

08[*] After Ⓐ<u>a few</u> thousand years of continuous interchange between the external uses of mathematics and Ⓑ<u>its</u> internal structure, these two aspects of the subject have become so Ⓒ<u>dense</u> interwoven that picking them apart is almost impossible. The mental attitudes Ⓓ<u>involved</u> are more readily distinguishable, though, Ⓔ<u>leading</u> to a broad classification of mathematics into two kinds: pure and applied.

① Ⓐ   ② Ⓑ   ③ Ⓒ
④ Ⓓ   ⑤ Ⓔ

09 An autistic savant is a person with an unusual ability, skill, or knowledge that is Ⓐ<u>much more</u> developed than that of an average person. In fact, many savants have Ⓑ<u>highly developed</u> mathematical skills. Ⓒ<u>The others</u> are able to retain large amounts of information in their memory. For example, Ⓓ<u>some autistic savants</u> can recite entire dictionaries or telephone books word for word. Still others are able to draw detailed maps of an area after Ⓔ<u>flying over it</u> once in a helicopter.

① Ⓐ   ② Ⓑ   ③ Ⓒ
④ Ⓓ   ⑤ Ⓔ

10[*] Early humans probably settled Ⓐ<u>all the</u> continents except Antarctica Ⓑ<u>within</u> the short span of about 50,000 years. Initially, humans lived in tropical areas, Ⓒ<u>which</u> contained disease and parasites. Ⓓ<u>As</u> populations spread outward from the tropical areas, mortality rates declined, Ⓔ<u>caused</u> fast population growth.

① Ⓐ   ② Ⓑ   ③ Ⓒ
④ Ⓓ   ⑤ Ⓔ

[11-20] 빈칸에 들어갈 말로 가장 적절한 것을 고르시오.

11 Life is a one-way street. No matter how many _____ you take, none of them leads back. Once you know and accept that, life becomes much simpler.

① hedges   ② thrones   ③ meals
④ detours   ⑤ polls

12 He was a monster of _____. Never for one minute did he look at the world or at people, except in relation to himself.

① affability   ② conspiracy   ③ dedication
④ equanimity   ⑤ conceit

13[*] Humans tend to be egocentric. We commonly consider ourselves to be _____, although we are on a rotating Earth that has a surface speed of about 1,600 km/h near the equator.

① superior   ② motionless   ③ selfish
④ untouchable   ⑤ independent

14 Good manners are important at meal times, though people worry less about table manners than they once did now that many meals are less _____. When eating at a table with other people, it is considered polite to keep your napkin below the table on your lap, to chew with your mouth closed and not talk with food in your mouth, to keep your elbows off the table, and to eat fairly slowly.

① polite   ② frequent   ③ formal
④ comfortable   ⑤ expensive

15[*] In Mexico, when a woman marries, she keeps her maiden name and adds her husband's family name after the word *de* (= of). After marrying Tino Martinez, Maria Gonzalez becomes Maria Gonzalez de Martinez. When children are born, the name order is as follows: given name, father's family name, mother's family name. Tino and Maria's child Anita is named _____. This affects how they fill out forms in the United States.

① Anita Tino Martinez
② Anita Maria Gonzalez
③ Anita Martinez Gonzalez
④ Anita Gonzalez Martinez
⑤ Anita Martinez de Gonzalez

16 During the day, the land surface heats up more quickly than a large body of water. This sets up a convection cycle in which the surface winds are from the water — a sea breeze. At night, the land cools more quickly than the water. The convection cycle is then _____, with surface winds coming from the land — a land breeze.

① recharged   ② recovered   ③ reversed
④ refined   ⑤ reconciled

17 Whatever it is that we love, the greater our love, the greater our corresponding senses of grief if the loved person or thing is lost. It is the depth of our love that will determine the depth of our grieving — not the nature of the _____ of our loving.

① sense   ② substance   ③ depth
④ object   ⑤ emotion

18 Speaking in front of an audience, even a small one, terrifies people — more so than even the idea of death, surveys have shown. Now researchers have harnessed that dread to learn more about how _____ contributes to death from heart disease. A new study indicates that people with coronary diseases whose hearts react most strongly in times of stress face triple the risk of dying from their disease in later years.

① obesity   ② anxiety   ③ infinity
④ speech   ⑤ audacity

19 Throughout the history of the US, minority groups have faced _____. During the main period of immigration, each new group of immigrants was treated with suspicion by those already there. The groups that suffered most were those whose color or physical features were most _____. Black people, now widely called African Americans, who had been brought to the US as slaves, suffered both on account of their color and because of their former status.

① opportunities — favorable
② disasters — suspicious
③ discrimination — impressive
④ liberty — exceptional
⑤ prejudice — distinctive

20 Lynn Harrell suffered extreme stage fright some 30 years ago as the principal cellist in the Cleveland Orchestra. "There were times when I got so nervous I was sure the audience could see my chest responding to the throbbing. It was just total panic. I came to a point where I thought, 'If I have to go through this to play music, I think I'm going to look for another job.'" Recovery, he said, involved developing _____ — recognizing that whatever his talent, he was fallible, and that an imperfect concert was not a disaster.

① conscience ② sense of humor ③ humility
④ performing skills ⑤ principles

21 밑줄 친 ⓐ~ⓔ 가운데 문맥상 적절하지 <u>않은</u> 것은?

Sociologists and psychologists have argued for centuries about how a person's character is formed. The argument has long been known as "nature vs. nurture," describing the two main ⓐ<u>opposing</u> theories. The first theory says that character is formed ⓑ<u>genetically</u> before birth. According to this theory, nature — through genetics — determines what a person will be like. The other theory says, on the contrary, that a newborn baby has no ⓒ<u>deficient</u> character. The child's character develops as she or he grows up, and the development of the character is ⓓ<u>influenced</u> by the child's family and social environment. Thus, according to the second theory, the most ⓔ<u>important</u> factors are cultural and social.

① ⓐ ② ⓑ ③ ⓒ
④ ⓓ ⑤ ⓔ

22* All the effects which science produces are the outcome of the knowledge it provides. As the knowledge is accumulated, Man becomes increasingly able to mould his physical environment, his social milieu and himself into the forms which he considers best. In so far as he is wise this new power is beneficent; in so far as he is foolish it is quite the reverse. If, therefore, a scientific civilization is to be a good civilization, it is necessary that increase in knowledge should be accompanied by _____.

① increase in wisdom
② production of social network
③ reduction of physical power
④ accumulation of scientific discovery
⑤ creation of more favorable environment

23* You might think that performance comes about as the result of attitudes; _____, we tend to form attitudes because of how well we do things, because of our actions. Research has indicated that performance, which is a series of successful behaviors, often precedes attitudes. In other words, if we do something well, we tend to have a favorable attitude toward it. _____, if you are successful at a job, you are likely to have a favorable attitude about the company for which you work. In contrast, having a positive attitude toward your company does not necessarily mean you will perform any better, because what determines job performance is mostly your internal drive or motivation to perform well, not external factors such as a pleasant work environment or company picnics.

① however — In contrast
② nevertheless — Moreover
③ for example — In fact
④ to the contrary — For example
⑤ in short — Consequently

24 I do not deny that the feeling of success makes it easier to enjoy life. A painter, let us say, who has been obscure throughout his youth, is likely to become happier if his talent wins recognition. Nor do I deny that money, up to a certain point, is very capable of increasing happiness; beyond that point, I do not think it does so. What I do maintain is that _____; and it is too dearly purchased if all the other ingredients have been sacrificed to obtain it.

① success cannot be acquired by efforts
② we cannot become happier without money
③ success in life leads to one genuine happiness
④ success can only be one ingredient in happiness
⑤ recognition of talent is essential for our happiness

25 Not long ago, I had a chance to watch a surgeon perform a delicate brain operation. A slight slip of his hand would have meant paralysis or death for the patient. What impressed me about the doctor was not his skill but _____. I knew that only a few moments before the operation he had been nervous. But once he stood at the operating table, he worked with a machinelike surety that dumbfounded me.

① his unstable personality
② his amazing calmness
③ his words of comfort
④ his humanistic attitude to patients
⑤ his dexterous use of the robot doctor

26[*] 다음 글의 빈칸에 들어갈 말로 가장 적절한 것은?

The dense traffic of the automobile brought a parking problem to the cities. At first drivers parked at the sides of the streets, and then they needed a parking lot; soon they needed a larger parking lot, and in due course a still bigger one — and the larger parking lots grew, the more people wanted to use them. New boulevards, widened roads, and highways helped to relieve the bottlenecks which slowed traffic into the cities — and invited more and more cars to enter them. In every American city today the question "_____" is more annoying and persistent than ever before in the history of the automobile.

① Where do I park?
② How much is the parking fee?
③ Is valet parking available here?
④ Where is the ball park near here?
⑤ Will you show me your driver's license?

27 글의 흐름으로 보아, Ⓐ~Ⓔ 가운데 어색한 것은?

Abraham Lincoln's election to the presidency in 1860 brought to a climax the long festering debate about the relative powers of the federal and the state government. ⒶBy the time of his inauguration, six Southern states had seceded from the Union and formed the Confederate States of America, soon to be followed by five more. ⒷThe war that followed between North and South put constitutional government to its severest test. ⒸAfter four bloody years of war, the Union was preserved, four million African American slaves were freed, and an entire nation was released from the oppressive weight of slavery. ⒹThe war can be viewed in several different ways: as the final, violent phase in a conflict of two regional subcultures; as the breakdown of a democratic political system: as the climax of several decades of social reform; or as a pivotal chapter in American racial history. ⒺAs important as the war itself was the tangled problem of how to reconstruct the defeated South. However interpreted, the Civil War stands as a story of great heroism, sacrifice, triumph, and tragedy.

① Ⓐ   ② Ⓑ   ③ Ⓒ
④ Ⓓ   ⑤ Ⓔ

28 다음 글의 주제로 가장 적절한 것은?

Look at any exceptional individual. Chances are, if you look closely enough, you will see that he is exceptional because he is not an individual. He is someone who has the resources to hire a good staff. To the leader goes the credit and the impression that he achieved everything on his own. John F. Kennedy is remembered for saying, "Ask not what your country can do for you, ask what you can do for your country." When his speech writer, Ted Sorenson, was asked if he was the author of that famous line he once said, "Ask not." Oprah Winfrey has researchers and fashion consultants and makeup artists and corporate sponsors willing to fund her dream-come-true giveaways.

① 국가를 위한 개인의 희생의 중요성
② 표준화된 지도자 양성 과정의 필요성
③ 성공을 위한 철저한 외모관리의 중요성
④ 성공에 있어서 효율적 인력 활용의 중요성
⑤ 꿈의 실현을 위한 인지도 향상의 필요성

29 다음 글의 요지로 가장 적절한 것은?

Scientists have long believed that as people get older, their brains become less and less able to perform certain tasks, remember information, and learn new ideas. However, new research on the brain may prove some of these ideas wrong. Today, scientists are discovering that in some ways the brain actually grows more competent with time. Jeffrey Kluger, a writer for *Time* magazine, reported that "Scientists used to think intellectual power peaked at age forty." But more recent studies show that the brain continues to develop during midlife (about ages thirty-five to sixty-five) and that older brains may even have some key advantages. One of the most surprising conclusions is that the human brain has the ability for learning throughout life.

① 나이가 들수록 두뇌의 기능은 쇠퇴한다.
② 인간의 학습하는 능력은 평생 동안 유지된다.
③ 두뇌의 주된 기능은 새로운 정보의 학습이다.
④ 아이들은 성인들보다 정보를 더 잘 기억한다.
⑤ 인간의 지적 능력은 40살에 절정에 이른다.

30 글의 흐름으로 보아, 주어진 문장이 들어가기에 가장 적절한 곳은?

> Cattle feed on alfalfa, and alfalfa crops need bees as pollinators.

Between January and May 2007, beekeepers lost one-quarter of their colonies, which is a lot of bees. Such a massive disappearance of honeybees not only is important to gardeners, who need bees to pollinate their flowers, but also could cause a food crisis. Ⓐ Honeybees pollinate nuts, avocados, apples, cucumbers, cherries, and blueberries. Ⓑ And that is not even a complete list. Ⓒ Experts estimate that about a third of the human diet is insect-pollinated, and 80 percent of the time, the honeybee is the pollinator of choice. Ⓓ Honeybees are also part of the cycle that brings meat to the table. Ⓔ If scientists cannot figure out why honeybees are disappearing, meat eaters might be forced to turn vegetarian at precisely the time when even vegetables are in short supply.

* alfalfa 자주개자리(풀의 일종)

① Ⓐ   ② Ⓑ   ③ Ⓒ
④ Ⓓ   ⑤ Ⓔ

[31-32] 다음 글을 읽고 물음에 답하시오.

Prague Castle is not only a beautiful complex of historical monuments, but also a place that is closely connected with the political and legal developments of our country. Within these walls are reflected both great and tragic events. Since Ⓐit was built, the castle has fulfilled a number of functions — Ⓑit was the monarch's residence, a military fortification, a tribal sanctuary, a centre of Christianity, the seat of provincial councils and the hub of courts and administrative offices. Not least is Ⓒits function as the burial place of Czech kings and the repository of the Czech Crown Jewels, which are still a symbol of Czech statehood. Since 1918, Ⓓit has been the seat of the President of the Republic, together with his office, and continues the tradition of Prague Castle as the seat of the head of the country, which has lasted for more than 1,000 years. The symbol of the presidential seat is the flag of the President of the Republic flying over Prague Castle, one of the state symbols of the Czech Republic with a great state coat of arms in Ⓔits centre and the motto *Pravda vitezi*, which means "Truth prevails."

31 밑줄 친 Ⓐ~Ⓔ 가운데 가리키는 것이 <u>다른</u> 하나는?

① Ⓐ   ② Ⓑ   ③ Ⓒ

④ Ⓓ   ⑤ Ⓔ

32 밑줄 친 **a number of functions**의 예로 언급되지 <u>않은</u> 것은?

① 최고 통치자의 거소(居所)

② 국가적 상징물의 보관소

③ 왕실의 무덤

④ 문화예술 공연장

⑤ 군사 요새

[33-34] 다음 글을 읽고 물음에 답하시오.

Walt Disney studied at the Academy of Fine Arts in Chicago and began his career as a cartoonist in 1920. In 1928 Disney created the character Mickey Mouse in the silent film *Plane Crazy*. That same year Mickey also Ⓐ<u>appeared</u> in *Steamboat Willie*, a short that commenced the concept of making a separate cartoon for each animated movement. He also experimented with the use of music, sound, the portrayal of speed, three-dimensional effects, and the use of color. Disney produced the first feature-length cartoon, *Snow White and the Seven Dwarfs* (1938), Ⓑ<u>which</u> took three years to complete.

Disney and his productions received numerous Academy and other awards during his lifetime. After his death, the Disney studios Ⓒ<u>were remained</u> spry, diversified, and ultimately became enormously successful. In the early 1980s, they began producing films for adults.

Disneyland, a humongous theme park in Anaheim, California, Ⓓ<u>was opened</u> by Disney in 1955. Disney's California Adventure, a second, smaller theme park in Anaheim, opened adjacent to Disneyland in 2001. An even bigger park, Walt Disney World, opened near Orlando, Florida, in 1971 as a theme park and resort, and Epcot Center, Disney-MGM Studios, and Animal Kingdom Ⓔ<u>have since been</u> added. Disneyland parks have also opened near Tokyo (1983) and in Marne-la-Valle, near Paris (1992).

33* Walt Disney에 관한 위 글의 내용과 일치하지 <u>않는</u> 것은?

① 1920년에 만화가로 활동을 시작했다.
② 최초의 장편 만화영화 백설공주와 일곱 난장이를 만들었다.
③ 사후에 처음으로 아카데미 영화상을 받았다.
④ 그의 사후 디즈니 영화사는 사업을 다각화했다.
⑤ 1980년대 이후 도쿄와 파리 근교에 디즈니랜드가 개장됐다.

34* 밑줄 친 Ⓐ~Ⓔ 가운데, 어법상 적절하지 <u>않은</u> 것은?

① Ⓐ   ② Ⓑ   ③ Ⓒ
④ Ⓓ   ⑤ Ⓔ

[35-36] 다음 글을 읽고 물음에 답하시오.

Philip Guston's artistic language and poetic motives seek to better understand and apprehend the illogical and paradoxical realities of human existence. The task of the painter is not "how to represent" but "how to know." Guston, having abandoned Ⓐabstraction/concretion, returned to figurative painting, to a simple and direct figuration. What appears at first glance to be a difficult iconography often refers back to the pictures of his youth — light bulbs, shoe soles, and trash can lids — as if they were elements taken from the frescos of Piero della Francesca. Guston's iconography is not a simple representation that can be interpreted through a Ⓑdescriptive/prescriptive logic. It relates back to a more profound knowledge, to the *anima* of Carl Jung. Guston's illogical iconography does not speak of a descriptive figuration, but of an underlying figuration in the mythical subconscious, an epiphany or something that manifests itself as something Ⓒlogically/illogically received — a divination.

35 위 글의 주제로 가장 적절한 것은?

① Philip Guston 시(詩)의 언어적 특징
② Philip Guston의 그림에 나타난 논리성
③ 추상예술과 구상예술의 철학적 배경
④ Carl Jung이 현대 예술에 미친 영향
⑤ Philip Guston 회화의 양식적 특징

36 Ⓐ, Ⓑ, Ⓒ에 들어갈 말로 바르게 짝지어진 것은?

① abstraction — descriptive — logically
② abstraction — descriptive — illogically
③ abstraction — prescriptive — logically
④ concretion — prescriptive — illogically
⑤ concretion — descriptive — logically

Girls generally speak sooner, learn to read faster and have fewer learning disorders. The reason, according to Yale University professors of neurology, may be that they use neural regions on both sides of the brain when they read or engage in other verbal exercise. In contrast, males draw only on neural regions in the left hemisphere.

This approach may give women an advantage by allowing them to draw on the emotions and experiences of the right brain as well as the reasoning powers of the logical left brain. As adults, women tend to be more verbally _____ than men: in timed tests, women think of more words that start with the same letter, list more synonyms and come up with names for colors or shapes more quickly than men. Women even memorize letters of the alphabet faster.

But the female brain's dual-hemisphere language processing provides far more significant benefit: It helps women who suffer stroke or brain injury recover more easily. "Because women activate a larger number of neurons than men when they speak or read, they're less vulnerable if part of the brain is damaged," says a neurologist. "In medicine, we've observed that women who have strokes tend to regain more of their verbal abilities than men do, and their use of neurons in both hemispheres may be why."

37* 위 글의 빈칸에 들어갈 말로 가장 적절한 것은?

① normal   ② concise   ③ sluggish
④ adept   ⑤ intrusive

38* 위 글의 내용과 일치하지 <u>않는</u> 것은?

① 언어활동을 할 때 여성들은 뇌의 양 측면을 사용한다.
② 여성들은 남성들보다 알파벳 글자들을 더 빨리 암기한다.
③ 여자 아이들은 남자 아이들보다 일반적으로 더 일찍 말을 시작한다.
④ 남성들은 말할 때 여성들보다 더 많은 수의 뉴런이 활성화된다.
⑤ 여성들은 뇌가 손상되더라도 남성들보다 회복이 용이하다.

[39-40] 다음 글을 읽고 물음에 답하시오.

Natural selection stresses survival in a hostile environment as fundamental to the prehistoric evolution of any adaptation. But if art is an adaptation, mere survival is a completely inadequate explanation for its existence. The reason is clear: artistic objects and performances are typically among the most ample, extravagant, and glittering creations of the human mind. The arts consume excessively brain power, physical effort, time, and precious resources. Natural selection, on the other hand, is _____: it weeds out inefficiency and waste. The origins and behaviors of animals are designed by natural selection to allow a species to survive and reproduce, making the most effective use of local resources. Evolution by natural selection is a severe accountant in the way it sorts out potential adaptation in terms of costs and benefits. How strange, therefore, to argue for a Darwinian genesis of the arts of man, which so often tend toward lavish excess, costly far beyond any obvious adaptive benefits for survival.

39 위 글의 빈칸에 들어갈 말로 가장 적절한 것은?

① prudent ② economical ③ competent
④ paradoxical ⑤ exceptional

40 위 글의 요지로 가장 적절한 것은?

① 적대적 환경에서의 생존이 진화를 촉진한다.
② 자연선택은 비용과 이익의 계산에 의해 결정된다.
③ 예술은 신체적 노력과 귀중한 자원을 과도하게 소비한다.
④ 예술은 인간의 가장 풍부하고 사치스러운 창작품에 속한다.
⑤ Darwin의 자연선택 개념으로 예술을 설명하는 것은 부적절하다.

합격을 완성할 단 하나의 선택

김영편입 영어
2025 건국대학교
기출문제 해설집

해설편

2024 건국대학교(인문·예체능계 A형)

01 ②	02 ②	03 ③	04 ④	05 ④	06 ①	07 ③	08 ③	09 ①	10 ②
11 ①	12 ⑤	13 ⑤	14 ②	15 ②	16 ④	17 ④	18 ②	19 ①	20 ⑤
21 ④	22 ②	23 ③	24 ⑤	25 ②	26 ②	27 ④	28 ③	29 ③	30 ③
31 ④	32 ⑤	33 ④	34 ③	35 ⑤	36 ④	37 ②	38 ④	39 ③	40 ①

01 동의어

endorsement n. 시인, 승인; 보증(= ratification) make sense of ~을 이해하다 rationality n. 순리성, 합리성 ubiquitous a. 어디에나 있는, 아주 흔한 tacit a. 암묵적인, 무언의 articulate a. (생각 등을) 명확히 표현된, (논리) 정연한 dissociation n. 분리, 분리 작용; 분리 상태 equilibrium n. 평형 상태, 균형 incongruity n. 부조화, 모순, 부적합 alienation n. 소원하게 하기, 멀리하기, 불화

우리 자신의 합리성 기준에 따라 우리의 경험을 이해하는 우리의 타고난 능력이 보증된다면 우리는 또한 감각 인식이 명확한 지식의 암묵적 구성요소에 미치는 편재적 기여를 인정할 수 있을 것이다.

02 동의어   ②

fictitious a. 허구의, 지어낸(= spurious) mathematical a. 수학(상)의, 수리적(數理的)인 complex number 복소수(複素數) hold n. 지배력, 위력, 영향력 veritable a. 진정한 legitimate a. 정당한; 합법적인 detrimental a. 해로운 tangible a. 분명히 실재하는, 유형(有形)의

복소수와 같은 허구적인 수학적 실체와 셜록 홈스(Sherlock Holmes)와 같은 기이한 등장인물 사이의 주요 차이점은 후자가 우리의 상상력에 더 큰 영향력을 갖는다는 데 있다.

03 동의어   ③

repugnant a. (대단히) 불쾌한[혐오스러운](= repulsive) rampant a. 걷잡을 수 없는, 만연[횡행]하는 rude a. 무례한, 저속한 raw a. 익히지 않은, 날것의; 가공되지 않은 regressive a. 퇴행[퇴보]하는

클래식 음악을 전공한 루시(Lucy)의 룸메이트는 루시의 힙합 사랑을 완전히 불쾌하게 여겼다.

04 동의어   ④

archaeological a. 고고학의 a fortiori ad. 한층 더한 이유로, 더욱더 equivocality n. 다의성, 모호, 의심스러움(= ambiguity) stability n. 안정, 안정성[감] fragility n. 부서지기 쉬움, 무름; 허약 specificity n. 특별함, 특수함

고고학적인 '기록'은 전혀 기록이 아니며, 주어진 '자료'가 아니라 만들어진 '자료'이다. '과거'는 모두 지나간 것이고 잃어버린 것이며, 더욱이 사물의 모호성과 사회의 특성을 통해, 여하튼 결정적인 실체인 '현재'로서 존재하지 않았다.

05 동의어   ④

congenial a. 마음이 맞는, 기분 좋은, 즐거운; 친절한(= easygoing) shy a. 수줍은 mean a. 인색한; 심술궂은 eccentric a. 괴짜인, 별난, 기이한 cold-hearted a. 냉담한, 인정 없는

그 도시의 사람들은 마음씨 좋으며, 하루나 이틀 이상 머무르는 방문객은 누구나 곧 그 기운을 받게 된다.

06 동의어   ①

spoil v. (아이를) 응석받이로[버릇없게] 키우다 indulgent a. (자기) 하고 싶은 대로 다 하게 놔두는; 너그러운, 관대한(= lenient) pout v. (못마땅해서) 입을 삐쭉 내밀다; 토라지다 grumpy a. 성미 까다로운, 심술난 ingenuous a. 순진한, 천진한 discreet a. 신중한, 조심스러운 unfathomable a. 불가해한 precarious a. 불안정한, 위태로운

그 아이는 관대한 부모 때문에 너무 버릇없이 자라서 부모의 전적인 관심을 전혀 받지 못하면 토라지고 심술궂게 군다.

07 논리완성   ③

세 개의 핵심 부분이 포함된 incongruous에서 in은 '부정, 반대'의 뜻을 의미하는 접두어이고, con-은 '함께'라는 의미이며, gru-는 '이동하거나 움직이는' 것을 의미한다고 했다. 이를 종합해 보면 '함께 움직이지 않는다'는 의미이다. 따라서 Incongruous behavior란 누군가의 일반적인 행동과 '일치하지 않는다'는 의미이므로, 빈칸에는 ③이 적절하다.

incongruous a. 조화하지 않는; 어울리지 않는 key a. 가장 중요한, 핵심적인, 필수적인 support v. 지지[옹호, 재청]하다 disagree with 일치하지 않다, ~에게 안 맞다 be related with ~와 관계가 있다

'incongruous(어울리지 않는)'라는 단어에는 세 개의 핵심 부분이 포함되어 있다. 여기서 In-은 '아니오'를 의미하고, con-은 '함께'를 의미하며, gru-는 '이동하거나 움직이는' 것을 의미한다. 따라서 '부조리한' 행동은 누군가의 평소 행동과 일치하지 않는 행동이다.

08 논리완성 ③

빅토리아 시대 작가의 어떤 점이 그를 싫증이 나게 했는지에 대한 내용이 빈칸에 적절한데, 주절에서 그가 젊은 작가의 간결한 산문에 매료되었다고 했다. 따라서 빈칸에는 terse와 반대되는 의미의 ③ verbose가 와야 문맥상 적절하다.

attract v. (주의·흥미 따위)를 끌다, 유인하다 terse a. (문체·표현이) 간결한, 간명한 tranquil a. 간결한, 간단한 obtuse a. 둔한, 둔감한 verbose a. 장황한 partial a. 부분적인 inconsistent a. 내용이 다른, 부합하지 않는

전형적인 빅토리아 시대 소설가의 장황한 산문에 싫증이 난 그는 젊은 미국 작가의 간결한 산문에 매료되었다.

09 논리완성 ①

온라인 커뮤니티의 영향력은 스마트폰에 의해 디지털 연결이 '어디에서나 가능해짐'에 따라 증가하게 된 것이므로, 빈칸에는 ① ubiquity가 적절하다.

existentially ad. 실존(주의)적으로 afford v. ~할 수 있다, ~할 여유가 있다 ubiquity n. (동시에) 도처에 있음, 편재(遍在) concentration n. 정신 집중, 전념 convenience n. 편의, 편리 authenticity n. 확실성, 신뢰성 unification n. 통일, 단일화

현실 세계에서 실존적으로 자신을 노숙자라고 생각하는 많은 사람들은 온라인 커뮤니티, 특히 사회 관계망에서의 경험을 찾아왔다. 온라인 커뮤니티의 영향력은 스마트폰에 의해 디지털 연결이 어디에서나 가능해짐에 따라 급격히 증가했다.

10 논리완성 ②

누군가가 종교나 정당에 대한 더 오래되고 전통적인 생각을 가지고 있다는 것은 그들의 신앙이나 신념에 있어 '정통파'라는 것을 의미하므로, 빈칸에는 ② orthodox가 적절하다.

degraded a. 타락[퇴화]한, 모욕을 당한 orthodox a. 정통의, 전통적인 shabby a. 다 낡은[해진], 허름한 cynical a. 냉소적인; 부정적인 radical a. 근본적인, 철저한

만약 당신이 누군가를 정통파라고 설명한다면, 당신은 그들이 종교나 정당에 대한 더 오래되고 더 전통적인 생각을 가지고 있다는 것을 의미한다.

11 논리완성 ①

빈칸에 들어갈 적절한 구동사를 고르는 문제이다. 더 이상 할 일이 없어 고용주로부터 직장에서 해고당하는 상황과 관련된 용어는 lay off이므로, 정답은 ①이다.

lay somebody off (일감이 부족하여) ~를 해고[정리 해고]하다 put up with 참다, 참고 견디다 call upon (연설 등을) ~에게 청하다; 요구하다 fall apart (물건이) 산산이 부서지다; (조직·체제·관계 등이) 무너지다

pull down 허물다; 좌절시키다

만약 근로자가 해고되면, 그들은 대개 더 이상 할 일이 없기 때문에 그들의 고용주로부터 직장을 그만두라는 지시를 받는다.

12 논리완성 ⑤

비현실적인 꿈을 바탕으로 미래를 설계하는 것을 꺼리는 사람은 실생활의 행동과 결과를 중시하는 '실용주의자'라고 볼 수 있다.

disinclined a. 내키지 않는, 꺼리는 impractical a. 터무니없는, 비현실적인 shifting a. 이동하는; 변하는; (바람·방향 따위) 변하기 쉬운 optimist n. 낙천주의자, 낙관론자 skeptic n. 회의론자, 의심 많은 사람 idealist n. 이상가, 이상주의자 pessimist n. 비관주의자 pragmatist n. 실용[실익]주의자, 실무가

그녀는 움직이는 모래 위에 성을 쌓는 것처럼 비현실적인 꿈을 바탕으로 미래를 설계하는 것을 꺼리는 실용주의자이다.

13 논리완성 ⑤

두 번째 문장은 첫 번째 문장을 부연 설명하고 있는데, 첫 번째 문장에서 두 사람이 서로의 언어를 사용하지 않더라도, 함께 음악을 감상할 수 있다고 했다. 이는 음악의 '보편성'에 대한 특징이므로, 빈칸에는 ⑤가 적절하다.

physiological a. 생리학(상)의; 생리적인 clandestine a. 비밀리에 하는, 은밀한 hedonistic a. 쾌락주의(자)의 taciturn a. 말 없는, 말이 적은, 과묵한 authentic a. 진본[진품]인, 진짜인 universal a. 일반적인; 보편적인

우리는 종종 "음악이 보편적인 언어다."라는 표현을 듣는다. 이것은 비록 두 사람이 서로의 언어를 사용하지 않더라도, 적어도 음악을 함께 감상할 수는 있다는 것을 의미한다. 그러나 많은 유명한 격언들이 그러하듯이, 이것은 단지 부분적으로만 사실이다. 비록 모든 사람들이 청각에 대한 동일한 생리적 기제를 가지고는 있지만, 한 개인이 실제로 듣는 것은 그 사람의 문화에 의해 영향을 받는다.

14 논리완성 ②

첫 문장의 예를 세미콜론 이하에서 설명하고 있는데, 일부 쓰레기봉투는 햇빛에 노출되면 분해된다고 했으므로, 일부 제조업체들이 생산하고 있는 형태의 플라스틱은 '생분해되는' 특성을 가지고 있다고 볼 수 있다. 따라서 ② biodegradable이 정답이다.

decompose v. 분해[부패]되다 inexpensive a. 값싼, 비싸지 않은 biodegradable a. 생분해[자연분해]성의(박테리아에 의해 무해 물질로 분해되어 환경에 해가 되지 않는) endurable a. 참을 수 있는, 견딜 수 있는 transparent a. 투명한; 속이 뻔히 들여다보이는, 명백한 multi-functional a. 다기능의

기술의 획기적인 발전으로 일부 제조업체에서는 현재 생분해되는 형태의 플라스틱을 생산하고 있다. 예를 들어, 일부 플라스틱 쓰레기봉투는 햇빛에 노출되면 점차 분해된다.

15 논리완성 ②

첫 번째 문장은 새로운 치료법을 옹호하는 의학 연구원의 입장이고, 두 번째 문장은 비판자들이 이 치료법을 비난한 이유가 무엇이었는지에 대한 질문이다. 세 번째 문장은 두 번째 문장에 대한 답변으로 비판자들이 새로운 치료법을 비난하는 주장이다. 따라서 빈칸에는 ② accusation (비난)이 적절하다.

defend v. 방어하다; 옹호하다 allege v. (증거 없이) 혐의를 제기하다, 주장하다 suggestion n. 제안 accusation n. 혐의 (제기), 비난; 고발 provision n. 공급, 지급, 제공 conclusion n. 결론, (최종적인) 판단 justification n. 타당한[정당한] 이유

의학 연구원들은 새로운 치료법이 널리 받아들여지는 표준 관행을 따른다고 말함으로써 그들의 새로운 치료법을 옹호한다. 따라서 그 치료에 대한 비판자들의 비난은 무엇이었음에 틀림 없는가? 그들은 그것이 기준에 맞지 않으며 허용할 수 있는 의료 관행을 위반했다고 주장했음에 틀림 없다.

16 논리완성 ④

시험 출제자가 두 개의 정답을 골라야 하는 문제를 출제할 때 익숙한 단어를 익숙하지 않은 방식으로 사용한다는 것은 응시자에게 혼란을 주어 정답을 선택하는 것을 더 어렵게 만드는 것을 목표로 한다고 볼 수 있다. 따라서 mislead가 적절하다. 세 번째 문장은 이런 문제의 함정에 대한 해결책이라고 볼 수 있다.

relieve v. 없애[덜어] 주다; 완화하다 persuade v. 설득하다, 납득시키다 invalidate v. 틀렸음을 입증하다 mislead v. 오해하게 하다, 현혹시키다 enlighten v. 이해시키다

종종 시험 출제자는 익숙한 단어를 익숙하지 않은 방식으로 사용하여 응시자를 현혹시키려 한다. 문장 전체의 의미에 완벽하게 맞는 하나의 답을 찾았지만, 정확하게 맞는 것처럼 보이는 또 하나의 답을 찾을 수 없다고 가정해 보자. 문장을 다시 읽고, 빈칸에 그 완벽한 답을 대입한 다음, 다른 선택지들을 새로운 시각으로 살펴보라.

17-18

교사 중심의 고급 예술을 강조하는 것에서 더욱 평등주의적이며 학생 중심적인 방향으로의 변화는 음악과 교육의 가치에 대한 여러 문제를 부각시킨다. 과거에는, 음악의 가치가 일반적으로 널리 보급되어 있는 음악 학교라는 제도에 뿌리를 두었고, 음악 교육 과정은 전통적인 방식으로 교육을 받은 음악 교사에 의해 이루어졌다. 21세기 초반의 교육 상황에서는, 교육에서 음악의 가치가 정치적 민주주의, 문화 정책, 대중 매체, 예술 옹호, 사회 정의 운동, 학교 공동체, 그리고 특히 교사와 학생의 개인적인 음악적 선호도 등과 같은 다양한 요인들에 의해 점점 더 영향을 받는다. 이러한 다양한 요인들의 존재는 획일적 가치 체계의 붕괴, 문화적 패권의 종말과 음악이라는 것의 다양한 방식을 인정하는 세계관의 등장을 보여 준다. 개인적 음악 문화의 이점과 가치는 자유를 향한 추구이든, 통과 의례에 대한 축하이든, 사회적 불평등에 대한 저항이든, 신의 중재에 대한 감사이든, 이야기를 통한 문화유산의 전달이든, 음악이 사람들의 일상생활 속에서 역할을 하는 다양한 측면에서 인정된다.

egalitarian a. 평등주의의 orientation n. (목표하는) 방향, 지향; 경향 conservatory n. 음악[미술, 예술] 학교 implement v. 시행[이행]하다 monolithic a. 단일체의; 획일적이고 자유가 없는 hegemony n. 주도권, 지배권, 패권 diverse a. 다양한 quest n. 탐색, 탐구, 찾음, 추구 rite n. 의식, 의례 passage n. 통과 rebellion n. 반란, 모반 gratitude n. 고마움, 감사 divine a. 신[하느님]의, 신성한 intervention n. 사이에 듦, 개재; 조정 transmission n. 전파, 전달

17 글의 주제 ④

이 글에서는 '교육에서의 음악 가치가 과거에는 음악 학교라는 제도에 뿌리를 두었는데, 21세기에 와서는 다양한 요인들의 영향을 받는다'고 그 변화를 설명하고 있으므로, ④가 글의 주제로 적절하다.

윗글의 주제로 가장 적절한 것은?
① 사회정의를 위한 음악 교육
② 클래식 음악 교사를 양성하는 방법
③ 교육에서 민주주의의 중요성
④ 교육에서 음악 가치의 변화
⑤ 학교에서 음악 교육의 실패

18 빈칸완성 ②

음악은 자유를 표현하고, 전통을 기념하고, 불의에 항의하고, 신에게 감사를 표하고, 문화유산을 전달하는 등 사회 내에서 다양한 기능을 수행한다. 따라서 사람들의 일상생활에서 음악이 수행하는 역할의 포괄적이고 다각적인 특성을 포착하는 표현이 빈칸에 적절하므로 ②가 정답이다.

빈칸에 들어갈 말로 가장 적절한 것은?
① 정의의 가치를 가르치기 위한
② 사람들의 일상생활에서
③ 학생 중심의 교육을 위한
④ 전체 학교 교육과정에서
⑤ 학생들의 자유를 향상하기 위해

19-20

13~15세기의 영국의 고딕 양식은 끝이 뾰족한 아치와 점점 더 화려한 둥근 지붕 디자인이 특징이다. 초기 영국의 건축양식 시기(13세기)에는 창문이 높고 좁았으며, 이후 장식기에는 창문의 윗부분에 트레이서리(레이스 모양의 무늬 장식)가 있었다. 수직 양식의 시기(15세기)에는 창문의 크기가 많이 커졌고, 성인들의 그림이 들어간 스테인드글라스로 채워졌다. 정교한 부채꼴 모양의 둥근 천장(한 지점에서 펼쳐져 있는 곡선형을 이룬 돌 조각)은 벽에서 일정 각도로 비스듬히 기울어져 아치를 형성하는 플라잉 버트레스에 의해 지지된다. 솔즈베리 대성당은 전형적인 초기 영국 건축물이다. 엑서터 성당은 주로 장식기부터 시작된 것이고 부채꼴 둥근 천장이 있는 글로스터 대성당은 수직 시대의 건축물을 대표한다.

pointed a. (끝이) 뾰족한[날카로운] ornate a. (특히 아주 작거나 복잡한 디자인으로) 화려하게 장식된 vault n. 아치형 지붕[천장], 둥근 천장 Early English 초기 영국의 건축 양식(12~13세기의 초기 고딕 양식) decorated a. <건축> (종종 D-) 장식식(式)의 tracery n. 트레이서리(교

회 창문 윗부분의 돌에 새긴 장식 무늬) perpendicular a. 수직 양식의 (14~15세기 잉글랜드에서 많이 쓰인 건축 양식) flying buttress 플라잉 버트레스(대형 건물 외벽을 떠받치는 반 아치형 벽돌 또는 석조 구조물)

19 글의 제목   ①

이 글은 13~15세기 영국에서 유행한 고딕 건축양식의 각 시기별 하위 유형의 특징에 대해 주로 논하고 있으므로, ①이 제목으로 적절하다.

윗글의 제목으로 가장 적절한 것은?
① 영국 고딕 양식의 하위 유형
② 영국 성당의 전형적인 구조
③ 영국에서 스테인드글라스의 기원
④ 아치와 둥근 천정: 두 기본 요소
⑤ 영국 건축사

20 내용일치   ⑤

솔즈베리 대성당은 전형적인 초기 영국 고딕 양식의 건물이라고 했으므로 13세기의 건물이라고 볼 수 있으며, 글로스터 대성당은 15세기 수직 양식 시기의 대표 건축물이라고 했다. 따라서 두 성당의 건축 양식에는 약 2세기의 시차가 있다고 볼 수 있으므로, ⑤가 정답이다.

윗 글의 내용과 일치하는 것은?
① Early English 시기 특징은 창문 위쪽의 레이스 모양 장식이다.
② Decorated 시기의 창문들은 길고 넓은 모양을 띠고 있다.
③ Perpendicular 시기에 창문들이 작아지고 스테인드글라스로 장식되었다.
④ 15세기로 갈수록 둥근 천정(vault) 디자인의 장식적 요소가 줄어들고 단순해졌다.
⑤ Gloucester Cathedral과 Salisbury Cathedral의 건축은 약 2세기의 시차가 있다.

21 의문부사   ④

ⓓ의 what은 의문 대명사나 의문 형용사로 쓰이므로 부사인 effectively를 수식할 수 없다. 따라서 what을 부사를 수식할 수 있는 의문부사 how(얼마나)로 고쳐야 한다. 그 경우에 '의문사+부사+주어+동사'의 간접 의문절 구문이 된다.

aesthetic a. 심미적, 미학적 foster v. 조성하다, 발전시키다 tolerant a. 관대한, 아량 있는 evoke v. (감정·기억·이미지를) 떠올려 주다[환기시키다] implication n. 영향; 함축, 암시 catalyze v. 촉진시키다

미학적 디자인은 미가 결핍된 디자인보다 긍정적인 태도를 기르는 데 더 효과적이며, 사람들을 디자인 문제에 대해 더 관대하게 만든다. 예를 들어, 사람들이 긍정적인 태도를 조성해온 디자인에 이름을 붙이고 그것에 대한 감정을 키우는 것은 흔한 일이지만(예: 차에 이름을 붙여주기), 사람들이 부정적인 태도를 조성해온 디자인에 대해 이와 같은 행동을 하는 경우는 드물다. 디자인과의 이러한 개인적이고 긍정적인 관계는 애정, 충성심, 인내심을 불러일으킨다. 이들 모두는 디자인의 장기적인 유용성과 전반적인 성공에 있어 중요한 요소이다. 이러한 긍정적인 관계는 사람들이 디자인과 얼마나 효과적으로 상호 작용하는지에 영향을 끼친다. 디자인에 대한 긍정

적인 관계는 창의적인 사고와 문제 해결을 촉진하는 데 도움이 되는 상호 작용을 초래한다.

22 to부정사의 병치   ②

두 번째 문장의 동사 performs는 to transport와 병치를 이루어야 하므로, ②는 원형동사 perform이 되어야 한다.

timber n. 목재, 재목 challenging a. 도전적인; 자극적인 withstand v. 견디어 내다 encounter v. 맞닥뜨리다, 접하다 stiffness n. 단단함; 딱딱함 knot n. 매듭; 옹이 grain n. (목재·천·암석 등의) 결 deviation n. 편차 intrinsic a. 고유한, 본질적인 harvest v. 수확하다, 거둬들이다

목재는 까다로운 재료인데, 건축가와 기술자가 그들이 그 목재로 무엇을 하려고 하는지 뿐 아니라 자연이 목재를 어떻게 디자인했는지도 이해해야 하기 때문이다. 나무 자체는 수백만 년에 걸쳐 진화해 오면서 자연에서 맞닥뜨리는 힘을 견뎌 내면서도 동시에 물과 영양분을 운반하고 나무의 생존에 필요한 기능을 수행할 수 있었다. 기술자들은 나무의 내구력과 단단함을 예측하는 데 관심을 가지는데, 이 예측에는 옹이, 결의 구조, 수분 함량, 종, 등급의 편차 등을 고려하는 것이 포함된다. 그러한 편차는 흔히 결점이라고 불린다. 이러한 "결점"은 나무의 목적에 이바지하며 나무의 구조에 내재되어 있다. 나무가 숲에서 수확됨에 따라, 인류는 나무를 재구성하거나 재설계하여 새로운 목적을 달성하려고 한다.

23 감정 및 심리 유발 동사의 분사의 태   ③

감정동사는 사물을 수식 또는 서술하면 현재분사, 사람을 수식 또는 서술하면 과거분사를 사용한다. 크레올 언어를 구사하는 사람들이 '확신시키다(convince)'의 대상이므로, ⓒ는 과거분사 convinced가 되어야 한다.

creole n. 크리올어(유럽의 언어와 특히 서인도 제도 노예들이 사용하던 아프리카어의 혼성어로서 모국어로 사용되는 언어) duly ad. 적절한 절차에 따라, 예상대로

교육을 받을 수 있던 크리올 언어를 구사하는 사람들은 그들의 언어가 잘못되었다는 것을 예상대로 확신했고, 그들은 종종 그 언어를 사람들이 인정할 수 있는 표준에 더 가깝게 만들려고 노력했다.

24 be devoted to ~ing   ⑤

be devoted to는 '~에 헌신하다'는 의미로, to는 to부정사의 to가 아니라 전치사 to이다. 전치사의 목적어로 동사가 오는 경우에 그 형태는 동명사여야 한다. 따라서 ⓔ는 동명사 sketching이 되어야 한다.

pragmatics n. 화용론(話用論)(언어·기호 따위를 사용자 입장에서 연구하는 것) semantics n. 의미론 sketch v. 개요를 제시하다

그렇다면 화용론(話用論)에 대한 그 어떤 논의도 의미론에 대한 기본적인 이해와 두 분야를 구별하기 위해 제안된 이론적 기반 없이는 진행될 수 없으므로, 이 장의 나머지 부분은 의미론과 화용론 영역을 기술하는 데 할애될 것이다.

25 논리완성 ②

빈칸 다음 문장에서 '두 체계는 매우 다양한 감각 정보를 처리하고 우리에게 놀라울 정도로 안정된 지각을 제공한다'고 했는데, 그 다음 예의 경우, 다가오는 사람의 크기가 커지는 망막상의 감각 정보를 처리하면서도 실제 그 사람의 크기는 불변인 것으로 지각하여 안정된 지각을 제공한다는 것이다. 따라서 빈칸에는 '안정성, 불변성'을 의미하는 ② constancy가 적절하다.

auditory a. 청각의 visual a. 시각의 perception n. 지각 (작용), 지각력; 인식(력) perceptual constancy 지각항등성 remarkably ad. 두드러지게, 현저하게 retinal a. (눈의) 망막의 interpret v. (의미를) 설명[해석]하다 dependency n. 의존, 종속 constancy n. 불변성, 항구성 abstruseness n. 난해함, 심오함 dissonance n. 불협화음, (의견) 충돌 parsimony n. (돈에 지독히) 인색함

청각적 지각과 시각적 지각 사이에는 몇 가지 유사점이 있다. 한 가지는 지각 불변성의 문제이다. 두 체계는 매우 다양한 감각 정보를 처리하고 우리에게 놀라울 정도로 안정된 지각을 제공한다. 예를 들면, 어떤 사람이 당신을 향해 걸어오는 것이 당신 눈에 보일 때, 망막상의 이미지는 단순히 그렇게(몸집이 커지고 있다고) 해석될 수 있음에도 불구하고, 당신은 그 사람의 몸집이 커지고 있지 않다고 정확하게 결론을 내릴 수 있다.

26 논리완성 ②

대시 이하에서 'not A so much as B(A라기 보다는 오히려 B이다)'의 구문이 사용되었으며, A가 wild talent이므로 B에는 wild(=uncontrolled) talent(재능이 마구 방종하게 발휘되는 것)와 반대되어야 한다. 따라서 창의성은 효과 없는 아이디어를 시도한 끝에 효과 있는 아이디어를 발견하는 데 있어, 마지막 문장에서 언급했듯이, 더 빨리 실패를 끝내고 더 빨리 성공하려는 생산성(효율성)의 문제라고 할 수 있으므로 빈칸에는 ② productivity가 적절하다.

unspoken a. 입 밖에 내지 않은, 무언의, 언외의 numbers game 숫자놀음 necessarily ad. 어쩔 수 없이, 필연적으로 go for ~에 해당되다 generate v. 발생시키다, 만들어 내다 outset n. 착수, 시초, 최초, 발단 disparity n. 차이, 격차 propensity n. 경향, 성향 equanimity n. 침착, 평정 serendipity n. 우연히 발견하는 능력, 행운

창의성에 관해 말해지지 않은 한 가지 사실은 그것이 방종한 재능에 관한 것이라기보다는 오히려 생산성에 관한 것이라는 점이다. 효과 있는 몇 가지 아이디어를 발견하기 위해서 당신은 효과 없는 많은 아이디어를 시도해야 한다. 그것은 순전히 숫자놀음이다. 천재들이 반드시 다른 창조자들보다 성공률이 더 높은 것이 아니라, 그저 더 많은 것을 하는데, 다양한 일들을 한다. 그들은 더 많은 성공을 하고 더 많은 실패를 한다. 그것은 팀과 회사에도 해당된다. 형편없는 아이디어를 많이 만들어 내지 않고는 좋은 아이디어를 많이 만들어낼 수 없다. 창의성에 대해 중요한 것은, 어느 아이디어가 성공하고 어느 아이디어가 실패할 것인지를 처음에는 알 수 없다는 것이다. 그래서 당신이 할 수 있는 유일한 것은 다음 아이디어로 넘어갈 수 있도록 더 빨리 실패하려고 하는 것이다.

27 논리완성 ③

두 집단의 구성원들은 자신들의 신념과 일치하는 정보는 받아들이고 상충하는 정보는 무시했다고 했으므로, 반론을 뒷받침하는 확실한 정보에도 불구하고 자신이 가지고 있는 견해의 타당성을 더 확신했다고 볼 수 있다. 따라서 빈칸에는 ③ validity가 적절하다.

psychological a. 심리학의[을 사용한] conduct v. 수행하다, 처리하다 effectiveness n. 유효(성), 효과적임 deterrent n. 단념하게 하는 것, 억지[제지]물 expose v. 드러내다; 노출시키다; 접하게[경험하게] 하다 solid a. 단단한; 확실한; 믿음직한 counter-argument n. 반론, 반박 automatically ad. 자동적으로; 무의식적으로 dismiss v. 묵살[일축]하다 validity n. 유효함, 타당 aspect n. 측면, 양상 deficiency n. 결핍; 결점

확증-증거 편향을 다룬 한 심리학 연구에서, 두 집단은 범죄 억제책으로서의 사형제도의 효과에 대해 신중하게 실시된 연구에 대한 두 편의 보고서를 읽었다. 한 보고서는 사형제도가 효과적이라고 결론 내렸고, 다른 보고서는 그렇지 않다고 결론 내렸다. 반론을 뒷받침하는 확실한 과학적 정보를 접했음에도, 두 집단의 구성원들은 두 보고서를 모두 읽은 후 자신들이 가진 견해의 타당성을 훨씬 더 확신하게 되었다. 자동적으로 그들은 지지하는 정보는 받아들였고 상충하는 정보는 무시했다.

28 논리완성 ②

인공 지능 기계를 올바르게 만든다면, 그 기계는 조정자와 중재자가 될 수 있다고 했다. 조정자와 중재가 되기 위해서는 판단이 편파적이지 않고 공정해야 하고, 정치적으로 중립적이라는 것도 공정성을 의미하므로, 빈칸에는 ② impartial이 적절하다.

overcome v. 극복하다 obstacle n. 장애 mediator n. 중재인, 조정관 arbiter n. 중재인, 조정자 communal a. 공동의, 공용의 rely upon ~에게 의존하다 neutral a. 중립적인 coalition n. 연합체, 연합 author v. (서적 따위를) 쓰다, 저술하다 commit v. 저지르다; (엄숙히) 약속하다 assist v. 돕다, 도움이 되다 mount v. 시작하다 impartial a. 공정한 communicative a. 말을 잘 하는, 의사 전달의 innovative a. 획기적인

지능형 기술은 우리가 많은 문화적, 사회적 장애를 극복하는 데 도움이 될 수 있다. 인공 지능 기계를 올바르게 만든다면, 그 기계는 조정자와 중재자가 되어, 우리가 공정을 기하기 위해 믿을 수 있는 공동 지침을 제공할 수 있다. 일단의 정치적으로 중립적인 프로그래머들이 '진실 기계'를 만들기 위해 연합을 결성했다. 가장 크고 영향력 있는 기술 기업 중 30개 회사는 디지털 제네바 협정을 입안하여, '어디에서든지 무고한 민간인 혹은 기업'에 대한 사이버 공격을 시작하는 정부는 돕지 않기로 하는 일련의 원칙에 동의했다.

29 논리완성 ③

규칙을 위반하면, 그 기관은 면허를 취소할 권리를 가질 수 있다고 했으므로, or 앞도 이와 비슷한 의미의 동사가 적절하다. 따라서 면허받은 사람에게 '제재를 가한다'라는 의미의 ③ sanction이 적절하다.

grant v. 승인[허락]하다 permission n. 허락, 허가, 승인 practice v. (의사·변호사 등이) 개업하다, 영업하다 licensee n. (무엇의 생산·사용) 인가를 받은 사람[기업] recall v. 취소하다, 철회하다 privilege n. 특전, 특권 prescribed a. 규정된, 미리 정해진 probate v. (유언장을) 공증하다 incarcerate v. 감금[투옥]하다 sanction v. 처벌하다, 제재를 가하다 infuriate v. 극도로 화나게 만들다 procrastinate v. 미루다, 질질 끌다

면허 발부는 개인에게 개입을 할 수 있는 공식적 혹은 법적인 허가를 해주는 것이다. 면허는 국가나 심지어 지방의 기관에서 발부된다. 면허를 관리하는 당국은 면허를 받은 사람에게 그 면허를 유지하기 위해 지켜야 할 일련의 규칙을 제공한다. 그 규칙을 위반하면, 그 기관은 면허를 받은 사람에게 제재를 가하거나 면허를 취소할 권리를 가질 수 있다. 분명히 면허는 특혜이지, 권리가 아니며, 면허를 받은 사람이 그 특혜를 유지하기 위해서는 규정된 법규를 따라야 한다.

30 논리완성   ③

인공지능과 달리 사람들은 생각할 때 논리를 사용하지 않는다고 했으므로, 인공지능식 사고는 사람들을 위한 모델로서 타당해 보이지 않는다고 볼 수 있다. 따라서 ③ implausible이 적절하다.

theorem n. (특히 수학에서의) 정리(定理) purport v. 주장하다[칭하다] irreversible a. (이전 상태로) 되돌릴[철회할] 수 없는, 취소[변경]할 수 없는 inconsiderate a. 사려 깊지 못한 implausible a. 믿기 어려운, 타당해 보이지 않는 imperative a. 반드시 해야 하는, 긴요한, 필수적인 irreducible a. 더 이상 줄일[단순화할] 수 없는

인공지능의 많은 작업은 정보와 지식이 1차 논리로 표현되어야 한다는 가정과 추론은 정리 증명이라는 가정에서 시작된다. 표면적으로 이것은 사람들을 위한 모델로서는 타당해 보이지 않는 것 같다. 우리가 생각할 때 논리를 사용하는 것 같지는 않은 것이 확실한데, 만약 논리를 사용한다면 왜 그렇게 많은 우리의 생각과 행동이 그토록 비논리적이겠는가? 사실, 사람들이 문제에 대해 생각할 때 논리를 사용하지 않는다는 것을 보여주는 심리학 실험이 있다.

31 문맥상 적절하지 않은 단어 고르기   ④

비과학적인 글에서는 전문적인 수학 용어 대신 이를 대체할 수 있는 일반적인 언어를 사용하라고 했으므로, 수와 관련된 사실이나 패턴을 설명할 다른 방법을 '배제하는' 것이 아니라 '찾아야' 할 것이다. 따라서 ⓔ를 find로 고쳐야 한다.

jargon n. (특정 분야의 전문·특수) 용어 notation n. 표시[표기]법, 기호법 subscript n. 아래에 적은 문자[숫자, 기호] superscript n. 어깨글자 reawaken v. (어떤 감정·기억을) 다시 불러일으키다 promote v. 촉진[고취]하다 preclude v. 배제하다; 가로막다 acronym n. 두문자어 equivalent n. (~에) 상당[대응]하는 것, 등가물 rephrase v. (뜻을 더 분명히 하기 위해) 바꾸어 말하다 intuitive a. 직감[직관]에 의한; 이해하기 쉬운

한 용어가 한 번만 사용될 짧은 비과학적인 글을 위해서는 특수 용어를 완전히 피해야 한다. 다시 사용하지 않을 것이라면, 새로운 어휘 또는 표기를 도입하는 것은 거의 도움이 되지 않는다. 그리고 통계학자가 아닌 사람

들에게는 그리스 기호와 아래쪽 숫자와 어깨 숫자로 가득한 방정식이 효과적인 의사소통을 촉진하기보다는 수학에 대한 불안을 환기시킬 가능성이 높다. 과학 논문의 서론과 결론 부분에도 똑같은 논리가 적용된다. 새로운 단어를 사용하는 것은 당신이 그것을 정의해야 한다는 것을 의미하는데, 그것은 당신이 말하려는 요점에서 주의를 멀리 돌려놓는다. 만약 당신이 그 용어를 다시 사용하지 않을 작정이라면, 수와 관련된 사실이나 패턴을 설명할 수 있는 다른 방법을 <배제하라>. 복잡하거나 익숙하지 않은 단어, 두문자어, 또는 수학적 기호를 일상에서 사용하는 일반적인 언어로 대체하고, 복잡한 개념을 더 이해하기 쉬운 것으로 바꾸어 쓰라.

32 문맥상 적절하지 않은 단어 고르기   ⑤

창의력은 평온, 고요함과는 달리 긴장되어 있는 상태에서 가장 잘 발휘된다는 글이다. 마지막 문장은 결론이므로 창의적으로 생각하려고 시도할 때는 '평온한(reposed)' 것이 아니라 이와 반대인 'aroused(흥분된, 각성된)' 상태인 게 낫다는 흐름이 되어야 한다.

creativity n. 창조성; 독창력 stillness n. 고요, 정적 convinced a. (전적으로) 확신하는 distraction n. (주의) 집중을 방해하는 것 sip v. (음료를) 홀짝이다[거리다], 조금씩 마시다 languid a. 힘없는, 나른한 unstructured a. 체계가 없는, 조직화되지 않은 orchestrate v. 편성[조직화]하다; 조정하다 punctuate v. 간간이 끼어들다 wired a. 신경이 날카로워진 be onto something 무언가를 알아내다 reposed a. 평온한, 침착한

창의력은 내면의 평화, 고요함, 평온함 등을 통해 가장 잘 발휘된다는 믿음이 널리 퍼져 있다. 내 동료 중 한 명은 집중을 방해하는 것이 전혀 없는 조용한 환경에서 조용히 차를 마실 때, 창의적인 글이 가장 잘 나온다고 확신했다. 그러나 그렇게 나른하게 글을 쓴 지 석 달이 지났지만, 그녀는 스스로 자랑스러워할 만한 것을 전혀 쓰지 못했다. 그 직후 그녀의 첫 아이가 태어났고, 그녀의 일정은 지루하고, 한가하고, 평화롭고, 체계가 없는 나날을 보내는 것에서 분 단위로 빈틈없이 짜여 돌아가는 중에 간간이 매우 격한 활동이 끼어 있는 것으로 바뀌었다. 그 결과는? 그녀는 다작 면에서 생산성이 높아졌다. 그녀의 말로 하자면 그녀는 '신경이 곤두서' 있었다. 그녀가 내게 그것을 표현한 대로 하자면, "샘(Sam)이 낮잠을 자고 있으면 내게는 90분이 주어진 것이어서, 나는 컴퓨터로 달려가 미친 듯이 글을 써. 나는 완전히 집중되어 있어."라고 말했다. 알고 보니 내 동료는 무언가를 알아낸 것이다. 사실 창의적으로 생각하고 시도할 때는 <평온해져 있는> 것이 더 낫다는 것이다.

33-34

모든 공포증은 일반적으로 아이들이 특정한 것들에 대한 부모의 반응을 지켜봄으로써 학습된다. 아이들은 자신들에게 가장 가까이 있는 어른들로부터 삶에서 위험한 것이 무엇인지에 대한 실마리를 얻는다. 만약 당신의 자녀가 당신이 한 사물이나 상황에 불건전하게 집중하고 있는 것을 본다면, 그들은 이와 비슷한 방식으로 그 사물이나 상황에 초점을 맞출 가능성이 더 클 것이다. 한 대표적인 심리학 연구는 어머니들과 그들의 12개월 된 아기들을 참여시켰다. 각각의 어머니는 연구가 이루어지는 동안 아기와 함께 있었지만, 그 어머니들은 A와 B 두 집단으로 나뉘었다. A와 B 두 집단 모두 같은 상황에 노출되었는데, 유일한 차이는 집단 B의 어머니들은 자녀가 그들 앞에 있는 것들을 계속 가지고 놀도록 긍정적으로 격려해야 했지만, 집단 A의 어머니들은 자신들의 아기가 놀고 있는 것에 반응하여 평소대로 행동해야 했다.

이 아기들은 무엇을 가지고 놀고 있었을까? 몸집이 아주 크지만 길들여진 비단뱀이었다. 연구는 다음과 같이 진행되었다. 집단 A에 속한 아이들은 바닥에 놓여서 그들 사이로 비단뱀이 미끄러져 갈 수 있었다. 뱀에 대한 두려움이 인간에게 선천적이지만 대략 두 살까지는 활성화되지 않기 때문에 이 아기들은 비단뱀을 큰 장난감으로 보았다. 집단 A 아기들은 살아있는 비단뱀과 놀기 시작하면서, 자신들의 어머니가 무엇을 하고 있는지를 살피기 위해 올려다보았다. 그 어머니들은 평소대로 행동하도록 말을 들었기 때문에 당연히 겁에 질린 표정이었다. 자신들 어머니의 얼굴에 나타난 무서움을 보았을 때 그 아기들은 갑자기 울음을 터뜨렸다. 집단 B의 차례가 되었을 때, 지시를 받은 대로 그 어머니들은 웃으며 자신들의 아기들을 비단뱀과 계속 놀도록 격려했다. 그 결과 이 아기들은 비단뱀을 붙잡고 깨물고 있었는데, 순전히 그들의 어머니들이 그들의 새 장난감을 지지했기 때문이었다.

phobia n. 공포증 cue n. 신호, 암시, 단서 divide v. 나누다 expose v. 드러내다; 노출시키다 encourage v. 격려[고무]하다, 용기를 북돋우다 be oneself (남의 영향을 받지 않고) 평소의[정상적인] 자기 모습 그대로이다 tame a. 길들여진 python n. 비단뱀 slither v. (매끄럽게) 스르르 나아가다[기어가다] horrified a. 겁에 질린, 충격 받은 burst into tears 와락 울음을 터뜨리다 supportive a. 지원하는, 도와주는, 힘을 주는

---

33 빈칸완성 ④

뱀에 대한 두려움이 두 살까지는 활성화되지 않는다고 했다. 사람들은 뱀을 본질적으로 무서워하고 있지만 두 살까지는 발현되지 않는다는 의미이므로, 인간에게 뱀에 대한 두려움은 선천적이라고 볼 수 있다.

빈칸에 들어갈 말로 가장 적절한 것은?
① 유순한
② 임의적인
③ 수수께끼 같은
④ 선천적인
⑤ 중요하지 않은

---

34 내용일치 ③

연구에 참여한 집단 A의 어머니들은 평소대로 행동하라는 말을 들었기 때문에 자녀들이 뱀과 함께 놀 때 겁에 질린 표정을 보였다고 했다. 따라서 ③이 글의 내용과 일치하지 않는다.

윗글의 내용과 일치하지 <u>않는</u> 것은?
① 아이들의 공포증은 대개 부모의 반응을 통해 학습된다.
② 12개월 된 아기들이 심리학 연구에 참여했다.
③ 집단 A의 어머니들은 아기들이 잘 놀도록 격려했다.
④ 아기들은 길들인 큰 비단뱀을 가지고 놀았다.
⑤ 집단 B의 어머니들은 비단뱀을 보고 웃었다.

35-36

사회영역이론은 감정과 도덕적 판단을 뗄 수 없는 상호적 과정으로 간주한다. 이 견해는 도덕성에 대한 감정주의적 또는 직관론적 접근법들과는 다른데, 그러한 접근법들은 대체로 사후(事後) 합리화로서의 추론을 피하면

서 감정적, 암묵적 과정을 우선시한다. 사회적 영역 관점에서 보면, 이렇게 감정과 추론을 별개의 대립되는 영향력으로 다루는 것은 거짓 이분법에 해당한다. 오히려, 이 이론은 정서적인 경험이 도덕적 판단의 중요한 요소이며 후자는 사고, 감정, 그리고 경험의 복잡적인 통합을 수반한다고 가정된다. 칸트의 유명한 말을 빌리자면, 감정이 없는 도덕적 추론은 공허하고, 추론이 없는 감정은 맹목적이다. 아이들의 정서적인 경험은 도덕적 위반에 대한 그들의 이해와 부호화와 기억에 영향을 미치며, 복잡한 평가 과정의 일부분이다.

reciprocal a. 상호간의 disentangle v. ~의 얽힌 것을 풀다; (얽힘·혼란 따위로부터) ~을 해방시키다 give priority to ~에게 우선권을 주다, ~을 우선으로 하다 post hoc a. 먼저 있었던 사건을 이유로 드는, 전후 인과의 dichotomy n. 이분법, 양단법 integration n. 통합 evaluative a. 평가하는, 가치[양]를 어림[감정]하는

---

35 빈칸완성 ⑤

빈칸 앞의 this theory는 사회영역이론을 가리킨다. 이 이론은 감정과 추론을 별개의 대립되는 영향력으로 보지 않으며, 감정과 도덕적 판단이 상호적 관계에 있는 것으로 보는데, 뒤의 that절에서 the latter(도덕적 판단)를 주어로 하므로 빈칸에는 감정이 주어가 되어 상호적인 관계를 나타내도록 ⑤ affective가 적절하다.

빈칸에 공통으로 들어갈 말로 가장 적절한 것은?
① 강한
② 상호간의
③ 만족스러운
④ 자신감 있는
⑤ 정서적인

---

36 글의 주제 ④

이 글은 ⑤처럼 사회영역이론과 감정주의적 접근법을 대등하게 비교한 것이 아니고, ① 사회영역이론이 중요한 이유를 설명한 것도 아니고, 사회영역이론이 어떤 이론인지를 설명한 글인데, 사회영역이론은 감정과 도덕적 판단을 분리할 수 없는 상호작용 과정으로 간주하는 이론이므로 ④가 주제로 적절하다.

윗글의 주제로 가장 적절한 것은?
① 사회영역이론의 중요성
② 칸트의 도덕적 추론과 감정에 관한 이론
③ 아동 발달에 있어서 도덕적 판단의 역할
④ 감정과 도덕적 판단의 상호성
⑤ 사회영역이론과 감정주의적 접근의 차이

37-38

우리는 천성적으로 친사회적이지는 않은데, 이는 종교 관계자와 비종교 관계자들이 끊임없이 우리에게 의무를 이행하라고 명령한다는 사실에서 확실히 명백하다. 우리는 언제나 아이들에게는 장난감을 (다른 아이들과) 함께 사용할 것을, 그리고 어른들에게는 사회적으로 합의된 행동 규칙을 지킬 것을 상기시킨다. 실제로 사회적 경고와 종교적 경고가 없다면 친사회적 행동은 대개 가까운 가족과 친구로 한정된다. 많은 민족지학적 연구

에 따르면 도움은 대개 친족과 친구에게 대가를 기대하지 않고 아낌없이 주어진다고 한다. <몇백 명 정도로 이루어진 이 마법의 원 밖에 있는 사람들에게 도움이 호의를 갚거나 보답하겠다는 명시적인 동의가 있을 때만 제공된다는 것을 많은 민족지학 연구가 증명한다.> 초대형 공동체에서 살아야할 필요로 인해, 우리가 함께 사는 사람들과 갖는 상호작용에 관대함 — 혹은 적어도 중립성 — 의 요건을 부과해야 할 필요가 있게 되었다. 그것은 범죄와 비행이 우리 공동체를 하나로 묶어주는 취약한 유대관계가 깨지는 것을 방지하는 데 도움이 될 것이다.

prosocial a. 친사회적인, 사회에 이로운 command v. 명령하다, 지시하다 in the absence of ~이 없을 때에, ~이 없어서 ethnographic a. 민족지(誌)의; 민족지학의 impose v. 도입하다; 부과하다 generosity n. 관대한 행위; 후한 행동 neutrality n. 중립 interaction n. 상호작용, 상호의 영향 delinquency n. (특히 청소년의) 비행[범죄] burst v. 폭발하다, 파열하다

---

37 내용일치 ②

친사회적 행동은 대개 가까운 가족과 친구로 한정되며, 도움은 대개 친족과 친구에게는 대가를 기대하지 않고 아낌없이 주어진다고 했다. 따라서 이를 통해 친족과 친구들 사이에는 관용이 자연스럽게 존재한다고 볼 수 있으므로, 관용이 필요하다고 한 ②가 본문의 내용과 일치하지 않는다.

윗글의 내용과 일치하지 <u>않는</u> 것은?
① 인간이 천성적으로 친사회적인 것은 아니다.
② 친족이나 친구들과 잘 지내기 위해서는 관용이 필요하다.
③ 범죄와 비행은 우리 공동체의 취약한 유대감을 파괴할 수 있다.
④ 종교적·비종교적 권위자들은 우리에게 의무를 수행하라고 명령해야 한다.
⑤ 사회적·종교적 경고가 없다면, 인간은 주로 가까운 친족이나 친구에게만 친사회적 행동을 보일 것이다.

---

38 문장삽입 ④

제시된 문장의 this magic circle이 문제를 풀 수 있는 단서이다. 이 마법의 원은 친족과 친구에 해당하므로, "많은 민족지학적 연구에 따르면 도움은 대개 친족과 친구에게 대가를 기대하지 않고 아낌없이 주어진다고 한다."고 한 다음에 제시문이 삽입되어야 한다. 따라서 제시문의 위치로 적절한 곳은 ⒟이다.

39-40

많은 종(種)들은 언어를 가지고 있다. 새와 개코원숭이는 자신들의 집단에 있는 다른 개체들에게 포식자의 접근에 대해 경고할 수 있다. 하지만 동물의 언어는 가장 단순한 생각만을 공유할 수 있으며, 이런 생각들 대부분은 다소 무언극 비슷하게 지금 당장 존재하는 것과 연관되어 있다. 몇몇 연구자들은 침팬지에게 말하는 법을 가르치려고 노력해 왔는데, 침팬지는 실제로 100~200개의 단어의 어휘를 습득하고 사용할 수 있으며, 심지어 새로운 어구 패턴을 만들 수도 있다. 하지만 침팬지의 어휘는 규모가 작고, 구문이나 문법, 즉 우리로 하여금 적은 수의 음성 언어적 기호들(tokens)로부터 매우 다양한 의미를 만들어 낼 수 있게 해 주는 규칙을 사용하지 않는다. 이들의 언어 능력은 두세 살짜리 인간의 언어 능력을 결코 능가하

지 못하는 것 같은데, 그것으로는 오늘날의 세상을 만들기에 충분하지 않다. 그리고 여기가 나비가 날개를 퍼덕인 곳이다. 인간의 언어는 완전히 새로운 형태의 의사소통을 가능하게 하는 미묘한 언어적 임계점(한계)을 넘었다. 무엇보다도, 인간의 언어는 추상적인 실체에 대한 정보나 지금 당장 존재하지 않고, 심지어 우리의 상상력 밖에도 존재하지 않을 수도 있는 사물이나 가능성에 대한 정보를 우리로 하여금 공유하게 한다.

baboon n. 개코원숭이 predator n. 포식자, 포식 동물 immediately ad. 즉시, 즉각 mime n. 무언극 syntax n. 구문론, 통사론 verbal a. 언어[말]의 subtle a. 미묘한, 감지하기 힘든 threshold n. 한계, 임계점 abstract a. 추상적인

---

39 빈칸완성 ③

인간의 언어는 완전히 새로운 형태의 의사소통을 가능하게 하는 미묘한 언어적 한계점을 넘었다고 했고, 빈칸 다음의 문장은 인간의 언어가 동물의 언어와는 차원이 다른 새로운 의사 소통(추상적인 존재 또는 사물이나 가능성에 대한 정보 공유)을 가능하게 한다는 것을 강조하고 있다. 이어지는 문장이 이전 문장의 의미를 더 강조하고 있으므로, ③ Above all이 빈칸에 적절하다.

빈칸에 들어갈 말로 가장 적절한 것은?
① 불행히도
② 희망적으로
③ 무엇보다도
④ 그럼에도 불구하고
⑤ 그런데

---

40 내용일치 ①

몇몇 연구자들은 침팬지에게 말하는 법을 가르치려고 노력해 왔는데, 침팬지는 실제로 100~200개의 단어를 습득하고 사용할 수 있으며, 이 단어를 조합하여 어구를 만들 수도 있다고 했으므로 ①이 글의 내용과 일치한다.

윗글의 내용과 일치하는 것은?
① 침팬지는 단어들을 연결하여 새로운 어구 패턴을 만들 수 있다.
② 침팬지의 언어능력은 두세 살짜리 어린아이보다 우월하다.
③ 침팬지의 언어는 어휘가 수천 개에 이를 정도로 매우 풍부하다.
④ 새들은 포식자가 접근해도 동료 집단에게 경고할 수 없다.
⑤ 침팬지는 인간처럼 통사 혹은 문법구조를 이용한다.

2024 건국대학교(자연계 A형)

| 01 ① | 02 ① | 03 ③ | 04 ④ | 05 ② | 06 ② | 07 ④ | 08 ⑤ | 09 ⑤ | 10 ① |
| 11 ② | 12 ① | 13 ④ | 14 ③ | 15 ① | 16 ④ | 17 ⑤ | 18 ⑤ | 19 ③ | 20 ⑤ |

01 동의어   ①

calamity n. 재난(= disaster); 참화, 재해 furnace n. 가마, 화덕; 용광로; 난로 explode v. 폭발하다 leak v. 새다, 새어나오다 diameter n. 직경, 지름 diagnosis n. 진단 disease n. 질병 difficulty n. 어려움, 곤란

우리 집에 살던 처음 몇 달 동안, 우리는 차례로 재난을 겪었다. 처음에는 아궁이가 터졌고, 그다음에는 세탁기가 작동을 멈췄고, 그다음에는 지붕이 새기 시작했다.

02 동의어   ①

secular a. 세속적인(= worldly), 비종교적인 be founded on ~을 토대로 하고 있다 rationality n. 합리성 separate a. 분리된; 독립된 guarded a. 보호되어 있는; 감시 받고 있는 awkward a. 서투른; 거북한, 어색한 profound a. 뜻깊은, 심원한

자연이 깊은 합리성을 바탕으로 하고 있다는 관점을 발전시킨 것은 세속적인 사상이 아니라 종교였다.

03 동의어   ③

dreary a. 황량한, 음산한; 따분한, 울적한(= dull and depressing) rural a. 시골의, 지방의 pastoral a. 목가적인, 전원의 warlike a. 전쟁의; 호전적인 fiery a. 불타는; 열렬한 cozy a. 아늑한, 포근한

그들은 중서부의 황량한 작은 마을에 살았다.

04 논리완성   ④

'환자들의 병에서 발생하는 작은 변화까지도 면밀하게 기록했다.'고 했는데, 이것은 환자들에게 '세심한' 주의를 기울인 것에 대한 부연설명이라 할 수 있다.

tiny a. 작은, 조그마한 cool a. 냉정한, 침착한 rare a. 드문 passionate a. 열렬한, 열의에 찬 meticulous a. 지나치게 세심한, 매우 신중한 sincere a. 성실한; 성심성의의

그 의사는 환자들에게 세심한 주의를 기울였는데, 환자들의 병에서 발생하는 작은 변화까지도 면밀하게 기록했다.

05 논리완성   ②

굴절로 인해 물체에서 나오는 광선의 방향이 바뀐다면, 그 물체는 원래의 모습이 아닌 다른 모습으로 '왜곡돼서, 일그러져서' 보일 것이다.

object n. 물체, 사물 refraction n. 굴절 disposed a. 배치된 distorted a. 일그러진, 왜곡된 dismissed a. 해고된 distressed a. 고뇌에 지친; 가난한 discharged a. 방출된

물 밖에서 수중의 물체를 보면 그 모습이 일그러진다. 이는 굴절이 물체에서 나오는 광선의 방향을 바꾸기 때문이다.

06 논리완성   ②

모델이나 풍경 대신에 사진을 놓고 그림을 그렸다는 것은 사진을 '실용적인' 용도로 사용한 것으로 볼 수 있다.

crisis n. 위기, 난국 imitate v. 모방하다 invention n. 발명; 발명품 in place of ~을 대신해서 landscape n. 풍경 imaginable a. 상상할 수 있는, 상상의 pragmatic a. 실용적인, 현실적인 illogical a. 비논리적인 moderate a. 절제하는; 적당한 independent a. 독립한, 자주의

19세기에 사진술이 등장했을 때, 그림은 위기에 처했다. 사진은 자연을 모방하는 작업을 그때껏 화가가 할 수 있었던 것보다 더 잘 해내는 것처럼 보였다. 어떤 화가들은 그 발명을 실용적으로 사용했다. 그들이 그리고 있는 모델이나 풍경 대신에 사진을 사용한 인상주의 화가들이 있었다.

07 생활영어   ④

스파게티의 본고장인 이탈리아에서 태어난 B에게 A가 스파게티를 올바로 먹는 방법을 지적하고 있으므로, B에게는 이런 상황이 번데기 앞에서 주름을 잡고 있는 상황, 혹은 공자 앞에서 문자를 쓰고 있는 상황으로 느껴졌을 것이며, 이에 해당하는 영어 표현은 teach a fish how to swim이다.

twirl v. 빙빙 돌리다 add insult to injury 설상가상, 엎친 데 덮친 격 have the right chemistry 찰떡궁합이다 go home and kick the dog 종로에서 뺨 맞고 한강 가서 눈 흘긴다 teach a fish how to swim 공자 앞에서 문자 쓴다, 번데기 앞에서 주름 잡는다 mend the barn after the horse is stolen 소 잃고 외양간 고친다

A: 스파게티를 올바로 못 먹는구나.
B: 내가?
A: 원래 스파게티는 숟가락에 담고 나서 포크로 돌려야 해.
B: (웃음)

A: 왜 웃니?
B: 넌 왜 공자 앞에서 문자를 쓰고 싶어 하니?
A: 무슨 뜻이야?
B: 나는 이탈리아에서 태어났어!

08 생활영어 ⑤

결함이 있는 것으로 드러나고 고장이 나기 시작했다는 것은 차에 하자가 있다는 것이다. 따라서 '불량품'이라는 뜻을 가진 ⑤가 빈칸에 들어가야 한다.

defective a. 결함이 있는, 하자가 있는 **break down** (기계 따위가) 고장나다 **parasite** n. 기생생물, 기생충 **deal** n. 거래 **lemon** n. <구어> (결함 있는 자동차 따위의) 불량품

A: 수(Sue)의 새 자동차 봤니?
B: 그래. 차는 좋아 보이지만, 그녀에게는 문제만 생긴 차였어.
A: 참 안 됐네. 그녀가 진짜 불량품을 산 것 같아.
B: 정말 그랬어. 대리점에서 운전해서 집에 오자마자 결함이 있는 것으로 드러나고 고장이 나기 시작했어.

09 대명사 ⑤

재귀대명사는 주어의 동작이나 행위가 주어 자신을 대상으로 하는 경우에 쓴다. ⑤에는 문맥상 to watch하는 행위를 할 수 있는 것이 와야 하므로 앞에서 언급된 people을 가리키는 대명사가 와야 한다. 주어의 행위가 주어 자신에게 향하는 경우가 아니므로 ⑤는 them이어야 한다.

unfavorable a. 형편이 나쁜, 불리한; 바람직하지 못한 **detection** n. 발견, 간파, 탐지 **incongruent** a. 일치[조화]하지 않는 **element** n. 요소, 성분 **perspective** n. 전망, 시각, 견지

유머로부터 나오는 웃음은 사람들이 대개 분노, 그리고/또는, 두려움을 느꼈을 좋지 않은 상황에 있을 때 나오며, 그 일치하지 않는 요소를 감지함으로써, 사람들은 그것을 다른 관점에서 바라볼 수 있다.

10 관계대명사 ①

'most of ~ language barriers'가 given that 다음의 절이므로, what이 이끌고 있는 명사절 what is absurd의 동사가 없는 상태다. 따라서 ⑥를 관계대명사 which로 고쳐야 한다. which의 선행사는 앞의 절 there is no innovation without competition이다.

innovation n. 혁신 **competition** n. 경쟁 **absurd** a. 불합리한; 터무니없는 **given that** ~임을 고려하면 **silo** n. 저장고, (미사일 등의) 사일로 **border** n. 국경 **barrier** n. 장벽 **in isolation** 고립되어

우리는 경쟁 없이는 혁신이 없다는 말을 흔히 듣는데, 과학 기술의 가장 위대한 혁신의 대부분이 (구분되는) 학문 영역, 국경, 언어 장벽을 넘어 연구를 공유하는 것에서 비롯되었다는 점을 고려할 때 그것은 터무니없는 말이다. 사실, 위대한 혁신들은 고립된 채로 일어나지 않는다.

11 논리완성 ②

빈칸에 들어갈 단어의 예를 그 다음 문장에서 제시하고 있는데, 예를 들어 '어떤 책의 앞 장(章)들을 떠올리기 위해 중간 장이나 뒷장에서 시작하는 것'은, 앞 장의 내용과 중간 장이나 뒷장의 내용이 연관되어 있으므로 시작하는 곳의 한 개념이 앞 장의 다른 개념을 불러일으켜 기억나게 하는 '연상(聯想, association)' 작용을 이용하는 것이다. 따라서 ②가 정답이다.

retrieve v. 만회하다, 회수하다; 생각해내다, 상기하다 **assume** v. 추정하다, 가정하다 **surface** v. 나타나다, 표면화되다 **default** n. 불이행, 태만; 디폴트, 초기 설정 **shuffle** v. 발을 질질 끌다, 이리저리 움직이다 **relax** v. 마음을 풀다, 긴장을 풀다 **stuck** a. (~에 빠져) 움직일 수 없는[꼼짝 못하는]; (불쾌한 상황·장소에) 갇힌 **extended** a. (기간을) 연장한, 장기적인 **recall** v. 생각해내다, 상기하다 **concentration** n. 집중, 전념 **association** n. 연합, 관련; 연상 **continuation** n. 계속, 지속, 존속 **internalization** n. 내면화, 내재화 **reconciliation** n. 조정; 화해

만약 어떤 사실이나 아이디어를 상기해낼 수 없다면, 기억이 날 때까지 상기하기를 계속하라. 그것을 완전히 잊어버렸다고 가정하고서 포기해버리지 마라. 우리가 원하는 순간에 기억이 떠오르지 않을 때, 기본적인 반응은 그것을 잊어버렸다고 가정하는 것이다. 아마도 잊어버리지는 않았을 것이다. 단지 뇌가 정신의 숲을 뒤적일 수 있는 잠깐의 시간을 줄 필요가 있을 뿐이다. 핵심은 기억을 강요하는 것이 아니라, 오히려 그 대신, 긴장을 풀고 기억이 나게 하는 것이다. 만약 장시간 동안 기억해내지 못하고 막혀 있는 상태라면, 어떤 것이든 떠올려 보라. 그런 다음 연상(聯想)의 힘을 이용하여 정보를 향해 나아가라. 예를 들어, 어떤 책의 앞 장(章)들을 떠올리기 위해 애쓰고 있다면, 중간 장이나 뒤에 나오는 장에서, 혹은 쉽게 떠오르는 아무 부분에서라도 시작하라.

12 논리완성 ①

빈칸을 포함한 문장 이하는 왜 고대의 현자(賢者)들을 '과학자'로 부를 수 없는지를 설명하는데, 과학이 그 자체 하나의 목적으로서 행해지는 것이 아니라 다른 것을 위해 행해졌고, 그 '다른 것'이 과학이 자주성을 갖지 못하게 하여 과학이 독자적인 영역이 되지 못하다 보니 과학을 하는 사람도 과학자라고 부를 수 없었던 것이다. 그러므로 빈칸에는 '과학'이 들어가야 한다.

sophisticated a. 정교한, 복잡한 **astronomy** n. 천문학 **appropriate** v. 전유(專有)하다, 자기 것으로 하다, 사사로이 쓰다 **be credited with** ~한 공로를 인정받다, 공적을 인정받다 **initiate** v. 시작하다, 개시하다 **sage** n. 현인(賢人), 철인(哲人) **applicable** a. 적용[응용]할 수 있는, 들어맞는, 적절한 **assign** v. 할당하다; 부여하다, 주다 **specific** a. 특정한 **recognize** v. 인지하다, 인식하다 **statecraft** n. 경륜(經綸), 국정 운영 기술 **rigid** a. 엄격한, 엄정한 **framework** n. 하부구조, 골조, 뼈대 **innovation** n. 혁신 **autonomy** n. 자주성, 자율성 **science** n. 과학 **knowledge** n. 지식 **project** n. 프로젝트 **religion** n. 종교 **creativity** n. 창의성

고대 그리스인, 인도인 그리고 중국인이 수학, 의학, 천문학 등에 걸친 방대한 양의 고도로 발달된 지식을 만들어냈다는 사실은 잘 알려져 있다. 실제로, 이 지식의 상당 부분은 중세 시대에 과학 활동을 시작한 공이 있는 것으로 일반적으로 여겨지고 있는 이슬람교와 기독교 학자들에 의해

전용되고 재가공되었다. 그렇다면 왜 우리가 이 고대의 현자(賢者)들도 '과학자'라고 부르면 안 되는가? 단순하면서도 일반적으로 적절한 대답은 그들이 속했던 사회들이 과학자에게 특정한 사회적 역할을 부여하지 않았다는 것이다. 우리가 오늘날 과학으로 인정하는 것은 그 자체 목적으로서가 아니라 항상 다른 것을 위해 행해졌다. 그 '다른 것'은 여가 혹은 국정운영 기술일 수도 있는데, 각각은 나름의 방식으로 상당한 혁신을 허용했으나 (과학의) 자주성은 절대 허용하지 않은 고정된 체제 내에서 과학이 운용되도록 했다.

13 논리완성 ④

인간들이 자연에 해를 끼치는 활동으로 사냥, 목장경영, 해변 리조트 건설을 소개하고 있다. 빈칸 앞까지는 총기의 보급으로 인한 하와이 기러기의 멸종위기를 설명하고 있으며, 빈칸 뒤에는 목장과 해변 리조트 개발로 인한 하와이 기러기 개체수의 감소를 소개하고 있다. 하와이 기러기를 멸종에 이르게 하는 행위는 다르지만, 같은 결과를 초래하는 것이므로 빈칸에는 ④가 적절하다.

firearm n. 화기, 총 ranching n. 목장경영 nene n. 하와이 기러기 (= Hawaiian goose) hasten v. 빠르게 하다, 촉진하다 force ~ out of ~을 내쫓다 nesting n. 보금자리, 둥우리 breeding n. 번식

인간들이 가장 끔찍한 재난을 불러일으키는 활동에는 총기를 가지고 하는 사냥, 목장경영, 해변 리조트 건설 등이 있다. 엽총을 하와이에 들여온 이후에 하와이 기러기의 멸종이 촉진되었다는 것은 의심의 여지가 거의 없다. 총이 보편화됨에 따라 더욱더 많은 하와이 기러기들이 죽임을 당했다고 추정하는 것은 합리적인 것처럼 보인다. 이와 유사하게, 사람들이 섬에서 내륙으로 더 들어감에 따라 그들은 목장과 해변 리조트를 개발하기 위해 점점 많은 토지를 개간하기 시작했다. 이러한 개발들로 인해 하와이 기러기들은 자연 서식지와 번식지로부터 내쫓겼다. 이런 목장과 리조트들이 더욱 많아졌고, 하와이 기러기의 개체수는 그에 따라 줄어들었다.

① 그 결과
② 요약하자면
③ 반면에
④ 이와 유사하게
⑤ 매우 대조적으로

14 글의 제목 ③

'독성 화학물질과 방사성 입자가 포함된 화산 가스 구름이 성층권에 머물러 있음으로 인해 향후에 입게 될 환경과 경제의 피해가 엄청날 것으로 예상된다'는 내용이므로, 글의 제목으로는 ③이 가장 적절하다.

devastation n. 황폐, 파괴; 참화 explosion n. 폭발 estimate v. 어림잡다, 추정하다, 추단하다 rip off 뜯어내다, 파괴하다 volcanic a. 화산의 toxic a. 독성의, 유독한 chemical n. 화학물질 minute a. 미세한 particle n. 미립자, 분자 radioactive a. 방사성의, 방사능의 substance n. 물질 invisible a. 눈에 보이지 않는 the naked eye 육안, 맨눈 the Northern Hemisphere 북반구 stratosphere n. 성층권 considerable a. 상당한 agriculture n. 농업 timber n. 목재

참화는 5월 18일에 시작되었는데, 히로시마를 파괴한 원자폭탄의 힘의 500배로 추정되는 폭발로 인해 9,700피트 높이의 화산의 상부 1,200피트가 부서져 날아가 버렸다. 7일이 채 못 돼서, 일부 독성 화학물질과 미세한 방사성 물질 입자가 포함된 화산 가스 구름이 전국으로 퍼져나갔다. 과학자들은 몇 달 안에 그 구름 — 대부분의 지역에서 육안으로 보이지 않는 — 이 55,000피트 이상의 성층권에서 북반구를 뒤덮을 것이라고 말하고 있다. 그 구름은 지상으로 완전히 떨어질 때까지 약 2년 동안 지속될 것으로 예상된다. 환경에 미치는 영향은 상당하다. 가장 큰 경제적 영향은 그 나라의 농업과 목재 산업에 미칠 것으로 예상된다.

다음 글의 제목으로 가장 적절한 것은?
① 원자력: 장점과 단점
② 핵우산: 원인과 결과
③ 폭발하는 화산: 완전한 충격은 아직 오지 않았다
④ 환경 위기: 몇 가지 새로운 거대한 재난
⑤ 지구 온난화: 근본적인 이유와 즉각적인 결과

15-16

탄소 싱크는 배출하는 양보다 더 많은 탄소를 흡수하거나 저장하는 천연 지형이다. 탄소 싱크의 가치는 잉여 이산화탄소를 제거함으로써 대기 안의 평형 상태를 만드는 데 도움을 줄 수 있다는 데 있다. 탄소 싱크의 한 예는 거대한 숲이다. 그 안의 수많은 식물 및 기타 유기 물질은 많은 양의 탄소를 흡수하고 저장한다. 하지만, 지구에서 가장 중요한 탄소 싱크는 바다이다.

18세기에 산업혁명이 시작된 이래로, 산업 공정 중에 배출된 이산화탄소는 대기의 탄소 비율을 크게 증가시켰다. 탄소 싱크는 이러한 잉여 이산화탄소 중 거의 절반을 흡수할 수 있었는데, 지구의 바다가 그 일에 있어서 주된 역할을 해왔다. 바다는 인간의 산업으로 인한 탄소 배출물의 약 1/4을 흡수하여, 지구의 모든 탄소 싱크를 합친 것이 하는 일의 절반을 하고 있다.

하지만, 부엌의 싱크대와 마찬가지로 바다의 (탄소) 싱크대도 가득 찰 수 있다. 바다의 가장 강력한 (탄소) 싱크대인 남극해는 전 세계 잉여 이산화탄소의 대략 15퍼센트를 흡수해왔다. <그러나 2007년에 완료된 다국적 과학 조사 결과, 이 바다가 탄소 포화점에 이르고 있다는 것이 드러났다.> 분명히, 바다는 탄소를 흡수하는 무한한 능력을 갖추고 있지 않다. 바다의 흡수 능력이 약해지면서 대기 중의 이산화탄소와 기타 소위 온실가스의 축적이 증가하며, 그에 따른 결과는 전 세계적인 기후온난화이다.

carbon sink 탄소 싱크(탄소를 함유하는 유기 화학물질을 축적하고 저장할 수 있는 천연 또는 인공 저장소) feature n. 지세, 지형 absorb v. 흡수하다 store v. 저장하다, 비축하다 equilibrium n. 평형상태, 균형 atmosphere n. 대기 remove v. 제거하다, 없애다 excess n. 과잉, 잉여 organic a. 유기체의 proportion n. 비율; 조화, 균형 emission n. (빛·열·가스 등의) 배출; (대기 속의) 배출물, 배기가스 infinite a. 무한한

15 글의 제목

본문에서는 잉여 이산화탄소를 흡수하고 저장하는 역할을 하는 데 있어서 바다가 매우 큰 몫을 담당하고 있다는 사실을 주로 이야기하고 있으므로, 글의 제목으로는 ①이 가장 적절하다.

윗글의 제목으로 가장 적절한 것은?
① 바다: 지구에서 가장 중요한 탄소 싱크
② 온실가스의 증가
③ 이산화탄소: 기후온난화의 원인
④ 평형상태: 탄소 싱크가 만들어내는 것
⑤ 남극해의 범람

16 문장삽입 ④

주어진 문장은 '그러나 2007년에 완료된 다국적 과학 조사 결과, 이 바다가 탄소 포화점에 이르고 있다는 것이 드러났다.'라는 의미이므로, 특정 바다의 탄소 흡수 능력을 언급하고 있는 부분의 뒤에 위치해야 한다. 그러므로 남극해가 전 세계 잉여 이산화탄소의 대략 15퍼센트를 흡수해왔음을 언급한 내용 다음인 ⓓ에 들어가는 것이 적절하다.

17-18

스마트 도시는 확실히 세계가 몇몇 지속가능성 목표를 향해 나아가도록 자극하고 있으며, 스마트 기술은 특히 중국과 같이 일부 급성장하는 국가 내에서 도시 서비스를 눈에 띄게 개선하고 있다. 그러나 전력망, 오염 및 폐기물, 운송, 도시 서비스의 관리를 점진적으로 개선하는 것은 세계가 범지구적인 지속가능성을 향하여 단지 짧은 거리만 나아가도록 할 수 있다. 스마트 도시 기술은 낭비적인 소비, 소외감, 소득 불평등, 서비스 불평등과 같은 문제를 바꾸는 데 있어 할 수 있는 것이 거의 없으며, 심지어 문제를 악화시킬 수도 있다. 스마트 도시에 관한 긍정적인 담론은 또한 도시의 정치 및 경제 구조 자체가 오랫동안 지구 환경 악화의 원인이 되어온 방식들을 감춰 버릴 수도 있다.
'생태 발자국'이라는 용어를 만든 생태학자 윌리엄 리즈(William Rees)는 도시와 그것이 수반하고 있는 교외의 불규칙한 팽창이 전 세계의 자원을 고갈시키고 멀리 떨어진 생태계를 훼손하는 복잡한 방식을 우리에게 상기시킨다. 그가 보여주고 있듯이, 도시경제학은 도시 주민들의 소비 증가로 인한 지구 환경의 훼손을 과소평가함으로써 지속가능성을 위한 도시화의 가치를 과장하는 경향이 있다. 대부분의 도시는 (도시의) 경계 훨씬 너머에 있는 땅, 식량, 담수, 천연자원, 에너지에 의존하고 있다. 그리고 그 도시들은 폐기물 비용을 멀리 있는 땅, 전 세계의 공유지, 그리고 미래 세대에게로 외부화하는 것(외부에 떠넘기는)에 의존하고 있다. 국부적으로 측정하면, 스마트 도시 주민들의 생태 발자국은 감소하고 있는 것처럼 보일 수도 있다. 그러나 소비가 멀리 떨어져 있는 땅에 미치는 영향을 고려하면, 주변화된(낙후된) 민족들과 손상되기 쉬운 생태계에 대한 막대한 사회적, 환경적 비용으로 인해 이 생태 발자국은 매우 다르게 보인다.

nudge v. 조금씩 밀다; 자극하다 sustainability n. 지속[유지] 가능성, 환경 파괴 없이 지속될 수 있음 notably ad. 현저하게; 그 중에서도 특히 incrementally ad. 증가하여, 점진적으로 alter v. 바꾸다, 변경하다 consumption n. 소비 alienation n. 소외 discourse n. 담론 obscure v. 어둡게 하다; 가려서 감추다 degradation n. 좌천, 강등; 타락, 저하 ecologist n. 생태학자, 환경운동가 coin v. (신어·신표현을) 만들어 내다 term n. 용어 accompanying a. 수반하는 sprawl n. 불규칙하게[모양 없이] 퍼짐; (도시 등의) 스프롤 현상 ecosystem n. 생태계 demonstrate v. 증명하다, 설명하다 exaggerate v. 과장하다 underestimate v. 과소평가하다 border n. 경계, 국경 externalize v. 외면화하다, 외부화하다 common n. 공유지, 공용지 take ~ into account ~을 고려하다 marginalize v. 사회[집단]의 주변적인 지위로 내쫓다, 사회의 주류에서 몰아내다 fragile a. 허약한, 망가지기 쉬운

17 글의 주제 ⑤

위 글은 스마트 도시 기술이 도시 서비스와 관리에 일부 개선을 제공하긴 하지만 낭비적인 소비, 불평등, 환경 파괴와 같은 문제를 악화시킬 수 있다는 점을 다루고 있으므로, 스마트 도시가 전 세계의 지속가능성에 기여하는 데 있어서의 한계를 강조하고 있다고 할 수 있다. 그러므로 ⑤가 정답이다.

윗글의 주제로 가장 적절한 것은?
① 전 세계의 환경 악화 원인
② 지속가능한 미래를 위한 스마트 기술의 활용
③ 스마트 도시 거주자들의 환경위기
④ 미래 세대를 위한 폐기물 비용 절감
⑤ 스마트 도시가 전 세계의 지속가능성에 미치는 부정적 영향

18 어법상 옳지 않은 표현 고르기 ⑤

막대한 사회적, 환경적 비용은 '주변화된' 민족들이 입게 되는 것이므로, ⓔ는 수동을 나타내는 과거분사로 써야 한다. marginalized로 고친다.

19-20

집시들은 많은 나라에 흩어져 있는 민족이다. 집시라는 이름은 "이집트인"이라는 단어로부터 왔는데, 이는 집시들이 한때 이집트에서 왔다고 여겨졌었기 때문이다. 현재 일부 사람들은 그들이 원래 인도에서 왔다고 믿고 있다. 미국에서 집시들은 로마(Roma)라고 불리고, 영국에서 그들은 로마니(Romanies) 혹은 여행자로 알려져 있다. 로마 혹은 로마니는 다른 많은 소수 집단들과 마찬가지로 그들의 정체성에 대해 강한 자부심을 가지고 있다. 집시들은 항상 점을 치는 것과 결부되어져 왔다. 그들은 축제마당 같은 곳에서 손금을 읽거나 수정 구슬을 들여다봄으로써 사람들의 미래를 예측해 준다.
그들의 기원과 마법 같은 힘에 신비스러움이 결부돼 있기 때문에 집시들은 대중적으로는 낭만적인 이미지를 가지고 있는데, 이는 가족들이 더러운 이동주택(캠핑카) 주차장에서 살면서 의회 공무원이나 경찰에 의해 이리저리로 옮겨가는 현실과는 상충된다. 미국인들은 집시들과 거의 접촉하지 않고 로마를 밝은 색의 옷과 황금 장신구를 착용하고 특이한 힘을 가진 흥미진진하고 신비로운 사람들로만 여기고 있다.

scatter v. 뿔뿔이 흩어버리다; 산재시키다 identity n. 정체성, 독자성 fortune-telling n. 길흉[운세] 판단, 점(占) fairground n. 장터, 축제 장소, 박람회장 predict v. 예언하다 palm n. 손바닥 council n. 회의, 협회; 지방의회 jewellery n. 보석류; 장신구

19 빈칸완성 ③

낭만적인 이미지와 공권력에 의해 이리저리로 쫓기는 것은 서로 어울리지 않으므로 빈칸에는 '~와 상충되다[양립하지 않는다]'라는 의미의 ③이 적절하다. ① ~에 기인하다 ② ~에 달려 있다 ④ ~와 일치하다 ⑤ ~을 설명하다

20 내용일치 ⑤

"영국에서 그들은 로마니(Romanies) 혹은 여행자로 알려져 있다."라고
돼 있으므로, ⑤가 일치하는 진술이다.

Gypsy에 대한 윗글의 내용과 일치하는 것은?
① 고대 이집트에서부터 기원한 민족이다.
② 일정한 곳에 머무르지 않아 정체성 인식이 약하다.
③ 주술적 능력 때문에 대체로 두려운 존재로 여겨진다.
④ 미국인은 빈번한 접촉을 통해 그들을 흥미롭다고 생각한다.
⑤ 영국에서는 이들을 Romany 혹은 '여행자'라고 부른다.

2023 건국대학교(인문·예체능계 A형)

01 ③	02 ②	03 ③	04 ①	05 ④	06 ⑤	07 ⑤	08 ③	09 ③	10 ②
11 ②	12 ③	13 ④	14 ⑤	15 ③	16 ①	17 ②	18 ④	19 ⑤	20 ⑤
21 ⑤	22 ④	23 ②	24 ④	25 ③	26 ⑤	27 ②	28 ②	29 ④	30 ①
31 ①	32 ②	33 ③	34 ③	35 ④	36 ⑤	37 ②	38 ③	39 ④	40 ⑤

01 동의어 ③

conscious a. 의식하는, 자각하는   eliminate v. 없애다, 배제하다   extraneous a. (본질에) 관계없는   barrier n. 장벽   gratification n. 만족감(= fulfillment)   wretchedness n. 가엾음, 불쌍함   animosity n. 반감   compassion n. 연민, 동정심   unawareness n. 알아채지 못함

마르쿠제(Marcuse)가 프로이트(Freud)와 다른 점은 의식적인 행동이 만족에 대한 이질적이고 불필요한 장벽을 제거할 수 있다는 가능성을 그가 지적했다는 것이다.

02 동의어 ②

launch v. (상품을) 출시[출간]하다   disseminate v. 퍼뜨리다, 전파하다(= diffuse)   recant v. 취소하다; 철회하다   deteriorate v. 나쁘게 하다; 열등하게 하다, (가치를) 저하시키다   intercept v. 가로막다   disregard v. 무시[묵살]하다

그는 훨씬 더 많은 청중에게 버밍엄 접근법을 전파하는 일련의 교과서와 안내서를 출간했다.

03 동의어 ③

prudence n. 신중, 사려, 분별; 검약, 절약(= frugality)   miserliness n. 인색함, 욕심 많음   assist v. 돕다, (어떤 일에) 도움이 되다   in need 어려움에 처한, 궁핍한   enthusiasm n. 열정, 열의   diffidence n. 무기력함, 자신이 없음   intolerance n. 편협   interiority n. 내적(內的)임, 내재(성)

그녀의 검약 정신을 인색함과 혼동해서는 안 된다. 내가 그녀를 알고 있는 한, 그녀는 항상 궁핍한 사람들을 기꺼이 도우려 해왔다.

04 동의어 ①

vain a. 자만심이 강한, 허영심이 많은   eminence n. 명성   restless a. 침착하지 못한, 들떠 있는; 불안한(= tumultuous)   providential a. 신의, 섭리의; 행운의   passionate a. 열정적인, 열렬한   placid a. 차분한, 얌전한   sullen a. 시무룩한; 음침한

자만심이 강하고 폭력을 잘 휘두른 카라바조(Caravaggio)는 성공을 감당할 수 없었다. 화가로서의 그의 명성이 높아질수록 그의 삶은 더 불안정해졌다.

05 동의어 ④

enumerate v. 열거하다(= list)   dreadful a. 끔찍한, 지독한; 무시무시한   rampant a. (병·소문 등이) 유행하는; 만연하는   allot v. 할당[배당]하다   incarnate v. 구현하다   validate v. 입증하다; 승인하다   presuppose v. 예상하다, 상정[추정]하다

보건부 소속 의사가 그 수상공원에서 유행하는 무시무시하게 들리는 모든 질병들을 열거한 후 나는 결국 그곳에 가지 않기로 결정했다.

06 동의어 ⑤

preponderance n. 뛰어남, 능가, 우세; 다수(= majority)   chamber music 실내음악   string quartet 현악 4중주 곡[단]   overture n. 서곡(序曲)   consummation n. 마무리, 성취, 완성   improvisation n. 즉석에서 하기; 즉흥시[곡]   substitution n. 대리, 대용

근대(1750년 이후) 시기에 다수의 실내음악곡이 바이올린 2대, 비올라, 첼로로 구성된 합주인 현악 4중주를 위해 작곡되었다.

07 동의어 ⑤

ludicrous a. 우스운, 어리석은(= ridiculous)   throw a party 파티를 열다   sarcastic a. 빈정대는, 비꼬는, 풍자적인   precarious a. 불안정한, 위태로운   marginal a. 미미한, 중요하지 않은   outstanding a. 뛰어난; 중요한

우리가 출타해 있는 동안 십대 아이들이 집을 돌볼 것이라고 기대한 것은 어리석은 일이었다. 우리는 그들이 성대한 파티를 열 것이라는 것을 알았어야 했다.

08 동의어 ③

misconception n. 오해 novice n. 초보자 convoluted a. 난해한, 복잡한(= intricate) essential a. 필수적인 obtuse a. 둔한, 둔감한 redundant a. 불필요한, 쓸모없는 inconsequential a. 중요하지 않은

초보 작가들이 종종 오해하고 있는 것은 문장 구조가 사고를 반영한다는 것, 즉 문장 구조가 더 복잡할수록 (그 문장에 담겨 있는) 생각이 더 복잡하다는 것이다.

09 논리완성 ③

모피코트는 동물 학대의 상징이므로 모피코트를 입은 여성은 동물권리단체의 '혐오 대상'이라고 볼 수 있다.

genesis n. 기원, 발생 elation n. 의기양양, 신남 anathema n. 절대 반대(하는 것), 혐오 받는 사람[것]; 혐오 대상 continuum n. 연속(체) stupor n. (술·약물·충격으로 인한) 인사불성

모피코트를 입은 여성은 동물권리단체 회원들의 혐오 대상이었다.

10 논리완성 ②

두 번째 문장의 내용은 첫 번째 문장에서 언급한 문제가 일장일단이 있어서 선뜻 판단하기가 어렵다는 것이다. 그러므로 빈칸에는 '어려운', '곤란한'이라는 의미의 ② thorny가 들어가는 것이 적절하다.

commodious a. 넓은, 널찍한 thorny a. 어려운, 곤란한 tepid a. 미지근한, 열의 없는 capricious a. 변덕스러운 quaint a. 진기한, 예스러운

해가 진 이후에 아이들을 혼자 외출하게 할 것인가 하는 것은 도시 청소년들을 둔 부모들에게는 골치 아픈 문제이다. 그들을 집에서 안전하게 지키는 것이 중요한가, 아니면 그들이 독립심을 갖도록 하는 것이 더 중요한가?

11 문의 구성 ②

첫 번째 문장의 주어는 the extent이고, to which ~ group performance가 뒤에서 수식하는 관계절이다. 따라서 ⓑ가 첫 번째 문장의 동사가 되어야 하는데, 문장의 정동사는 시제를 가지고 있는 것이어야 하므로 ⓑ를 varies로 고쳐야 한다.

extent n. 정도, 규모 vary v. 서로[각기] 다르다 minimal a. 아주 적은, 최소의 coordination n. 조직(화), 합동

구성원의 기술이 집단의 성과에 영향을 미치는 정도는 여러 집단의 업무에 따라 다르다. 자동차 조립 라인에서 작업을 수행하는 것은 상대적으로 최소한의 기술만을 필요로 하며 관련된 개인들 사이의 공동 작업이 많지 않다. 이 경우 집단의 결과에 영향을 주는 것은 주로 업무를 수행하는 개인들의 수이다.

12 문의구성 ③

ⓐ 선행사가 단수 명사 disorder여서 주격 관계대명사절의 동사로 impairs가 맞다. ⓑ 완결된 절에 뒤이은 분사구문으로 자동사 start의 현재분사 starting이 맞다. ⓓ 진주어 절을 이끄는 의문형용사 which가 명사 genes를 수식하여 맞다. ⓔ be responsible for ~가 '~의 원인이 되다'의 뜻이므로 전치사 for가 맞다. ⓒ genetics는 '유전학'의 뜻일 때는 단수 취급하고 '유전적 특질'의 뜻일 때는 복수 취급하는 것이 원칙인데 여기서는 '유전적 특질'의 뜻으로 쓰였으므로 are가 맞다. 그러나 실제로는 '유전적 특질'의 뜻인 경우에도 단수 취급하여 is로 쓰기도 하므로 반드시 are여야 한다는 것은 아니다. 다른 보기들은 달리 표현할 여지가 없는 데 비해 ⓒ는 논란의 여지가 있으므로 ⓒ를 정답으로 한다.

autism n. 자폐증 disorder n. (신체 기능의) 장애, 이상 interaction n. 상호 작용, 대화 restricted a. 제한된, 한정된 repetitive a. 반복적인 genetics n. 유전학, 유전적 특질

자폐증은 사회적 상호작용과 의사소통을 저해하고 제한적이고 반복적인 행동을 유발하는 뇌 발달 장애로, 이 모든 것이 아이가 3살이 되기 전에 시작된다. 자폐증의 유전적 특질은 복잡하며 어떤 유전자가 자폐증을 유발하는지는 일반적으로 명확하지 않다.

13 주어와 동사의 수일치 ④

두 번째 문장의 주어는 The rising sea level로 단수이므로, 본동사인 ⓓ spell을 단수동사 spells로 고쳐야 한다.

coral n. 산호 apathy n. 무관심 spell v. (보통 나쁜 결과를) 가져오다 catastrophe n. 참사 low-lying a. (땅이 평평하게) 낮은, 저지대의

몰디브는 인도양에 있는 약 1,190개의 산호섬으로 구성되어 있으며, 평균 자연 지면 높이가 해발 1.5미터에 불과하다. 세계에서 가장 큰 온실가스 배출국들이 보여주는 명백한 무관심과 더불어 해수면 상승은 몰디브를 비롯하여 방글라데시와 같은 저지대 국가들에게 재앙을 초래한다.

14 분사구문 ⑤

thus 이하는 주절에 이어진 분사구문인데, ⓔ의 뒤에 목적어가 주어져 있으므로 ⓔ를 능동을 나타내는 현재분사로 써야 한다. ⓔ를 making으로 고친다.

infuse v. 불어넣다, 영향을 미치다 discord n. 불일치, 불화; 의견 충돌

아일랜드의 역사에는 정치학 혹은 사회학을 공부하는 학생들에게 특별히 흥미로운 세 시기가 있다. 첫 번째 시기는 아일랜드의 영국 식민지 이주자들이 개혁 신앙을 받아들여, 새로운 불화의 요소를 불어넣고, 기존의 인종 전쟁을 또한 종교 전쟁으로 만들었던 헨리 8세와 엘리자베스 여왕의 시기였다.

15 과거분사와 현재분사의 용법 ③

ⓒ는 명사 behaviors를 수식하고 있는데, 도전받는 행동이 아니라 '도전적인' 행동이라는 의미가 되어야 하므로 현재분사형인 challenging으로 고쳐야 한다.

address v. 고심하다, 다루다 verbal a. 언어의, 구두의 literacy n. 읽고 쓰는 능력(이 있음); 교양[학식]이 있음, 능력 manifest v. 나타나다, 분명해지다 referral n. 보내기[소개하기]; 참조 psychiatric a. 정신의학의

학교에서 감정이 다루어질 때, 그것은 인지적 문해력의 구두언어(음성언어; 말)를 사용하여 이루어진다. 이러한 언어는, 초등학생에게 심리 진찰이나 정신과적 약물 투여가 필요한 도전적인 행동으로 나타나는 감정의 수가 증가함이 보여주듯이, 그 과제에 부적절하다. 만약 우리가 아이들이 자신들의 기본적인 감정 상태를 확인하고 처리하는 것을 돕기 위해 정서적 문해력을 도입하고 주로 비구두언어(비음성언어; 몸짓언어)적인 감정생활의 언어를 사용한다면, 오늘날 많은 학교 행동 문제들은 일어나지 않을 것이다.

16 수동태 ①

reveal은 '드러내다', '밝히다'라는 의미의 타동사로, revealing 다음에 목적어가 없고, 공동체와 공동체 생활을 향한 인간의 강한 욕망이 종교 제도에서 드러나는 것이므로 Ⓐ는 수동태가 되어야 한다. 따라서 Ⓐ를 revealed로 고쳐야 한다.

compulsion n. 강요, 충동 worship n. 예배, 숭배 bond n. 유대 congregation n. 신자[신도]들 predate v. ~보다 먼저[앞서] 오다

공동체와 공동체 생활을 향한 인간의 강한 욕망은 예를 들어, 종교 제도에서 드러나는데, 거기서는 집단 예배가 신자들 사이에 유대감을 형성한다. 우리 삶의 조건이 우선 우주의 사실에 의해 결정되는 것처럼, 그 이상의 조건들도 인간의 사회생활과 공동생활 그리고 그것으로부터 생겨나는 법률과 규정들을 통해 생겨난다. 공동체의 요구는 모든 인간관계를 지배한다. 공동체 생활은 인류의 개인의 삶보다 앞선다.

17 문맥상 적절한 단어 고르기 ②

이 글은 동물의 존재가 의료에 미치는 긍정적인 영향을 설명하고 있다. 따라서 사회적 바람직성에 대한 인식을 바꾸고 낯선 사람들 사이의 긍정적인 사회적 상호 작용을 증가시키는 동물의 능력에 대한 연구는 긍정적이라고 볼 수 있으므로 Ⓐ에는 positive가 적절하다. 그리고 동물은 환자와 치료사 사이의 의미 있는 상호작용을 촉진시킬 것이므로 Ⓑ에는 facilitate가 적절하다. 그리고 만약 동물의 존재가 치료사를 더 행복하게, 더 친근하고, 덜 위협적으로, 그리고 더 느긋하게 보이게 할 수 있다면, 환자들이 더 많은 편안함을 더 빨리 느낄 거라 보는 것은 당연하므로 Ⓒ에는 reasonable이 적절하다.

alter v. 바꾸다, 고치다 perception n. 자각, 통찰력 desirability n. 바람직함 social desirability 사회적 바람직성(사회적으로 바람직하다고 생각되기 때문에 각 개인에게 권장되는 생각이나 행동) interaction n.

상호 작용 uniformly ad. 한결같이, 균일[균등]하게 anecdotal a. 입증되지 않은, 일화적인 attest v. 증명[입증]하다 hasten v. 서둘러 하다, 재촉하다 rapport n. (친밀한) 관계 implication n. 영향, 함축, 암시

사회적 바람직성에 대한 인식을 바꾸고 낯선 사람들 사이의 긍정적인 사회적 상호 작용을 증가시키는 동물의 능력에 대한 연구는 한결같이 긍정적이었다. 환자와 치료사 사이의 친밀감 형성을 앞당기고, 게다가 둘 사이의 의미 있는 상호 작용도 촉진하는 동물의 힘을 증명하는 많은 일화적 진술과 함께 고려될 때, 이러한 연구 결과는 중요한 의료적 의미를 갖는다. 만약 동물의 존재가 치료사를 더 행복하게, 더 친근하고, 덜 위협적으로, 그리고 더 느긋하게 보이게 할 수 있다면, 일부 환자들이 더 많은 편안함을 더 빨리 느낄 것이라고 믿는 것은 타당해 보인다.

18 문맥상 적절하지 않은 단어 고르기 ④

마지막 문장에서 옛(기존의) 생각을 끈질기게 고수하지 못한다면, 우리는 어떤 강한 생각도 발전시킬 수 없으며 우리 과학은 발전의 연속성을 갖지 못할 것이라고 했으므로 옛(기존의) 생각을 수정하는 것은 최초의 수단이 아니라 '최후의' 수단이라고 해야 문맥상 적절하다. 따라서 Ⓓ는 last가 되어야 한다.

fragmentary a. 단편적인, 부분적인 coherency n. 일관성, 논리 정연함 give-and-take n. 쌍방 양보[타협] eliminate v. 없애다, 제거하다 employ v. (기술·방법 등을) 쓰다[이용하다] reading n. 표시, 기록; 견해, 해석 resort n. 수단, 방책, 방편 hold on to 고수하다[지키다] tenaciously ad. 집요하게, 끈질기게 continuity n. 지속성, 연속성

우리의 실제 지식은 항상 제한적이거나 단편적이기 때문에, 우리의 생각이 일관성이 있고 질서 있기를 원하는 바람은 우리의 생각을 검증하기 위한 보다 적절한 자료를 제공하기 위해 관찰과 실험을 통해 우리의 지식을 확장시킨다. 이 과정에서 우리가 확실한 사실로 간주하는 것과 가능한 가설로 간주하는 것 사이에 지속적인 주고받기(타협하기)가 있다. 우리는 사실과 상반되는 것으로 밝혀진 가설을 제거할 뿐 아니라 또한 이론적 논증을 사용하여 관찰 혹은 실험 결과의 측정값을 바로잡는다. 사실이 우리의 생각이나 가설과 부합하지 않을 때, 우리는 그 사실을 얻는 과정을 재검토하고 또 다른 관찰을 통해 그 사실을 수정하려고 한다. 우리가 옛(기존의) 생각을 (가능한 한 적게) 수정하는 것은 <최초의> 수단으로서만이다. 우리가 옛(기존의) 생각을 끈질기게 고수하지 못한다면, 우리는 어떤 강한 생각도 발전시킬 수 없으며 우리 과학은 발전의 연속성을 갖지 못할 것이다.

19 문맥상 적절하지 않은 단어 고르기 ⑤

우리는 우리를 완전하게 해주는 또 다른 사람을 찾는다고 했고, 우리가 부족하다고 느끼는 것을 중요한 타인들로부터 찾는다고 했는데, 이것은 우리를 '의존적으로' 만드는 자질일 것이므로 Ⓔ는 dependent가 되어야 문맥상 적절하다.

pit-a-pat a. (심장이) 두근두근 거리는 appeal v. 관심[흥미]을 끌다 paw n. (동물의 발톱이 달린) 발; 손 go hand in hand 관련되다

우리가 클럽에서 춤을 추고 있든, 운동장에서 공놀이를 하고 있든, 가슴을 '두근거리게' 만드는 특정한 외모와 성격적 특징이 있다. 개에게서 우리의 마음을 끄는 특성들은 종종 우리가 배우자에게서 찾는 바로 그 특성들이다. 중요한 타인들과 개들에 대한 우리의 선택은 서로 관련돼 있으며 우리가 우리 자신과 우리 주변의 세상을 어떻게 바라보는지를 나타낸다. 우리는 종종 우리를 완전하게 해주는 또 다른 사람을 찾고, 우리가 부족하다고 느끼는 것을 우리의 중요한 타인들로부터 찾는데, 그것은 우리를 <독립적으로> 만드는 자질이다.

---

20 문맥상 적절하지 않은 단어 고르기   ⑤

속성 이원론자들은 물질적 실체가 물리적 속성과 정신적 속성을 모두 가질 수 있다고 가정한다. 그리고 그 예로 물리적 특성과 정신적 속성을 설명하는데, 마지막 문장에서 뇌가 가진 모든 다양한 물리적 속성에 더하여 존재하는 여분의 속성은 정신적 속성에 해당한다. ⓔ의 앞 문장에서 정신적 속성의 예는 후자로 언급된 것이므로 ⓔ는 latter가 되어야 한다.

subtle a. 미묘한   property n. (사물의) 속성[특성]   dualism n. 이원론   materialist n. 물질(만능)주의자   substance n. 물질, 실체   distinct a. 별개의   hemisphere n. (뇌의) 반구(半球)   neuron n. 뉴런, 신경세포

의식적인 마음과 물질세계 사이의 관계에 대한 더 미묘한 입장 중 하나는 속성 이원론이다. 속성 이원론자들은 유물론자들이 오직 한 종류의 실체, 즉 물리적 실체만 있다고 가정하는 것이 옳다는 것을 받아들인다. 그러나 그들은 물질적 실체가 물리적 속성과 정신적 속성을 모두 가질 수 있다고 가정한다. 그리고 그들은 정신적 속성이 물리적 속성과 구별되며 물리적 속성으로 환원될 수 없다고 가정한다. 예를 들면, 어떤 사람들은 인간의 뇌가 상당히 다른 두 종류의 속성을 가지고 있다고 가정한다. 뉴런을 포함하는 두 개의 반구가 가지고 있는 1.8kg의 무게와 같은 순수한 물리적 특성과 고통을 경험하고, 치즈에 대해 생각하고, 비엔나를 기억하는 것과 같은 정식적인 속성이 그것이다. 속성 이원론자들에 따르면, <전자>의 속성이 그 뇌가 가진 모든 다양한 물리적 속성에 더하여 존재하는 여분의 속성이라고 말한다.

---

21 논리완성   ⑤

영어 학습과 관련하여 문법 체계 위에 놓을 어휘가 없으면, 학습자들은 복잡한 문법 구조를 다룰 수 있었음에도 불구하고 말을 거의 할 수 없었다고 했다. 그리고 어휘를 배우는 것의 중요성을 설명하고 있다. 어휘를 알고 있지 못하면 문법 구조를 알고 있더라도 말을 하지 못하기 때문이다. 첫 번째 문장은 언어학자들이 주장한 기존의 문법의 중요성과 관련한 내용이 적절하므로 ⑤가 빈칸에 적절하다.

become aware of ~을 알게 되다   fallacy n. 틀린 생각, 오류   approach n. 접근법, 처리 방법   promote v. 증진하다, 진척시키다   manipulate v. 다루다, 조작하다   drill n. 반복 연습, 훈련   competent a. 능숙한

전통적으로 많은 언어학자들은 영어를 가르치면서 우선 문법 구조를 익히는 것의 중요성을 강조했다. 최근 몇 년 동안 대부분의 교육자들은 이 접근 방식의 오류를 더 많이 알게 되었으며 어휘 발달을 증진하는 다른 접근 방법들이 인기를 얻어왔다. 문법 체계 위에 놓을 어휘가 없으면 학습자들은 연습 훈련에서 복잡한 문법 구조를 다룰 수 있음에도 불구하고

실제로는 말을 거의 할 수 없는 것으로 밝혀졌다. 영어를 배우기 위해서는 많은 단어를 배울 필요가 있다는 것은 명백하다. 원어민들은 약 2만 개의 어휘를 가지고 있지만 영어를 배우는 외국인들은 훨씬 더 적은 어휘를 필요로 한다. 그들은 말하는 것과 듣는 것에서 꽤 만족할 만한 수준이 되기 위해 약 5천 개의 단어만을 필요로 한다. 이렇게 필요로 하는 단어의 수가 겉으로 보기에 적은 이유는 단어의 특성과 단어가 언어에 나타나는 빈도 때문이다.

① 연습 훈련의 가치
② 단어 빈도의 영향
③ 언어 습득의 과정
④ 말하기와 듣기의 중요성
⑤ 우선 문법 구조를 익히는 것의 중요성

---

22 논리완성   ④

폴리우레탄 폼 쿠션의 품질을 테스트하기 위해서는 무게를 고려하라고 했다. 가벼운 것은 좋지 않은 재료로 만들어진 것이라고 했으므로, 2x3 피트 크기의 8인치 쿠션과 관련해서 '무게'와 관련된 표현이 빈칸에 들어가야 한다. 따라서 쿠션의 크기와 더불어 무게를 언급한 ④가 빈칸에 적절하다.

resilient a. 회복력 있는; 탄력 있는   filling n. 속; 메워넣는 것, 충전물(充塡物)   cotton batting 이불솜   rule of thumb 경험 법칙, 어림 감정

강력하고 탄력성 있는 폴리우레탄 폼은 리프트 아웃 시트와 등받이 쿠션에 가장 널리 사용되는 충전재다. 상당히 단단하기 때문에, 솜털과 이불솜과 같은 또 다른 소재로 감쌀 때 가장 편하다. 폴리우레탄 폼 쿠션의 품질을 테스트하려면 하나 집어 들어 보라. 그것이 매우 가볍다면, 품질이 좋지 않은 재료로 만들어졌을지도 모른다. 경험에 비추어 볼 때, 2x3피트 크기의 8인치 쿠션은 무게가 3파운드 미만이어서는 안 된다.

① 분명히 폴리우레탄 폼이라고 할 수 있다
② 아마도 더 편할 것이다
③ 가장 일반적으로 간주된다
④ 무게가 3파운드 미만이어서는 안 된다
⑤ 이불솜으로 적합하지 않다

---

23 논리완성   ②

첫 번째 문장에서 많은 사람들은 지구와 비슷한 행성이 수십억 개에 달하기 때문에 우리와 같은 문명이 은하계에 분명히 흔할 것이라고 주장해 왔다고 했다. 그러나 그 이하의 문장은 우리와 같은 문명이 은하계에 존재하는 것이 확인되지 못했으며, 생물학적 존재는 우주를 횡단하도록 진화되지 않았다고 했다. 따라서 우리가 우주에 대해 더 많이 알게 될수록, 문명이 존재하지 않을 가능성이 더 높을 것임을 알게 될 것이므로 빈칸에는 ② unlikely가 적절하다. ① 이해하기 힘든 ③ 막대한, 거대한 ④ 복잡한 ⑤ 복잡한, 우여곡절의

extraterrestrial a. 지구 밖 생물체의, 외계의   intercept v. (방송을) 수신[모니터]하다   coherent a. 일관성 있는, 논리[조리] 정연한   evolve v. 발달하다, 진화하다   traverse v. 가로지르다, 횡단하다   interstellar a. 항성 간의, 성간의

많은 사람들은 지구와 비슷한 행성이 수십억 개에 달하기 때문에 우리와 같은 문명이 은하계에 분명히 흔할 것이라고 주장해 왔다. 하지만 우리가 더 많이 알게 될수록, 그렇지 않을 가능성이 더 높은 것처럼 보인다. 외계 지적 생명체 탐사 프로그램인 SETI는 40년이 넘는 기간에 걸쳐 무선 신호를 찾아 하늘을 자세히 조사하고 있지만, 그들은 단 하나의 일관성 있는 메시지도 수신하지 못했다. 더 근본적으로, 복잡한 생물학적 존재는 항성 간의 광활한 넓이의 우주를 횡단하도록 진화되지 않았다. 만약 항성 간을 이동하는 존재가 있다면, 그것은 수천 년이 넘는 시간 동안 '잠을 잘' 수 있는 로봇일 것이다. 항성은 "광년"으로 측정되는 거리로 떨어져 있으며, '단 1초 만에' 186,000마일(300,000km)을 가는 광속에서는 생명체에 의한 항성 간 이동은 여전히 환상으로 남아 있다.

24 논리완성   ④

18세기 초 프랑스 식민지 개척자들이 미국에 소개한 마르디 그라가 현재 남부 주에서는 법정 공휴일이고, 뉴올리언스에서는 세계 각지의 사람들이 모여들어 성대하게 축제가 이뤄진다고 했다. 따라서 18세기에 소개된 마르디 그라가 '인기'를 얻어서 지금과 같은 축제 행사가 되었다고 볼 수 있으므로 ④ popularity가 빈칸에 적절하다. ① 장소 ② 악명 ③ 희석 ⑤ 익명(성)

legal holiday (미국에서) 법정 공휴일 take part in ~에 참여[참가]하다 nonstop a. 연속적인, 휴식 없는 much-needed a. 매우[몹시] 필요한

프랑스어로 "기름진 화요일"을 의미하는 마르디 그라(Mardi Gras)는 18세기 초 프랑스 식민지 개척자들에 의해 미국에 소개되었다. 그 이후 마르디 그라는 특히 뉴올리언스에서 인기를 얻어 왔고, 오늘날 실제로 여러 남부 주에서 법정 공휴일이다. 뉴올리언스에서 열리는 마르디 그라 축제는 실제 마르디 그라 축제일 훨씬 전에 시작된다. 퍼레이드, 파티, 무도회 및 수많은 축제가 마르디 그라 축제일 일주일 전에 열린다. 전 세계 여러 나라에서 온 관광객들이 축하 행사를 위해 뉴올리언스로 모여든다. 그곳에서 이 사람들은 휴식을 위해 집으로 돌아가기 전 일주일 동안 쉬지 않고 여러 활동에 참여한다.

25 논리완성   ③

부모는 아이가 하는 말의 문법성에 관심을 갖기 보다는 말의 진실성에 더 주의를 기울인다는 것이 밝혀졌다고 했다. 따라서 부모들은 아이가 하는 말의 '내용'에 집중한다고 볼 수 있으므로, 빈칸에는 ③ content가 적절하다. ① 해결책 ② 명확성 ④ 문법 ⑤ 유창성

primitive a. 원시적인, 미발달의 well-formed a. <문법> 적격(適格)의; 언어 표현이 규칙에 맞는 utter v. (입으로 어떤 소리를) 내다; (말을) 하다 utterance n. 발화, 발언

연구자들은 아이가 말하는 '유치한' 구문과 '문법에 맞는' 구문에 대한 엄마들의 반응을 살펴보고 그 반응이 아이가 의미하고 있는 것을 이해했음을 나타내는 것인지 아니면 이해하지 못했음을 나타내는지 물었다. 놀랍게도, 유치한 말과 문법에 맞는 말이 엄마들에 의해 똑같이 잘 이해되었다. 문법적인 말로 의사소통을 해야 한다는 압력은 없어 보였다. 엄마는 아이와의 상호작용에 너무 열중해서 아이가 하는 말의 언어적 형태에는 주의를 기울이지 못하는 것 같다. 부모는 아이의 말의 내용에 집중하여, 문법성과 관계없이, 사실인 말은 인정하고 거짓인 말은 비판한다.

26 논리완성   ⑤

언어와 관련하여 같은 단어라도 과거와 현재의 의미와 용법이 다르다고 했으므로, 언어는 '시대'와 관련하여 특정한 의미를 가지고 있다고 볼 수 있다. 따라서 ⑤ period가 빈칸에 적절하다. ① 사전 ② 부패 ③ 통화; 통용 ④ (단어의) 용법

cautious a. 조심스러운, 신중한 definition n. 의미, 정의 corrupt a. 변경된, 변질된 connotation n. 함축(된 의미) clickable a. (마우스를) 클릭하면 되는[화면에 뜨는]

언어는 흔히 시대에 특정한 것이어서(시대에 따라 달라서), 역사학자들은 (단어에 대한) 현대적 정의를 과거 시대에 적용 해석하여 그 의미를 훼손하지 않도록 극도로 신중해야 한다. 단어는 현행 용법과 매우 다른 특정한 의미나 용법을 과거에 가지고 있었을지도 모른다. 예를 들어, 'icon'이라는 단어의 과거 용법은 종교적 함의를 가질 것이지만, 21세기에 그 단어는 흔히 클릭해서 볼 수 있는 컴퓨터 화면상의 이미지와 연관 지어질 것이다.

27 논리완성   ②

선택적 주의(selective attention)는 다양한 정보 중 특정 정보에만 집중하는 것을 말한다. 이와 관련한 실험에서 실험 참가자는 검은색 유니폼을 입은 선수 사이에서 일어나는 패스 횟수를 알아내야 했다. 그런데 경기 도중 우산을 쓴 여성이 4초 동안 농구 코트를 가로질러갔음에도 불구하고, 21%의 참가자만이 우산을 쓴 여성을 보았다고 했다. 이는 참가자가 집중해야 하는 정보 이외의 것을 걸러냈기 때문이므로, 빈칸에는 ② filtering out이 적절하다.

awareness n. 자각, 인식 concentrate on ~에 집중하다 selective attention 선택적 주의 carry out ~을 수행[이행]하다 participant n. 참가자 stimulus n. 자극

다른 측면들은 무시한 채 환경의 특정한 측면에만 집중하는 인지 상태는 선택적 주의로 알려져 있다. 선택적 주의가 어떻게 작용하는지 보여주는 실험이 수행되었다. 그 실험에서 참가자들은 두 번의 공 패스 게임을 담은 비디오를 보았다. 한 팀의 선수들은 흰색 유니폼을 입고 있었고, 다른 팀 선수들은 검은색 유니폼을 입었다. 실험 참가자들은 검은색 유니폼을 입은 선수 사이에 일어나는 패스 횟수를 알아내야 했다. 경기 도중 우산을 쓴 여성이 갑자기 선수들이 경기를 하는 농구 코트를 가로질러 갔다. 그 여성은 4초 동안 선명하게 보였다. 그 비디오와 관련한 질문에서 참가자의 21%만이 우산을 쓴 여성을 보았다고 답했다. 이것은 자극의 일부를 걸러내는 선택적 주의 때문이다. 이 과정은 시각적 자극에서만 발생하는 것이 아니라 일반적으로 지각 전반에 걸쳐 일어난다.

① ~에 적응하는
② ~을 걸러내는
③ ~을 대신하는
④ 중압을 주는
⑤ ~에서 분리하는

28 문맥상 적절하지 않은 문장 고르기　　②

수면 중 일어나는 악몽(nightmare)과 야경증(night terror)에 대해 설명하고 있는 글이다. 그런데 ⓑ의 "위험이 일어날 조짐이 보일 때 공포 반응을 경험한다"는 꿈과 관련되지 않은 일반적인 사실을 언급하고 있으므로 문맥상 적절하지 않다.

nightmare n. 악몽　elaborate a. 정교한; 복잡한　embarrassment n. 어색함; 곤란한[난처한] 상황　vivid a. 생생한, 선명한　elaborately ad. 공들여; 정교하게　night terror 야간 공포, 야경증(夜驚症)　jerk v. (급격히) ~을 휙 움직이다　mobile a. 움직임이 자유로운, 기동성 있는

악몽은 꿈을 꾸는 사람에게 높은 수준의 공포 불안을 일으키는 정교한 꿈속의 장면이다. 꿈을 꾸는 사람은 자신이나 자신이 사랑하는 사람에게 가해지는 신체적 위험에 대한 의식이나 용납할 수 없는 일을 한 것에 대한 강한 당혹감을 경험할지도 모른다. <위험이 일어날 조짐이 보일 때 우리는 공포 반응을 경험한다.> 이러한 꿈들은 생생하고 종종 깨어나자마자 꿈을 꾼 사람에 의해 정교하게 묘사될 수 있다. 그 꿈들은 일반적으로 수면의 마지막 단계에서 일어난다. 이와는 대조적으로, 야경증은 비명을 지르거나, 몸을 갑자기 움직이거나, 울음과 같은 실제 행동을 수반하기 때문에 훨씬 더 깊은 수면 상태에서 일어난다. 야경증을 겪는 사람은 몸을 움직이는 기동성이 아주 강해서 어떤 공포에 의해 공격당하는 모든 동작을 다 보이면서도 여전히 깊이 잠들어 있을 수 있다.

29 문장삽입　　④

제시문에서 "단지 자신들이 관찰되고 있다는 것을 아는 것만으로 사람들은 (평소와) 다르게 행동할지도 모른다."라고 했다. ⓓ 다음에 이에 대한 사실로 "사람들은 자신들의 실제 느낌보다 더 사회적으로 바람직하다고 느끼는 바를 대답할 가능성이 있다."라고 했으므로, 제시문은 ⓓ에 들어가야 적절하다.

psychology n. 심리학　predict v. 예측하다　snail n. 달팽이　sound wave 음파　compromise n. 타협[절충]　tap into 접근하다, 활용하다　cross-section n. (사회 등의) 대표적인 면, 단면　payoff n. 이득, 보상　replicable a. 반복 가능한, 재제(再製) 가능한

심리학 연구자들은 인간의 행동을 설명하는 데 도움을 주고 예측할 수 있는 연구를 수행하기 위해 과학적인 방법을 따른다. 이것은 달팽이나 음파를 연구하는 것보다 훨씬 더 어려운 과제다. 그것은 자연적인 환경이 아니라 실험실 내에서의 행동을 확인하는 것, 그리고 모집단의 대표적인 실제 예에서 데이터를 모으기보다 쉽게 실험이 가능한 사람들에게 참여하도록 요청하는 것과 같은 절충이 종종 필요하다. 반응성이라는 사람들의 생각을 바꾸는 것 없이, 그들이 생각하고 있는 것에 접근할 방안을 생각해내는 것은 많은 경우 대단히 교묘한 솜씨가 필요하다. <단지 자신들이 관찰되고 있다는 것을 아는 것만으로 사람들은 (평소와) 다르게 행동할지도 모른다.> 사람들은 자신들의 실제 느낌보다 더 사회적으로 바람직하다고 느끼는 바를 대답할 가능성이 있다. 그러나 심리학에 대한 모든 이러한 어려움에도 불구하고, 과학적인 방법의 이점은 연구 결과가 반복 가능하다는 것이다. 즉, 같은 절차를 따르면서 같은 연구를 다시 진행하면, 같은 결과를 얻을 가능성이 매우 클 것이다.

30 글의 제목　　①

이 글은 모노폴리 게임이 무엇인지 설명한 다음 현실 세계와 비교하고 있다. 승자가 명백해 보이는 시점에서 모노폴리 게임은 끝나지만, 현실 세계에서의 게임의 승자는 그렇게 생각하지 않으며 가능한 오랫동안 게임을 계속하기 위한 책략을 쓴다고 했다. 따라서 이 글의 제목으로 적절한 것은 ①이다.

Monopoly n. 모노폴리(돈 모양의 종잇조각을 주고받으며 땅과 집을 사고파는 놀이를 하는 보드게임의 하나)　property n. 재산, 자산; 소유물　mortgage v. 저당 잡히다　patent n. 특허권　make sense 의미가 통하다, 타당하다　wrap up 마무리 짓다　obvious a. 분명한, 명백한　doctrine n. 교리, 신조, 정책　assert v. 주장하다　justification n. 타당한[정당한] 이유　invisible a. 보이지 않는　count on 믿다, 확신하다, 신뢰하다, 의지하다, 기대하다　maneuver v. 계책을 부리다

모노폴리 게임의 규칙에 따르면, 이 게임은 게임 초반에 다른 사람들이 획득한 모든 자산이 저당 잡혀 결국 (한 사람의) 승자에게 잃을 때까지 행해진다. 승자가 모든 것을 가질 때에야 비로소 공식적으로 게임은 끝이 나게 된다. 현실 세계에서는, 많은 소비자에게 매력적으로 보이는 신기술에 대한 특허권을 얻기 위한 "찬스(모노폴리 게임 카드의 뒷면에 적혀 있는 미션에 따라 득이 될 수도 있고 독이 될 수도 있음)" 카드는 없다. 만약 그런 카드가 있다면, 그것은 자동차가 헨리 포드에게 했던 것과 개인용 컴퓨터가 빌 게이츠에게 했던 것을 행운의 게임 플레이어에게 해줄 것이다. 그것은 아주 드문 기회가 될 것이다. 보드게임의 일반적인 경기는 두 가지 중요한 점에서 실제 상황과 다르다. 모든 것을 잃는 것은 보드게임에서보다 실생활에서 더 큰 상처가 되며, 많은 것을 얻은 승자는 게임을 끝내는 데 관심이 없다. 결과가 분명해지면 게임을 마무리하는 것이 합당하지만, 현실세계의 모노폴리 게임 승자는 그렇게 생각하지 않는다. 일반적인 원칙은 가능한 많이 얻는 것이 삶의 목적이며, 승리하는 것이 기분 좋은 일이라고 주장한다. 보이지 않는 손의 정당화와 함께, 우리는 승자들이 책략을 써서 가능한 한 오랫동안 게임을 계속하는 것도 신뢰할 수 있다.

다음 글의 제목으로 가장 적절한 것은?
① 실생활에서는 모노폴리 게임이 끝없이 계속될 수도 있다
② 일찍 끝낼 경우 모노폴리 게임의 승자를 결정하는 방법
③ 모노폴리 게임이 보드게임 중 인기가 있는 이유는 무엇인가?
④ 부자들은 그들의 돈을 가질 만하다고 여기는 경향이 있다
⑤ 다양화: 모든 것을 한 바구니에 담지 마라

31 내용파악　　①

"메이슨-딕슨 선은 펜실베이니아 주와 메릴랜드 주 사이의 경계 분쟁의 결과로 남북 전쟁 훨씬 이전에 설정되었다."고 했으므로 ①이 정답이다.

Mason-Dixon Line 메이슨-딕슨 선(메릴랜드 주와 펜실베이니아 주의 경계선으로 미국 남부와 북부의 경계. 과거 노예제도 찬성 주와 반대 주의 경계이기도 함)　demarcation n. 경계, 구분　boundary n. 경계[한계](선), 분계선　separate v. 분리하다, 나누다

메이슨-딕슨 선은 종종 미국인들에게 북부와 남부의 경계로 여겨진다. 메이슨-딕슨 선은 실제로 펜실베이니아 주와 메릴랜드 주 및 웨스트버지니아 주의 일부를 구분하는 경계선이다. 남북 전쟁 이전에 펜실베이니아 주의 남쪽 경계는 경계선 북쪽의 비노예 주들을 그 남쪽의 노예주들과 구분

지어 주었다. 메이슨-딕슨 선은 펜실베이니아 주와 메릴랜드 주 사이의 경계 분쟁의 결과로 남북 전쟁 훨씬 이전에 설정되었다. 두 명의 영국인 천문학자 찰스 메이슨(Charles Mason)과 제러마이어 딕슨(Jeremiah Dixon)이 이 지역을 조사하고 두 주 사이의 경계를 공식적으로 표시하기 위해 투입되었다. 측량은 1767년에 완료되었으며, 경계는 돌로 표시되었고, 여전히 많은 돌이 오늘날까지 남아 있다.

Mason-Dixon Line에 관한 다음 글의 내용과 일치하지 <u>않는</u> 것은?
① 미국의 Civil War가 끝난 뒤 형성되었다.
② Pennsylvania와 Maryland 주 사이에 있다.
③ 노예가 있는 주와 그렇지 않은 주를 구분했다.
④ 18세기에 만들어졌으나 오늘날까지도 남아있다.
⑤ 두 명의 영국인들에 의해 조사되고 설치되었다.

32-33

제2차 세계대전 당시, 미군에게 통신은 당혹스러운 문제가 되었다. 일본의 암호 해독자들은 일급비밀 군사 암호를 만들 수 있는 거의 그 만큼의 속도로 빠르게 이 암호를 해독하는 데 매우 능숙하다는 것을 증명하고 있었다. 많은 일본의 암호 해독자들이 미국에서 교육을 받았고, 그곳에서 영어를 배웠고 속어와 욕설을 포함한 미국식 구어체를 익혔다. 결과적으로 미국의 전투 계획은 거의 즉시, 종종 작전이 시행되기도 전에 적에게 알려졌고, 실행할 수 있는 해결책이 없는 것처럼 보였다.
1942년에 제1차 세계대전 참전용사인 필립 존스턴(Philip Johnston)은 (원주민 부족) 나바호어(語)에 기초한 비밀 군사 암호를 만드는 계획을 세웠다. 이 언어에 유창했던 존스턴은 나바호어를 택했는데, 나바호어는 사용된 어형변화에 따라 의미가 달라지는 단어가 많았기 때문이었다. 결과적으로 그 언어를 구사하면서 자라지 못했던 대부분의 사람은 그 언어를 사실상 이해할 수 없다. 암호통신병으로 알려진 나바호어 원어민의 사용은 큰 성공을 거둔 것으로 증명되었다. 나바호어에 기반한 암호를 사용함으로써, 미군은 군인 간의 의견 교환이 적군에게 이해되지 않음을 확신할 수 있었다. 암호통신병이 효과적이었다는 것은 태평양전쟁에서 주된 전환점이 되었던 이오지마 전투에서의 그들의 역할로 입증된다. 전투 중 보안 통신을 제공하기 위해 몸을 사리지 않았던 6명의 나바호어 암호통신병이 없었다면 미군은 패배했을 것으로 널리 받아들여지고 있다.

bewildering a. 당혹케 하는, 갈피를 못 잡게 하는 cryptographer n. 암호 사용자 amazingly ad. 놀랄 만큼, 굉장하게 adept at ~에 능숙한 top-secret a. 일급비밀의 devise v. 창안[고안]하다 colloquialism n. 구어적 표현[어구] slang n. 속어, 은어 profanity n. 불경스러운 언행 veteran n. 참전 용사, 재향 군인 formulate v. 만들어내다 fluent a. 유창한, 능변의, 말을 잘하는 inflection n. 어형변화, 굴절, 억양 incomprehensible a. 이해할 수 없는 turning point 전환점

---

32   내용일치   ②

많은 일본의 암호 해독자들이 미국에서 영어를 배웠고 속어와 욕설을 포함한 미국식 구어체를 익힌 까닭에 미국의 전투 계획은 거의 즉시, 종종 작전이 시행되기도 전에 적에게 알려졌다고 했는데, 불경스러운 언행(profanity)이 비속어를 가리키고 일본의 암호 해독자들이 미군의 암호를 해독하여 미군의 전투계획이 즉시 알려지게 되었으므로 미군의 영어 암호에 비속어가 포함되어 있었다고 볼 수 있다.

위 글의 내용으로 알 수 있는 것은?
① 나바호어가 영어보다 음성 기호가 단순하다.
② 미군의 영어 암호에 비속어가 포함되었을 수 있다.
③ Johnston은 위험을 무릅쓰고 전쟁을 승리로 이끌었다.
④ 일본인 암호 해독자들은 영어 암호를 쉽게 풀지 못했다.
⑤ 수십 명의 나바호어 암호 해독자들이 태평양전쟁에서 전사했다.

---

33   빈칸완성   ③

빈칸 Ⓐ 앞에서 일본의 많은 암호 해독자들이 미국에서 영어를 배웠고 속어와 욕설을 포함한 미국식 구어체를 익힌 결과 미군의 전투 계획이 적에게 알려지게 되었다고 했다. 그리고 빈칸 Ⓑ 앞에서 존스턴이 택한 나바호어는 사용된 어형변화에 따라 의미가 달라지는 많은 단어가 포함되어 있다고 했으므로, 살면서 이 언어를 사용하지 않은 사람들은 그 언어를 이해할 수 없었을 것이라 볼 수 있다. 빈칸 Ⓐ, Ⓑ의 뒷내용이 앞부분에서 언급한 내용에 대한 결과이므로 두 빈칸에 공통으로 들어갈 말로 적절한 것은 ③ As a result이다.

---

34   빈칸완성   ③

좌뇌의 특정 영역에 손상을 입은 사람들은 말과 언어에 어려움을 겪지만, 우뇌의 같은 영역에 손상을 입은 사람들은 언어와 관련한 어떠한 어려움도 겪지 않는다고 했다. 빈칸이 속한 문장은 이 연구에 대한 결론이므로 그들은 "좌뇌가 언어 기능을 통제한다"는 결론을 내렸다고 볼 수 있다.

breakthrough n. (귀중한) 새 발견 correlation n. 연관성, 상관관계 hemisphere n. (뇌의) 반구 undertake v. 착수하다, 시작하다; 약속하다 articulate v. 분명히 표현하다, 또렷이 말하다 subsequently ad. 그 뒤에, 나중에 carry out 수행하다 autopsy n. (사체) 부검, 검시 lesion n. 병변 frontal cortex 전두피질

19세기 동안에, 좌뇌와 언어 사이의 상관관계와 관련하여 획기적인 발견이 이루어졌다. 신경학자 폴 브로카(Paul Broca)와 칼 베르니케(Carl Wernicke)는 이 분야에 대한 연구에 착수했고 좌뇌의 특정 영역에 손상을 입은 사람들이 말과 언어에 어려움을 겪는다는 사실을 발견했다. 그러나 그들은 우뇌의 같은 영역에 손상을 입은 사람들은 언어에 어떠한 어려움도 겪지 않는다는 것을 알아차렸다. 이것은 그들로 하여금 좌뇌가 언어 기능을 통제한다는 결론을 내리게 했다.
1861년, 브로카는 어떤 환자를 연구했는데 그는 그에게 말하는 모든 것을 이해할 수 있지만, 'tan'이라는 한 단어만 발음할 수 있었다. 그 이후 그 남자는 같은 별명을 얻게 되었다. 브로카는 탄이 사망한 후 뇌를 부검했을 때, 그의 뇌의 왼쪽 전두피질에서 큰 병변을 발견했다. 동일한 언어 문제(장애)를 보인 8명의 다른 환자들을 연구한 후, 그는 뇌의 이 부위가 말하기를 담당하고 있다는 결론을 내리게 되었다.

빈칸에 들어갈 말로 가장 적절한 것은?
① 뇌손상이 언어장애를 일으킨다
② 우뇌가 언어를 담당한다
③ 좌뇌가 언어 기능을 통제한다
④ 우뇌와 좌뇌 모두 단어 암기와 관련이 있다
⑤ 말하기와 말 이해하기(알아듣기)는 상호 의존적이다

35-36

최근의 연구를 이용하여, 심리학자들은 꿈이 수면의 한 단계에 불과한 것이 아니라고 주장한다. 꿈은 한 개인의 깨어있는 시간, 생각, 그리고 행동과 연결되어 있다. 또한 꿈과 나이, 성별, 문화 사이에도 연관성이 있다. 꿈은 인간에게서 발달하는 데 시간이 필요한 정신적 기능(능력)이다. 아이들은 어른들만큼 꿈을 많이 꾸지 않는다. 아이들은 5살이 될 때까지, 자신들이 꾼 꿈을 잘 표현할 수 없다. 일단 이들이 성인이 되면, 그들의 꿈의 내용에는 거의 변화가 없다. 또한 남성과 여성의 꿈은 다르다. 예를 들면, 남성의 꿈에 등장하는 인물들은 종종 다른 남성이며 종종 신체적 공격성을 포함한다. 이 특징은 11개의 서로 다른 사회 사람들의 꿈에 동일하게 발견되었고 눈에 띄는 <유사점들>도 그들의 꿈에 있었다. 예를 들어, 동물은 전통 사회 사람들의 꿈에 자주 나타난다.

psychology n. 심리학 mental a. 정신적인 aggression n. 공격성 feature n. 특징

---

35 내용일치 ④

마지막 문장에서 "동물은 전통 사회 사람들의 꿈에 자주 나타난다."고 했으므로 ④가 정답이다.

위 글의 내용과 일치하지 않는 것은?
① 꿈은 개인의 생각이나 행동과 관련이 있다.
② 성인들이 아동보다 꿈을 꾸는 빈도가 높다.
③ 남성들의 꿈에는 다른 사람들이 등장하는 일이 많다.
④ 현대 사회일수록 사람들이 동물 꿈을 자주 꾼다.
⑤ 꿈꾸는 능력을 발달시키는 데는 시간이 필요하다.

---

36 문맥상 적절하지 않은 단어 고르기 ⑤

앞에서 11개 사회 사람들의 꿈에 '이 특징'이 동일하게 발견되었다는 유사점을 언급한 후 with 이하에서는 차이점을 언급해야 하므로 ⓔ는 dissimilarities가 되어야 문맥상 적절하다. 마지막 문장에서 그 차이점의 예로 (다른 사회와 달리) 전통 사회 사람들의 꿈에 동물이 나타난다는 점을 언급하고 있다.

37-38

과거에 일어난 일에 대한 진실의 전모를 밝혀내는 것이 거의 불가능하고 과거에 대한 해석이 끊임없이 변경되거나 수정되고 있다면, 우리는 과거에 정말로 일어난 일에 대해 어떻게 결정적인 진술을 할 수 있는가? 달리 말해, 역사적 지식은 가능한가? 수십 년 동안, 포스트모더니스트들은 역사학자들이 과거에 대해 말하는 이야기를 거칠게 비판해왔다. 그들은 주장하기를, 내러티브(서사)는 자신의 편견을 이야기에 불어넣고, 이야기에 영향력을 행사하고, 이야기에 포함시킬 견해들과 제외시킬 견해들을 선택하는 내레이터(서술자)에 의해 최종적으로 만들어진다는 것이다. 대학교의 역사 교과서를 예로 들어보자. 많은 대학생들은 세계 문명 조사 강좌를 위해 그들에게 지정된 교과서가 단지 그들에게 과거에 "일어난 일"에 대한 내러티브를 제공한다고 생각하고, 그 교과서의 저자들이 이야기를 선택한 방법에 있어서 의식적으로든 무의식적으로든 해석적 선택을 했다는 것을 깨닫지 못한다. 따라서 포스트모더니스트들은 내러티브들이 영원히 논쟁의 대

상이 될 것이며 과거에 일어난 일에 대한 그 어떤 신뢰할 수 있는 지침도 우리에게 제공하지 않는다고 주장한다.

interpretation n. 해석, 이해   revise v. 변경[수정]하다   definitive a. 최종적인, 확정적인   statement n. 진술   harshly ad. 엄격히, 엄하게   narrative n. 내러티브, 서사(敍事), 이야기   narrator n. 내레이터, 해설자, 서술자   voice n. 목소리, 발언, 의견   undergraduate n. (학부의) 대학생   assign v. 할당하다, 지정하다   interpretive a. 해석상의, 해석을 제공하는   subconsciously ad. 잠재의식적으로   contest v. 경쟁을 벌이다[다투다], 논쟁하다

---

37 빈칸완성 ②

포스트모더니스트들은 역사 내러티브에 주관적 견해가 반영되어 내러티브가 영원히 논쟁의 대상이 될 것이라고 했는데, 주관적인 견해가 반영되었다는 것은 객관적이지 못하다는 말이고 계속 논쟁의 대상이 된다는 것은 안정적인 권위를 갖지 못한다는 말이므로 역사 내러티브는 신뢰할 수 있는 지침이 되지 못할 것이다. 따라서 ② reliable이 빈칸에 적절하다. ① 역사적인 ③ 흥미로운 ④ 선호되는 ⑤ 학문의

---

38 내용일치 ③

포스트모더니스트들은 역사가 주관적이라고 생각하므로 ③이 정답이다.

위 글의 내용과 일치하지 않는 것은?
① 과거에 대한 해석과 시각은 바뀔 수 있다.
② 역사 기록학자들은 나름의 편견을 가지고 있다.
③ 포스트모더니스트들은 역사가 객관적이라고 생각한다.
④ 역사적 기록에는 기록자의 주관적 견해가 반영되기 쉽다.
⑤ 대학생들은 대개 역사 교재가 사실의 기록이라고 생각한다.

39-40

우리는 어떻게 우리의 감정이 종종 다른 사람의 경험을 그 감정의 대상으로 간주하는지 이미 알고 있다. 또한 우리는 다른 감정 대상들에 대해 우리 나름의 평가를 내릴 때, 그들의 평가와 해석을 고려하는 것 같다. 예를 들어, 우리 동료들이 코미디 영화의 내용 때문에 분명히 기분이 상하게 될 때 우리는 코미디 영화를 덜 재미있게 보거나, 부분적으로는 우리와 같은 운명에 처한 사람들이 상황을 걱정스러워하는 것 같기 때문에 더 불안해질 수도 있다. 사실상, 우리는 감정적인 의미의 인식을 중요한 다른 사람들의 겉으로 드러난 관점과 비교하여 조정한다. 이런 사회적 평가의 과정이 양방향으로 작동하기 때문에, 다른 사람 또한 우리 자신의 겉으로 드러난 평가에 의해서 영향을 받는다. 정말로, 이따금씩 우리는 단지 상호 토론의 결과로, 또는 서로의 반응을 (토론이 아닌) 다른 방식으로(웃음, 찡그림 또는 다른 데로 돌린 시선으로) 나타냄으로써만, 감정의 결론에 도달할 수도 있다. 이 둘 중 어느 경우이든, 감정을 형성하는 평가는 근본적으로 대인관계 과정에 의해서 영향을 받는다.

take into account ~을 고려하다 evaluation n. 평가 interpretation n. 해석, 이해 appraisal n. 평가, 판단 anxious a. 불안해하는, 염려하는 calibrate v. 조정하다; 측정하다 register v. (감정을) 나타내다 mutual a. 상호간의, 서로의 interpersonal a. 개인 간의, 대인관계의

---

39 빈칸완성   ④

우리가 감정 대상들에 대해 우리 나름의 평가를 내릴 때 다른 사람들의 평가와 해석을 고려한다고 했다. 그 예가 빈칸이 속한 문장인데, 우리가 코미디 영화를 덜 재밌게 보는 상황은 동료가 코미디 영화를 즐기지 못하는 상황, 즉 그 내용에 기분이 좋지 않은 상황일 것이다. 따라서 빈칸에는 ④ offended가 적절하다. ① ~의 기분을 북돋우다 ② 납득시키다 ③ 마음을 끌다 ⑤ 흥분시키다

---

40 글의 주제   ⑤

우리가 감정 대상에 대한 평가를 내릴 때 다른 사람들의 평가와 해석을 고려한다고 했으므로, 어떤 대상에 대한 우리의 감정적 평가는 다른 사람의 평가와 해석에 의해 영향을 받는다고 할 수 있다. 이렇게 다른 사람의 평가와 해석의 영향을 받으면서 내리는 평가가 '사회적(대인관계적) 평가'이다. 마지막 문장에서 '감정을 형성하는 평가는 대인관계 과정에 의해서 영향을 받는다'고 했는데, 이것은 대인관계 과정이 감정 대상에 대한 평가에 영향을 미치고 이 평가가 감정을 형성한다는 말이 된다. 결국 이 글은 감정에 있어서 대인관계 과정이 중요하다는 것을 설명하는 글이므로 글의 주제로 가장 적절한 것은 ⑤이다. ③은 emotions가 아니라 emotional objects여야 한다.

위 글의 주제로 가장 적절한 것은?
① 감정을 해석하는 것의 이점
② 사회에서 감정이 하는 역할
③ 감정에 대한 사회적 평가와 해석
④ 관계에서 상호 반응의 중요성
⑤ 감정에 있어서 대인관계 과정의 중요성

01 ①	02 ②	03 ④	04 ②	05 ③	06 ②	07 ④	08 ①	09 ⑤	10 ④
11 ①	12 ③	13 ③	14 ③	15 ①	16 ③	17 ⑤	18 ②	19 ③	20 ③

01 동의어   ①

stage fright 무대 공포증 humility n. 겸손 fallible a. 실수를 할[틀릴] 수 있는(= faulty) impeccable a. 흠 잡을 데 없는, 나무랄 데 없는 dissonant a. 불협화음의; 조화되지 않은 ingenious a. 재간[재치] 있는, 영리한 compulsory a. 강제인, 의무적인

무대 공포증으로부터의 회복에는 겸손함을 키우는 것, 즉 그의 재능이야 어떠하든 그는 실수할 수 있고 완벽하지 않은 공연이 실패가 아니라는 것을 인정하는 것이 수반되었다.

02 동의어   ②

specimen n. 견본, 표본(= sample) precious a. 귀중한, 값비싼 type n. 형태, 유형 definition n. 정의 representation n. 묘사[표현] artifact n. 인공물, 공예품

오리엔탈 루비의 완벽한 표본은 같은 크기를 가진 다이아몬드 가격의 몇 배나 되는 가치가 있는 가장 귀중한 보석이다.

03 동의어   ④

sensory a. 감각의 impairment n. (신체적·정신적) 장애 adversely ad. 거꾸로, 반대로; 불행히(= harmfully) auditory a. 청각의, 청감의 orthopedic a. 정형외과(학)의; 지체 이상의 abundantly ad. 풍부하게, 많이 affirmatively ad. 확정적으로; 긍정적으로 incrementally ad. 증가하여 predominantly ad. 대개, 대부분

감각 및 신체 장애는 학생의 교육 성취도에 부정적인 영향을 미치며, 시각, 청각 및 지체 장애가 여기에 포함될 수 있다.

04 분사의 태   ②

일반적으로 현재분사는 능동과 진행을, 과거분사는 수동과 완료를 의미한다. 첫 번째 문장에서 '통제된' 상황을 뜻하는 수동의 의미이므로 conditions를 수식하는 분사 ⑧ controlling은 과거분사 controlled가 되어야 한다.

naturalistic a. 자연주의적인 psychology n. 심리학 conduct v. 수행하다, 처리하다 laboratory n. 실험실 take place in ~에서 일어나다

많은 연구가 실험실의 통제된 조건 하에서 또는 사람들에게 그들의 행동에 대해 질문함으로써 수행되기 때문에 자연적 연구가 심리학에서 중요하다. 그다음에, "자연에서" 연구가 행해지면, 심리학자들은 때때로 실제 환경에서는 사람들의 행동이 다르다는 것을 알아차린다.

05 부정대명사 all   ③

부정대명사 all이 총괄적으로 쓰여 '모든 것'이라는 의미를 가질 때는 단수 취급한다. 따라서 동사는 수 일치하여 단수 동사가 되어야 하므로 ⓒ를 is로 고친다.

migrate v. 이주하다; (새·물고기가) 정기적으로 이동하다 navigate v. 길을 찾다[방향을 읽다]

왜 이 나비들이 이동하는지 혹은 어떻게 방향을 찾는지 아무도 모른다. 우리가 알고 있는 것은 그 나비들이 수백만 마리씩 이동하고 매년 봄에 돌아온다는 것이 전부다. 우리에게는 이유를 알 수 없는 것들이 너무 많다. 그렇지 않은가?

06 전치사+관계대명사   ②

관계대명사 뒤에는 불완전한 절이 오고 관계부사나 '전치사+관계대명사' 뒤에는 완전한 절이 온다. ⑧ 다음에 완전한 절이 왔으므로 ⑧는 where나 in which가 되어야 한다.

raid v. 급습[습격]하다 release v. 놓아 주다 lump n. 덩어리

1981년에 영국에서 동물을 대상으로 한 실험이 400만 건을 넘었다. 이 실험들에는 어떤 고통도 수반하지 않는 새로운 동물 사료에 대한 실험에서부터 개와 원숭이가 계속해서 담배를 피우도록 하는 실험에 이르기까지 온갖 것들이 포함된다. 다른 한편으로는, 동물 실험에 대한 동물 권리 보호 단체들의 항의가 있어왔다. 지난 몇 년간 극단적인 운동가들이 실험실을 급습하여 동물들을 풀어주었다. 따라서 동물에 대한 태도는 양 극단 사이에 큰 차이가 있다. 우리 중 일부는 동물을 단순히 걸어 다니는 고깃덩어리로 간주하는 반면, 다른 사람들은 동물을 거의 인간으로 생각한다.

07 논리완성   ④

첫 문장에서 내용이 무엇인지 모르면 읽고 있는 것을 이해하기 어렵다고 했으므로, 빈칸에는 '읽고 있는 내용(what it is about)'에 해당하는 ④ topic(글의 주제)이 적절하다.

grammar n. 문법 make sense of ~을 이해하다 comprehend v. (충분히) 이해하다 syntax n. 구문론, 통사론 metaphor n. 은유, 비유

내용이 무엇인지 모르면 읽고 있는 것을 이해하기 어렵다. 어려운 단어나 문장 구조가 없더라도 글의 주제를 알지 못한다면 문장을 이해할 수 없다. 읽는 내용을 이해하기 위해서는 글의 주제를 알아야 한다.

---

08 논리완성   ①

아이들이 울거나, 부모를 따라가거나 매달리는 행동은 부모의 관심과 보살핌을 얻어내려는 '애착' 행동이므로 ① attachment가 빈칸에 적절하다.

attachment n. 애착 deduction n. 추론, 연역 adoration n. 흠모, 경배 mimicry n. 흉내 empathy n. 감정이입, 공감

아이들은 위로가 필요하다는 신호를 부모에게 보내는 다양한 애착 행동을 보이는데, 예를 들어 아이는 울 수도 있고, 부모를 따라가거나 매달릴 수도 있다. 아이는 이 순간 부모에게 관심과 양육이 필요함을 알리고 있다.

---

09 논리완성   ⑤

도둑인 척해서 수감된 사례와 정신병원의 치료 실태를 확인하려고 정신병원에 들어가기 위해 정신병이 있는 척 행동한 것은 '대담하고', '모험적인' 행동에 해당하므로 ⑤가 정답이다.

thief n. 도둑, 절도범 fake v. 위조[날조, 조작]하다; ~인 척하다 admit v. 들어가게 하다; 입원시키다 get the picture (특히 다른 사람의 설명을 듣고 상황을) 이해하다

미국 기자 엘리자베스 시먼(Elizabeth Seaman)은 이야기를 손에 넣는 대담하고 모험적인 방법으로 명성을 얻었다. 그녀는 실제 이야기를 구하는 가장 좋은 방법이 외부 관찰자가 아닌 내부 관찰자로부터 얻는 것이라고 생각했다. 한번은 체포되어 여성 수감자들이 실제로 어떤 대우를 받는지 직접 확인하고자 도둑인 척했다. 또 다른 경우에 그녀는 정신병 환자의 치료에 대한 실상을 파악하려고 정신병원에 입원하기 위해 정신병이 있는 척했다.

① 신중하고 사려 깊은
② 혁신적이고 최신인
③ 박애주의적이고 인본주의적인
④ 해학적이고 풍자적인
⑤ 대담하고 모험적인

---

10 논리완성   ④

새들이 같은 종의 다른 새들에게 특정한 영역에서 자신의 존재를 알리고 짝을 구하기 위해 지저귀는 것은 지저귐의 '기능'에 해당하므로 ④ function이 빈칸에 적절하다.

thrush n. 개똥지빠귀 repetition n. 반복, 되풀이 variation n. 변화 attract v. 유인하다, 매혹하다 mate n. (한 쌍을 이루는 새·동물의) 짝 harmony n. 조화 imitation n. 흉내 내기 refrain n. 자주 반복되는 말; 후렴 function n. 기능 composition n. 구성, 조립

새소리(새의 지저귐)는 음악인가? 개똥지빠귀의 지저귐은 몇 가지 음악의 특징을 가지고 있다. 그 소리는 리듬, 멜로디, 반복, 변화를 가지고 있다. 그것은 또한 기능이 있다. 과학자들은 새들이 같은 종의 다른 새들에게 특정 영역에 있는 자신들의 존재를 알리기 위해 지저귀고 짝을 유혹하기 위해 지저귄다고 생각한다. 어떤 종의 경우 한 새의 지저귐은 다른 새들에게 어떤 새가 지저귀고 있는지 그리고 그 새가 어떤 기분인지 알려줄 수 있다.

---

11 논리완성   ①

일반적으로 맛이 좋은 과일과 채소가 영양학적으로 우수하다고 생각될 것이므로 ① superior가 빈칸에 적절하다.

flavor n. 풍미, 맛 nutritionally ad. 영양학적으로 undiscovered a. 발견되지 않은 verify v. ~이 사실임을 증명[입증]하다 laboratory n. 실험실 hypothesis n. 가설 desirable a. 바람직한 superior a. 우수한 deficient a. 부족한, 결핍된 injurious a. 손상을 주는, 해로운 controversial a. 논란이 많은

가장 맛이 좋은 과일과 채소가 영양학적으로 우수하다는 것은 모든 문화권에서 공통된 믿음이다. 우리의 미각이 우리를 가장 가치 있는 음식으로 이끌도록 진화했을 것이라는 것이 사리에 맞다. 맛이 비타민, 미네랄, 단백질의 품질과 양을 반영하는지, 아니면 아직 발견되지 않은 다른 영양소나 식품의 특성을 나타내는 지표인지는 실험실에서 검증되지 않았다. 그럼에도 불구하고, 현재 통용되는 가설로서, 모양은 예쁘지만 맛이 없는 음식은 식단에서 덜 바람직하다고 생각하는 것이 안전할 것이다.

---

12 논리완성   ③

빈칸 앞 문장에서 제조자나 생산자 모두 의도하지 않은 결과를 완화하고 통제하려고 노력해왔다고 한 다음, 양보의 접속부사 Nevertheless가 왔으므로, 완화하고 통제하려고 노력해 왔지만 완전히 없애기는 불가능하다는 의미가 되기 위해서는 ③ eliminate가 빈칸에 적절하다.

agricultural chemical 농약 toxic a. 유독성의 mitigate v. 완화[경감]시키다 pose v. (위협·문제 등을) 제기하다 consolidate v. 굳히다, 통합하다 stabilize v. 안정시키다 eliminate v. 없애다, 제거하다 conceal v. 감추다, 숨기다

많은 농약은 부적절하게 취급되거나 보관되거나 사용되었을 때 해로운 영향을 미치는 것으로 오랫동안 알려져 왔다. 제조나 생산자 모두 이러한 결과를 의도하거나 원하지 않았으며, 두 집단 모두 의도하지 않은 결과를 완화하고 통제하려는 노력을 기울여 온 것은 분명하다. 그럼에도 불구하고, 의도하지 않은 농약의 결과는 원하지 않는 사건의 위험을 완전히 제거하는 것은 불가능하다는 점에서 윤리적인 문제를 지니고 있다.

13 논리완성 ③

첫 번째 빈칸 앞에서 수용체와 반응하기 위해서는 아주 적은 양의 호르몬만 필요하다고 했는데, 양이 증가하면 부정적인 역반응이 작동하고 호르몬의 효과를 없앨 수 있다고 했으므로 첫 번째 빈칸에는 역접의 접속부사 However가 필요하다. 한편, 두 번째 빈칸 앞에서 오염 물질이 실제 호르몬과 비교하면 매우 약하다고 했는데, 마지막 문장에서는 그런 오염 물질이 심각한 영향을 미칠 수 있다고 했으므로 앞뒤 내용이 반대가 된다. 따라서 두 번째 빈칸에는 양보의 접속부사 Nonetheless가 적절하다.

thyroid n. 갑상선 ovary n. 난소 gland n. (분비)선(腺), 샘 bloodstream n. 혈류 exert v. 쓰다, 행사하다 transport v. 옮기다, 나르다 dose n. (약의) 복용량; (어느 정도의) 양 come into play 작동[활동]하기 시작하다 mimic v. 흉내를 내다

호르몬은 갑상선, 난소, 기타 분비선에서 생성되는 천연 화학물질이다. 혈류를 타고 표적 조직으로 운반되는 각 호르몬은 그 호르몬에 특정한 효과를 발휘한다. 예를 들어, 난소에서 생성된 에스트로겐은 동물을 암컷으로 만드는 변화를 자극하고 유지하는 반응 조직으로 운반된다. 자연적인 수준에서 에스트로겐과 다른 호르몬들은 동물의 건강에 필수적인 작용을 한다. 비록 어느 정도까지는 양이 증가함에 따라 반응도 증가하지만 수용체와 반응하기 위해서는 매우 적은 양의 호르몬만 필요하다. 그러나 양이 계속 증가하면, 부정적인 역반응이 작동하기 시작하고 이것이 호르몬의 효과를 없앨 수 있다. 그렇다면 환경 호르몬(오염 물질)이 호르몬을 흉내 낼 수 있다면 어떤 일이 일어날까? 다행스럽게도 오염 물질은 실제 호르몬과 비교하면 매우 약한 '호르몬'이다. 그럼에도 불구하고, 야생동물은 흔히 그런 오염물질에 직접적으로 노출되고 때로는 심각한 영향을 겪는다.

14 논리완성 ③

파키세투스라는 동물의 뼈가 발견된 것이 앞에서 언급된 고래와 코끼리의 중간동물의 존재에 대한 증거가 되는 것이므로 그것이 발견되기 까지는 그들이 세운 가설에 대한 증거를 찾지 못했을 것이다. 따라서 빈칸에는 ③이 적절하다.

wonder v. 궁금해 하다; 호기심을 갖다 whale n. 고래 relate v. (수동태로) ~와 친척이다, ~와 이어져 있다; 관계[관련]시키다 mammal n. 포유동물 in-between a. 중간의 bone n. 뼈

과학자들은 고래가 육상의 포유동물, 특히 가장 큰 육상 포유동물인 코끼리와 어떻게 이어져 있는지를 오랫동안 궁금히 여겨 왔다. 그들은 고래와 코끼리의 중간에 있었을, 일정 기간은 바다에서 살고 또 얼마간은 육지에서 살았던 어떤 종류의 포유동물이 반드시 있었을 것이라고 생각했다. 그러나 그들은 과학자들이 '파키세투스(Pakicetus)'라고 불러온 동물의 뼈가 발견되기까지는 그러한 동물의 증거를 찾지 못했다. 5천만 년 전에 살았던 이 거대한 포유동물은 육지에 살았지만, 물속에서 먹이를 찾았다.

① 이것을 증명하려고 하지 않았다
② 그러한 존재에 대해 의심하지 않았다
③ 그러한 동물의 증거를 찾지 못했다
④ 멸종되었다고 확신했다
⑤ 포유류에 대한 매우 강한 믿음을 가지고 있었다

15 논리완성 ①

대부분의 성격 특성은 60% 유전된다고 했는데, 그다음에 Nevertheless가 왔으므로 어떤 특성은 유전되지 않는다고 해야 한다. 즉, 바꿀 수 있다는 말이 적절한데, 앞에서 does not mean과 cannot으로 두 번 부정되므로 ① modify가 빈칸에 적절하다.

imply v. 암시[시사]하다 heritable a. 유전성의 trait n. 특성 alter v. 변하다, 달라지다 heritability n. 유전 가능성 genetics n. 유전적 특징 modify v. 수정[변경]하다, 바꾸다 corroborate v. 확증[입증]하다 endure v. 견디다, 참다 persuade v. 설득하다 investigate v. 조사하다

많은 저자들은 유전적인 특성이 바뀌기 어렵거나 불가능하다고 암시해왔다. 유전 가능성은 백분율로 정의된다. 어떤 특성이 0% 유전된다면, 그 형질의 모든 차이는 전적으로 환경에 의해 정해지며, 어떤 특성이 100% 유전된다면 모든 차이는 유전적 특징에 의해 정해질 것이다. 대부분의 성격 특성은 60% 유전된다. 그럼에도 불구하고 어떤 특성이 유전적이라는 사실이 우리가 그것을 바꿀 수 없다는 것을 의미하지는 않는다. 그 대신 높은 유전 가능성은 현재의 환경적 요인이 특성의 개별적 차이에 최소로 영향을 미친다는 것을 의미한다. 그 수치는 새로운 환경의 잠재적 영향과 관련이 없다.

16 문장삽입 ③

제시된 문장은 야채 섭취를 많이 하면 여성의 유방암을 줄일 수 있다는 것을 객관적인 연구자료를 통해 부연하는 역할을 하고 있으므로, ⓒ에 들어가는 것이 적절하다.

gene n. 유전자 crave for ~을 갈망하다 prevent v. 막다, 방지하다 breast cancer 유방암 consume v. 소모하다, 먹다

유전자가 당신의 운명을 완전히 좌우하는 것은 아니다. 연령이나 병력에 관계없이 유방암의 위험을 줄이기 위해 현재 할 수 있는 많은 변화가 있다. 우선 저지방 음식을 먹도록 하라. 다음에 아이스크림이 먹고 싶은 생각이 간절하면, 그 대신 셀러리 스틱을 선택하라. 연구에 따르면 채소를 더 많이 섭취하면 유방암 예방에 도움이 될 수 있다고 한다. <하버드 대학 간호사 건강 연구에 따르면, 하루에 두 끼 이상의 야채를 섭취하는 여성은 유방암에 걸릴 위험을 17%까지 줄일 수 있다.> 미국 여성들은 아시아 여성들보다 지방을 3배 더 많이 섭취하며 유방암에 걸릴 위험이 3배 더 높다. 아시아 여성들이 미국으로 이주하여 고지방 미국식 식단을 먹기 시작하면, 유방암에 걸릴 위험이 올라간다.

17-18

학교에서 가르치는 수학은 대부분의 학생들에게 역사가 없는 과목으로 인식된다. 교사는 그 과목에 대해 배워야 할 모든 것의 원천이 되며, 그의 임무는 그 지식을 학생에게 전달하는 것이다. 일반적으로 가르치는 과정에서, 수학의 생성 과정에 대한 이해와 수학 문제를 해결하려는 오랜 노력에 대한 이해가 완전히 사라진다. 대부분의 학생들에게 수학은 답이 맞는지 틀렸는지를 결정하는 교사의 마음속에만 있는 배타적인 과목이다. 이런 상황은 대부분의 다른 과학에 대한 교육보다 수학 교육에 특히 해롭다. 수학은 본래 지식이 축적된 과목으로, 수천 년 전에 만들어진 것 — 내용과 과정 — 의 대부분이 오늘날에도 여전히 유효하다. 학생들에게 이런 발달

의 일부를 접하게 하는 것은 그 과목을 재미있게 만들고 그들을 위해 그것(그 과목, 즉 수학)을 인간미 있게 만드는 잠재력을 가지고 있다.

mathematics n. 수학 subject n. 과목 convey v. 전달하다[전하다] instructional a. 교육용의 grapple with ~을 해결하려고 노력하다 accumulative a. 누적되는, 늘어나는 humanize v. ~에게 인간성을 부여하다; 교화하다

---

17 빈칸완성 ⑤

Ⓐ 다음에 있는 subject는 located 이하에 의해 수식을 받고 있는데, 수학은 정답 여부를 결정하는 교사의 마음에만 있다고 했으므로 대부분의 학생들에게는 폐쇄적이고 배타적인 과목으로 인식될 것이다. 따라서 Ⓐ에는 closed가 적절하다. 그리고 수학이 오랜 세월에 걸쳐 지식이 축적된 과목이라고 했으므로 그 내용과 과정은 오늘날에도 여전히 유효할 것이므로 Ⓑ에는 valid가 적절하다.

Ⓐ, Ⓑ에 들어갈 말로 바르게 짝지어진 것은?
① 합리적인 — 타당한
② 단편적인 — 합리적인
③ 유효한 — 열려 있는
④ 주목할 만한 — 열려 있는
⑤ 폐쇄된 — 유효한

---

18 내용일치 ②

수학 교사는 수학의 역사가 아닌 지식 전달에만 집중한다고 했으므로 ②가 정답이다.

위 글의 내용과 일치하지 않는 것은?
① 수학 문제 해결에는 대개 오랜 고투가 필요하다.
② 수학교사는 지식 전달보다 수학의 역사에 집중한다.
③ 교실에서 수학은 예, 아니오의 문제로 다루어지곤 한다.
④ 수학의 역사를 배움으로써 수학에 대해 친밀감을 느낄 수 있다.
⑤ 역사 교육의 부재는 다른 과학분야보다 수학교육에서 더 해로울 수 있다.

19-20

많은 사람에게, 오랫동안 가만히 앉아있는 것은 비행이 가진 최악의 점들 중 하나이다. 이제 의사들은 장거리 비행에서 가만히 앉아 있는 것에 대해 못마땅하게 여길 만한 충분한 이유가 있다는 것을 발견하고 있다. 사실은, 그것은 당신에게 전혀 좋지 않다. 다리의 피가 잘 흐르지 않아 다리에 혈전(작은 덩어리)이 생기기 쉽다. 혈전으로 인해 피가 다리를 지나갈 수 없기 때문에 다리에 부종과 통증이 유발될지도 모른다. 혈전의 일부가 떨어져 나와 폐로 이동하면 더 심각한 문제를 일으킬 수 있다. 이 경우 심지어 사망의 위험이 있다. 위험을 피하기 위해서 의사는 비행 중에 가능한 많이 움직일 것을 권한다. 물론, 비행기에서는 자주 일어나거나 계속 걸어 다닐 수 없다. 하지만 자리에서 특별한 운동을 하면 피가 몸에 잘 흐르도록 도움을 줄 수 있다. 많은 항공사들은 현재 기내 잡지에 이러한 운동에 대한 설명서를 포함하고 있다.

---

blood clot 혈전 swelling n. (몸의) 부은 데, 혹, 종기 lung n. 폐 avoid v. 피하다 instruction n. 설명, 지시

---

19 빈칸완성 ③

Ⓐ 앞에서 비행기에서 가만히 앉아 있는 것이 좋지 않다는 것에 대한 의사들의 발견을 언급한 다음, 그런 발견이 아니라도 그것은 사실임을 강조하여 재차 언급하고 있으므로 Ⓐ에는 In fact가 적절하다. Ⓑ 앞에서 혈전의 위험을 피하기 위해서는 비행 중에 가능한 많이 움직일 것을 권한다고 한 다음, 실제로는 그렇게 하기 어려운 것이 분명함을 인정하면서 말하는 것이므로 Ⓑ에는 Of course가 적절하다.

빈칸 Ⓐ, Ⓑ에 들어갈 말로 올바르게 짝지어진 것은?
① 예를 들면 — 사실은
② 그에 반해서 — 결과적으로
③ 사실은 — 물론
④ 이런 이유로 — 물론
⑤ 그러나 — 게다가

---

20 글의 제목 ③

비행기에서 오랫동안 앉아 있으면 생길 수 있는 건강상의 위험으로 다리에 피가 흐르지 않아 생길 수 있는 혈전을 이유로 들고 있으며 이를 예방하기 위한 방법을 설명하고 있으므로, 이 글의 제목으로는 ③이 적절하다. ① 자리에 앉아서 하는 특별한 운동이 있고 이에 대한 항공사들의 준비도 되어 있으니 두려워하지 말라는 뜻으로 글의 끝부분에 치우친 제목이다. ② 비행과의 연관성이 없는 제목이다. ④ 불편한 진실은 보통 드러내놓고 말하기를 꺼리는 은폐된 진실을 말한다. ⑤ 찬반 논쟁의 글이 아니다.

위 글의 제목으로 가장 적절한 것은?
① 장거리 비행을 두려워하지 마세요!
② 혈전: 건강에 대한 위협
③ 비행기 안에서 많이 움직여야 하는 이유
④ 비행기 여행에 대한 불편한 진실
⑤ 비행기에서 가만히 앉아있는 것에 대한 찬반론

01 ④	**02** ④	**03** ②	**04** ①	**05** ③	**06** ②	**07** ①	**08** ⑤	**09** ①	**10** ①
11 ②	**12** ②	**13** ②	**14** ⑤	**15** ②	**16** ⑤	**17** ③	**18** ③	**19** ①	**20** ④
21 ①	**22** ④	**23** ④	**24** ⑤	**25** ③	**26** ②	**27** ③	**28** ③	**29** ④	**30** ③
31 ③	**32** ②	**33** ①	**34** ②	**35** ⑤	**36** ②	**37** ⑤	**38** ③	**39** ①	**40** ①

01 동의어 ④

taciturn a. 말없는, 과묵한 aloof a. 초연한, 냉담한 convivial a. (분위기나 성격이) 명랑한; 친밀감 있는(= gregarious) reluctant a. 마음 내키지 않는, 꺼리는 indifferent a. 무관심한 credible a. 신뢰할 수 있는 independent a. 자주적인; 독자적인

그녀는 친구들과 가족들 사이에 있을 때엔 매우 쾌활했지만, 많은 사람들 사이에 있을 때엔 종종 과묵하고 냉담해 보였다.

02 동의어 ④

plastic a. 형태를 만들기가 쉬운, 가소성이 좋은; 유연한(= malleable) neuron n. 신경단위, 뉴런 synapse n. 시냅스(신경 세포의 자극 전달부) adapt v. (환경 등에) 순응하다 phenomenon n. 현상 medium n. 매개물, 매체 end up with 결국 ~와 함께 하다, ~을 가지게 되다 original a. 고유의; 독창적인 vulnerable a. 약점이 있는; (유혹·설득 따위에) 약한 transparent a. 투명한 secure a. 안전한

우리는 인간의 뇌가 매우 유연해서 상황이 변함에 따라 뉴런과 시냅스도 변한다는 사실을 알고 있다. 우리가 새로운 매체의 사용을 비롯한 새로운 문화 현상에 적응할 때, 우리는 결국 다른 뇌를 갖게 된다.

03 동의어 ②

peasant n. 농부, 소작농 spin v. (실을) 잣다, 방적하다 weave v. (직물을) 짜다, 엮다 linen n. 린넨, 아마포(亞麻布) scant a. 불충분한, 부족한 remuneration n. 보수; 급료 supplement v. 보충하다, 보태다 insufficient a. 부족한, 불충분한(= meager) income n. 수입, 소득 primary a. 주요한 regular a. 규칙적인; 정기적인 overestimated a. 과대평가된 copious a. 매우 많은, 풍부한

가난한 소작농 가정의 식구들은 불충분한 가계 소득을 보충하기 위해 얼마 안 되는 보수를 받고 집에서 천이나 아마포를 실로 잣거나 짰다.

04 동의어 ①

irrevocable a. 취소[변경]할 수 없는(= unchangeable) call for 요구하다 alteration n. 변경 set in stone 확정된 rigidity n. 엄정, 엄격 ineffable a. 이루 말할 수 없는 illogical a. 비논리적인 irrelevant a. 부적절한 incalculable a. 헤아릴 수 없는, 무수한

그것은 지침일 뿐, 바꿀 수 없는 규정이나 법이 아니다. 변경이 요구되는 상황이 오면, 우리는 언제든지 그것을 바꿀 수 있다. 그것은 확정된 것이 아니다. 그러므로 우리는 관리자의 엄격함에 대해 염려하지 않아도 된다.

05 동의어 ③

exhilarate v. 아주 기쁘게[신나게] 만들다(= fill with high spirits) elate v. 기운을 돋우다, 의기양양하게 하다, 즐겁게 하다 exorbitant a. (욕망·요구·값 등이) 엄청난, 터무니없는, 과대한 lie down to rest 누워서 쉬다 make amends for 보상하다 make afraid of or anxious 두려워하거나 걱정하게 만들다 cause uncomfortable feelings 거북한 감정을 일으키다

그때는 일이 더 간단했다. 크리스마스 선물이나 생일 선물로 오렌지 두어 개면 며칠 동안 우리를 신나게 만들기에 충분했다. 요즘 아이들을 기쁘게 하는 방법은 터무니없이 비싼 장난감과 옷을 주는 것밖에 없다.

06 동의어 ②

dispute n. 논쟁, 말다툼 vehemently ad. 격렬하게, 맹렬하게 objection n. 이의; 반대 remonstrate v. 이의를 말하다, 항의하다(= say or plead in protest) amusing a. 즐거운, 재미있는, 웃기는 reconciliation n. 조정; 화해 find fault with 흠잡다, 비판하다 keep down 억압하다, 억누르다 hold back 억제하다, 말리다 annoy v. 괴롭히다, 귀찮게 굴다

새 집의 위치를 놓고 다툰 지 이틀 만에 그녀가 집으로 돌아왔을 때, 남편은 버스 노선 변경에 대해 격렬하게 이의를 제기하는 전화통화를 하고 있었다. 그녀는 휴대전화를 꺼내 남편이 어느 가엾은 공무원에게 항의하는 것을 몰래 녹음했다. 그녀는 그것이 너무나도 재미있어서 자신의 블로그에 올렸고, 이로 인해 마침내 두 사람은 화해하게 되었다.

07 논리완성 ①

'음식물을 에너지로 바꾸는 몸 세포 안에서의 화학적 반응'을 '신진대사(metabolism)'라고 일컫는다. 소화(digestion)는 '음식물을 흡수될 수 있는 작은 영양소로 분해하는 과정'이다.

chemical a. 화학의 process n. 진행, 경과; 과정 efficient a. 효율적인 metabolism n. 신진대사, 물질대사 reproduction n. 재생; 생식, 번식 physiology n. 생리학; 생리 기능 complexion n. 안색, 피부색 digestion n. 소화

당신의 신진대사는 몸에서 일어나는 화학작용을 통해 음식이 효율적으로, 예를 들면, 새로운 세포를 만들고 당신에게 에너지를 공급하는 데 사용될 수 있도록 하는 방법이다.

08 논리완성 ⑤

자신에게 피해를 입은 사람들에게 배상하고자 하는 것은 '죄를 뉘우치는(penitent)' 행동과 관련이 있다.

prisoner n. 죄수 amends n. 배상 victim n. 희생자, 피해자 wrong v. 학대하다, ~에게 부당한 취급을 하다 indicate v. 나타내다, 보여주다 predictable a. 예측[예견]할 수 있는 defenceless a. 무방비의 overwhelming a. 압도적인, 저항할 수 없는 apathetic a. 냉담한; 무관심한 penitent a. 죄를 뉘우치는, 참회하는

그 죄수가 자신에게 학대당한 피해자들에게 배상하고자 했던 것은 그가 진정으로 참회하고 있음을 보여주었고, 그래서 판사들은 그를 감옥에서 풀어주었다.

09 논리완성 ①

쉽게 겁을 먹는 사람이 아니었다고 했으므로, 적군이 몰려오는 상황에서도 흔들리지 않은 채 맞섰을 것이다.

intimidate v. (시키는 대로 하도록) 겁을 주다[위협하다] corporal n. 병장 troop n. 군대, 병력 steadfast a. 확고부동한; 불변의, 부동의 furious a. 성난, 격노한 deferential a. 공경하는 assertive a. 단정적인, 독단적인 ambivalent a. 양면 가치의; 상반되는 감정[태도]를 가진

쉽게 겁을 먹을 사람이 아니었기 때문에, 그 병장은 적군이 자신의 군대가 있는 곳을 향해 몰려드는 동안에도 굳건히 자리를 지켰다.

10 논리완성 ①

이혼 시에 부부 중 어느 한쪽에서 자녀를 보호하고 돌볼 수 있는 권리는 '양육권(custody)'이다.

legal a. 법률의; 적법한 get divorced 이혼하다 grant v. 주다, 부여하다 custody n. 보관, 관리; (특히 이혼·별거에서) 자녀 양육권 confinement n. 감금, 억류 detention n. 구류, 구금 abduction n. 유괴 counsel n. 의논; 권고

양육권은 자녀를 보호하고 돌볼 수 있는 법적 권리로, 특히 부부가 이혼 시에 자녀의 어머니나 아버지에게 주어지는 권리를 일컫는다. 자녀 양육권은 대체로 어머니에게 주어진다.

11 수동태 ②

ⓑ의 뒤에 목적어 their clothing이 주어져 있으므로 ⓑ는 능동태가 되어야 한다. ⓑ를 changed로 고친다. ⓒ는 앞의 clothing과 수일치가 안 되지만, "His opinion is different from that [those] of family members."에서 that과 those 모두 가능하듯이 여기서도 those를 사용한 것이다. 다만 clothing은 불가산 명사로 clothings가 불가능하지만, 여러 clothing(pieces of clothing)을 가리키는 복수의 의미로 those를 사용한 것으로 볼 수 있다.

combatant n. 전투원 be involved in ~에 개입되다, 관계되다

적에게 포위된 두 병사는 전투병의 복장에서 전투에 관련되지 않은 지역 주민의 복장으로 옷을 갈아입었다.

12 명사 ②

ⓑ는 타동사 experienced의 목적어 자리인데, 뒤에 목적어가 주어져 있지 않고 수식어구의 한정을 받고 있으므로 명사로 쓰는 것이 적절하다. ⓑ를 reduction으로 고친다. ⓐ의 주어는 복수명사 public libraries이고, ⓒ는 용도를 나타내는 용법으로 쓰인 동명사이며, ⓓ는 due to의 전치사 to이고, ⓔ는 앞의 명사 cuts를 후치 수식하는 과거분사이다.

operating fund 운영자금 impose v. 부과하다; 강제하다 federal a. 연방정부의

최근 몇 년간 미국의 공공도서관은 운영 자금이 감소하였는데, 이는 연방정부, 주(州)정부 및 지방정부의 수준에서 부과된 삭감에 상당 부분 기인한다.

13 전치사 ②

'관심을 가지고, 관심 있게'라는 뜻의 부사어는 with concern이다. 따라서 ⓑ를 with로 고친다. ⓔ 'by 명사[동명사]'나 'through 명사[동명사]'는 방법을 나타내는 부사어이므로 the way가 주어일 때 보어로 적절하다.

criterion n. 표준, 기준(pl. criteria) define v. (말의) 정의를 내리다, 뜻을 밝히다 equity n. 공평, 공정 sustainability n. 지속[유지] 가능성, 환경 파괴 없이 지속될 수 있음 empowerment n. 권한 위임, 권한 분산 differentiate v. 구별짓다, 구별하다

역사적으로, 개발도상국을 정의하는 데 사용된 기준은 주로 경제성장에 초점을 두어 왔고 공정성, 지속가능성, 또는 권한 분산의 문제에 대해서는 거의 관심을 갖지 않았다. 예를 들어, 1990년대까지 개발도상국과 선진국을 구별하는 가장 일반적인 방법은 특정한 해에 한 국가에서 생산된 재화와 용역의 가치를 측정한 국내총생산(GDP) 수치의 사용을 통해서였다.

14 가주어-진주어 구문 ⑤

마지막 문장은 '가주어-진주어' 구문이며, 가주어로 it이 사용되었다. 따라서 ⓔ는 진주어로 to부정사여야 할 것이므로 to find로 고쳐야 한다.

drug pusher 마약 밀매인 push v. (마약 따위를) 밀매하다 ware n. 상품, 판매품 neighborhood n. 근처, 이웃, 인근; 지구, 지역 consequently ad. 따라서, 그 결과로서 obsession n. 강박관념, 망상 solution n. 해결; 해법

그러한 가격들로 인해, 마약 밀매상들은 심지어 가장 가난한 지역에서도 그들의 상품을 팔아서 매년 수십억 달러를 벌 수 있다. 대부분의 사람들은 소위 마약과의 전쟁이 미국에서는 결코 승리할 수 없다는 것에 의견이 일치한다. 그 결과, 마약 문제의 해결책을 찾는다는 것이 많은 미국인들에게는 망상이 되었다.

15 관계대명사 what ②

ⓑ는 hate의 목적어가 되는 명사절을 이끄는 역할과 자신이 이끄는 절 안에서 타동사 do의 목적어가 되는 역할 모두를 수행해야 하므로, 선행사를 포함한 관계대명사 what로 고쳐야 한다. ⓐ hate의 목적어로 쓰인 동명사이다. ⓓ as if 뒤에는 가정법 동사가 온다.

character n. 성격 flu n. 독감, 인플루엔자 proceed v. 계속하다, 계속하여 행하다 behave v. 행동하다 in the grip of ~에게 잡혀[속박되어]; (병에) 걸려 fatal a. 치명적인 expression n. 표현; 말씨; 표정 martyrdom n. 순교; 순교자적 고통 indicate v. 나타내다, 보여주다

나는 아픈 것이 싫다. 단순히 질병 자체를 싫어한다는 것만 말하려는 것이 아니라 (그것이 사실이지만), 아픈 것이 내 성격에 미치는 바를 싫어한다. 두통이나 감기에 걸리거나 독감 증세가 나타나자마자, 나는 마치 무슨 치명적인 병에 걸린 것처럼 행동하고, 순교의 고통을 느끼는 듯한 표정을 지으면서 내게 남은 며칠 동안의 삶을 용감하게 마주할 것임을 보여주려 한다.

16 현재분사 ⑤

ⓒ를 포함하고 있는 문장의 정동사는 be동사 are이다. 그러므로 ⓒ를 앞의 명사를 수식하는 분사 형태로 고쳐야 옳은 문장이 될 수 있다. children이 live하는 행위의 주체이므로 능동을 나타내는 현재분사가 적절하다. ⓒ를 living으로 고친다. ⓐ 주절의 주어가 trek하는 행위의 주체이므로 능동의 분사구문이 되었다. ⓑ upon[on] ~ing는 '~하자마자'라는 의미의 관용표현이다. ⓒ help의 목적보어로는 to부정사와 원형부정사가 모두 가능하다. ⓓ 관계대명사의 수는 선행사에 일치시킨다.

trek v. 여행하다, 걸어서 가다 orphan v. (아이를) 고아로 만들다 poverty-stricken a. 가난에 시달리는 abuse v. 학대하다, 혹사하다 enroll v. 등록하다 outreach n. (지역 주민에 대한 기관의 적극적인) 봉사[원조] 활동

매기 도인(Maggie Doyne)은 히말라야 산맥을 여행하면서 가난에 시달리고 있던 네팔의 고아 수백 명을 만났다. 고향으로 돌아오자마자, 그녀는 지역 사회에 이 아이들을 위한 안전하고 사랑스러운 집을 지을 수 있도록 자신을 도와달라고 부탁했다. 놀랍게도, 그녀의 이웃들은 그 생각을 지지해주었다. 그들의 도움을 받아, 도인과 네팔 지역 사회는 코필라 벨리(Kopila Valley) 어린이집을 지었는데, 이것은 어린 고아들, 거리의 어린이들, 어린이 노동자들, 그리고 학대받는 아이들에게 교육과 건강관리와 자라날 사랑스러운 장소를 제공하는 집이다. 오늘날, 25명의 아이들이 그 집에 살고 있으며, 60명의 아이들이 코필라 원조 프로그램을 통해 학교에 등록되어 있다.

17 문맥상 자연스럽지 않은 표현 고르기 ③

유콘 준주의 수도 도슨은 골드러시로 사람들이 몰려든 까닭에 생겨날 수 있었던 것이므로, ⓒ에 쓰인 perished는 문맥상 적절하지 않다. '만약 골드러시가 없었다면 수도 도슨은 존재하지 못했을 것이다'라는 의미가 되는 것이 자연스러우므로, ⓒ는 existed여야 한다.

territory n. 영토; 지방; (미국, 캐나다, 호주의) 준주(準州) prospector n. 탐광자(探鑛者), 답사자, 시굴자 fraction n. 파편, 단편; 분수 sourdough n. 미국 서부·캐나다·알래스카 등지의 (고참) 개척자[탐광자] perish v. 죽다; 사라지다 furnish v. 공급하다, 제공하다 inspire v. 고무하다, 영감을 주다

마지막 골드러시는 미국의 역사만큼이나 캐나다의 역사에도 속한다. 캐나다의 유콘(Yukon) 준주(準州)에서 알래스카로 흘러가는 클론다이크(Klondike) 강을 따라 황금이 발견되면서 — 비록 이들 개척자들 중에 극히 일부만 부자가 되었지만 — 약 3만 명의 탐사자들이 부(富)를 찾아 북쪽으로 몰려들었다. 유콘 지방은 준주가 되었고, 당시의 수도 도슨(Dawson)은 만약 골드러시가 없었다면 <사라지지> 못했을 것이다. 황금의 발견은 잭 런던(Jack London)의 여러 소설에 소재를 제공했고, 로버트 서비스(Robert Service)가 "The Shooting of Dan McGrew"와 그 밖의 여러 시들을 쓸 수 있도록 영감을 주었으며, 찰리 채플린(Charlie Chaplin)의 훌륭한 영화인 "골드러시"의 배경을 제공했다. 그것은 또한 현대 알래스카의 시작을 알리는 것이었다.

18 빈칸완성 ③

앞에 나온 '현대 예술을 수업에 사용하는 것을 피하려 한다'와 호응해야 하므로, ⓐ에는 '꺼려한다(reluctant)'가 절절하다. ⓑ의 경우, 앞에서 언급한 부정적인 상황에 이어 '설상가상으로'라는 표현이 왔으므로 '교육 자료가 부족하다(scarce)'고 해야 자연스러운 흐름이 된다. ⓒ의 경우, 앞 문장에서 언급한 예술에 대한 태도가 고전 예술만이 오래도록 존속되어 온 것으로 귀중하다는 태도인데 고전이란 영속적으로 변함없이 유지되어 온 인류 보편의 가치를 담고 있는 것이므로, '가능하다(possible)'가 들어가야 한다.

shy away from ~을 피하다 contemporary a. 동시대의; 현대의, 당대의 reluctant a. 마음 내키지 않는, 꺼리는 willing a. 기꺼이 ~하는 introduce v. 받아들이다; 소개하다 unique a. 유일무이한; 독특한 critic n. 비평가, 평론가 mystify v. 신비하게 하다; 어리둥절하게 하다, 미혹시키다 embarrass v. 당황하게 하다, 난처하게 하다 resource n. 자원, 물자 opulent a. 부유한; 풍부한 scarce a. 부족한; 희귀한 curriculum n. 교육과정 reflect v. 반사하다; 반영하다, 나타내다

withstand v. 저항하다, 반항하다 universal a. 일반적인, 보편적인 fixed a. 고정된, 일정불변한 permanent a. 영속하는, 영구적인

많은 교사들은 수업에 현대 예술을 사용하는 것을 피하려 하는데, 이는 자신의 지식수준에 마음이 편하지 못하고, 자신도 숙달하지 못했을 것이면 무엇이든 자기 학생들에게 소개하는 것을 꺼리기 때문이다. 이런 반응은 교육자들 특유의 것은 아니다. 어느 예술평론가가 지적했듯이, 현대 예술 분야는 '많은 사람들이 미심쩍게 여기고 심지어 자신의 반응에 당황스러워할 정도로까지 난해한 것이 되었다.' 설상가상으로, 수업 자료들이 부족하다. 현대 예술에 관한 교육 자료들의 부재는, 유일하게 귀중한 예술은 '세월의 시험을 견뎌 낸' 것이라는 태도를 반영한다. 이런 태도는, 결국, 변하지 않은 채 영구적으로 남아 있는 보편적인 문화적 기준들을 확립하는 것이 가능하다는 믿음을 반영한다.

19 글의 제목 ①

첫 번째 문장이 주제문이다. 자원 보존을 하는 데 있어서 직면하게 되는 문제들이 매우 힘들고 복잡한 것들이라는 내용이므로, 글의 제목으로는 ①이 적절하다.

conserve v. 보존하다; 보호하다 laborious a. 고된, 힘든 complex a. 복잡한; (문제가) 어려운 preservation n. 보존; 보호 marshland n. 습지대, 소택지 represent v. 대표하다; 상징하다 irreplaceable a. 대체할 수 없는, 둘도 없는 biotic a. 생명에 관한; 생물의 interweave v. 뒤섞다 red tape 관료주의, 관료적 형식주의, 비능률 conflicting a. 충돌하는, 일치하지 않는 overlap v. 부분적으로 겹쳐지다, 포개지다 jurisdiction n. 사법권, 재판권; 관할권 intricate a. 뒤얽힌 tangle n. 엉킴, 얽힘 consideration n. 고려; 고려사항 resolve v. (문제·곤란 따위를) 풀다, 해결하다 factor n. 요소, 요인 swallow up 삼키다, 먹어치우다 formidable a. 무서운, 만만찮은; 매우 어려운, 감당할 수 없는 acute a. 모진; 심각한 tax v. 무거운 짐을 지우다, 징수하다

천연자원을 보존하는 과정에서 우리가 직면하는 문제들은 힘들고 복잡한 것들이다. 대체 불가능한 생물 공동체의 마지막 기준을 상징하는 습지나 숲의 일부를 보존하는 것도 형식적인 법적 절차, 지역민의 이익 상충, 정부와 민간 자연보존 기구의 관할 중첩, 복잡한 경제적·사회적 고려사항들과 뒤얽혀 있다. 이러한 요인들을 해결하는 데 시간을 쓰는 동안, 보존해야 할 지역이 사라지고 마는 일이 종종 발생한다. 미국 북동부 같은 곳에 도시 지대가 확산되면서 제기되는 광범위한 자연보존 문제는 훨씬 더 만만찮다. 그러한 사례에 있어 인간의 개발이 가하는 압박은 매우 심각해서 솔로몬의 지혜를 요구하게 될 만한 문제들을 제기한다.

다음 글의 제목으로 가장 적절한 것은?
① 자연보존에의 장애물
② 자연의 공격을 예방하는 방법
③ 생물 공동체와의 공존
④ 친환경적인 미래를 위한 교육
⑤ 천연자원을 보존하는 가장 좋은 방법

20 내용파악 ④

첫 번째 문단에서는 곤충이 생존에 유리한 점에 대해 이야기하고 있고 두 번째 문단에서는 곤충이 인간에게 가져다주는 유익에 대해 이야기하

고 있는데, ④는 두 번째 문단에서 언급한 것이므로 곤충의 생존 요인에 해당되지 않는다.

reproduce v. 번식하다 detection n. 간파, 발각 keen a. 예민한, 민감한 illustrate v. 설명하다, 예증하다 defy v. 도전하다; 반항하다; 견뎌내다 poison n. 독, 독물 camouflage n. 위장(僞裝) blend v. 섞이다, 뒤섞이다 assign v. 할당하다, 배당하다; 주다 mimicry n. 흉내, 모방 device n. 장치 turn down 거절하다 viceroy n. 총독 bear in mind 명심하다 factor n. 요인, 요소 species n. 종(種), 종류 transfer v. 옮기다, 운반하다 pollen n. 꽃가루 anther n. 꽃밥 stamen n. 수술 pistil n. 암술 pollination n. 수분(授粉) cocoon n. 고치 overlook v. 간과하다

곤충은 생존에 있어 많은 장점을 누린다. 곤충은 자주 그리고 많은 수로 번식한다. 곤충의 작은 크기는 매우 확실한 장점이다. 필요로 하는 먹이는 적고, 특히 시각과 후각이 예민하여 쉽게 발각되지 않는다. 인간이 만든 독을 견뎌내는 새로운 종류의 곤충을 번식시켜온 것이 보여주듯이, 곤충은 먹이에 대해 까다롭지 않고 변화에 적응할 수 있다. 위장은 많은 곤충들이 환경과 뒤섞일 수 있도록 도와준다. "대벌레"와 "낙엽 사마귀"와 같은 곤충들에게 붙여진 이름이 이를 잘 보여준다. 모방은 보호와 궁극적인 생존을 위해 사용되는 또 다른 장치이다. 새들은 불쾌한 맛을 내는 황제나비를 모방하는 총독나비를 종종 먹이로 삼지 않으려 한다.
곤충 세계의 일부 구성원은 우리에게 반드시 필요하다는 것을 명심하자. 예를 들어, 다른 요인들이 없는 경우, 어떤 종류의 곤충들은 꽃가루를 수술의 꽃밥에서 꽃의 암술로 옮긴다. 수분(授粉)이 이뤄지지 않으면 과일은 생겨날 수 없다. 순견(純絹)은 곤충의 고치라는 물질에서 나온다. 또한 꿀벌이 하는 일도 간과하지 말아야 한다.

다음 글에서 곤충이 시대를 거듭하면서 살아남을 수 있었던 이유가 아닌 것은?
① 모방
② 위장
③ 작은 몸집
④ 꽃을 수분하는 능력
⑤ 대량 번식

21 논리완성 ①

시간이 얼마 남지 않은 상황에서 먼저 풀어야 하는 문항은 푸는 데 상대적으로 적은 시간이 요구되는 문항일 것이다.

panic v. 당황하다, 허둥대다 passage n. (문장, 연설 등의) 한 절(節) skim over 대강 훑어서 읽다[보다] item n. 항목, 조항 refer to 조회하다, 참고하다, 의미하다 logical a. 논리적인

시험이 종료될 무렵에 문제를 다 풀기에는 시간이 충분하지 않다는 것을 깨닫는 경우에는 어떻게 해야 할까? 결코 허둥대서는 안 된다. 가령, 풀어야 할 지문이 한 개 더 있고 시간은 4, 5분 정도밖에 남지 않았다고 하자. 지문을 대강 훑어 읽으면서 요지를 파악해야 한다. 지문에 관한 (아마도 요지에 대한 문항일) 첫 번째 문항을 풀도록 하라. 그다음에는 어휘 문항과 지시 대상을 찾는 문항 전부를 풀어야 하는데, 왜냐하면 이들 문항은 시간을 덜 필요로 하기 때문이다. 그런 다음, 남은 문항들이 있으면 그 문항들로 돌아가서 풀도록 하라. 가능한 한 지문을 적게 찾아보도록 해야 한다. 만약 그 문항을 푸는 데 필요한 정보를 약 10초 안에 찾을 수 없다면, 그냥 가장 논리적으로 보이는 선택지를 고르도록 하라. 그런 다음, 마지막 몇

초 동안에는, "추측한 답"을 클릭하여 나머지 문항을 풀도록 하라.

① 시간을 덜 필요로 한다
② 추측으로 풀 수 있다
③ 총점에서 더 작은 부분을 차지한다
④ 대체로 요지 문항보다 덜 어렵다
⑤ 지문을 찾아보지 않고 풀어야 한다

---

22 논리완성　　　　　④

두 번째 문장이 첫 번째 문장의 내용을 부연해서 설명하는 역할을 하고 있다. 두 번째 문장은 두 학문의 상반되는 관심사에 대한 내용이므로, 빈칸에는 이와 관련하여 '차이'라는 의미의 ④가 들어가는 것이 적절하다.

anthropological a. 인류학의　complement v. 보충하다, 보완하다　discipline n. 학과; (학문의) 분야　retain v. 보유하다, 유지하다　fundamental a. 근본적인, 중요한　pose v. (문제 등을) 제기하다　anthropologist n. 인류학자　affinity n. 유사성　paradox n. 역설　fallacy n. 오류　distinction n. 차이　consequence n. 결과

비록 역사학 연구와 인류학 연구는 종종 서로를 보완하지만, 두 분야는 각각이 제기하는 근본적인 질문들 때문에 중요한 차이를 유지하고 있다. 역사학자들은 궁극적으로 왜 변화가 일어났는지에 관심이 있는 반면, 인류학자들은 행동과 제도의 의미에 관심이 있다.

---

23 논리완성　　　　　④

습관화된 자극이 아닌 새로운 자극이 주어졌을 때도 습관화된 자극에 보이는 반응을 계속해서 보인다면, 그 아이는 두 자극을 서로 구별할 수 없는 것으로 볼 수 있을 것이다.

perception n. 인식, 인지　vogue n. 유행　habituation n. 습관화(특정 대상에 반복 제시되면 점차 그 대상에 대한 반응이 떨어지는 것)　dishabituation n. 탈습관화(습관화된 대상과는 다른 대상이 제시되면 반응이 제거되거나 감소하는 변화가 나타나는 것)　stimulus n. 자극　present v. 야기시키다; 주다, 제공하다　measurable a. 측정할 수 있는; (크기·효과 등이) 주목할 만한　attend v. 주의하다　observe v. 관찰하다　responsiveness n. 반응성　assume v. 추정하다, 가정하다

유아의 지각 능력을 연구하는 새로운 기술이 유행하고 있다. 그것은 습관화-탈습관화 기술로, 이 기술에서는 유아에게 하나의 자극을 반복적으로 제시하고 그러면 마침내 관심을 보이는 모든 행동이 뚜렷하게 감소하게 된다. 바로 그 시점에서 새로운 자극을 제시하고 반응성의 회복을 기록한다. 유아가 탈습관화에 실패하고 새로운 자극에 계속 습관화된 양상을 보인다면, 그 아기는 새로운 자극을 다른 것으로 인식할 수 없다고 추정된다.

① 비정상적인 행동을 보일 가능성이 높다
② 잊어진 것을 되찾을 수 있다
③ 새로운 자극과 옛 자극을 구별할 수 있다
④ 새로운 자극을 다른 것으로 인식할 수 없다
⑤ 실험에 계속해서 참여할 수 없다

---

24 논리완성　　　　　⑤

'영어를 유창하게 구사하는 것이 경제적 이익을 얻는 데 큰 도움이 되지만, 학교에서 현지 언어를 희생시키면서 영어를 장려하는 것이 문화적 가치관과 정면으로 부딪히게 되는 것'은 '진퇴양난(dilemma)'의 상황을 나타낸다고 할 수 있다.

linger v. 좀처럼 사라지지[떠나지, 가시지] 않다　heritage n. 세습재산; 유산, 전통　run into ~와 충돌하다, ~와 우연히 만나다　resistance n. 저항, 반대　command n. 지배력; (언어의) 구사력, 유창함　sway n. 지배, 영향　influence n. 영향, 영향력　bane n. 해악, 독(毒)　edge n. (~에 대한) 우세, 강점　academe n. 학구적인 세계, 학계　státus quó n. 현상, 현재의 상태　renew v. 새롭게 하다; 반복하다, 되풀이하다　at the expense of ~을 희생하여　confront v. 직면하다; 맞서게 하다, 대결시키다　a host of 다수의　convergence n. 집중; 수렴, 격차 축소　hypothesis n. 가설, 가정　policy n. 정책　curriculum n. 교육과정, 커리큘럼　dilemma n. 궁지, 진퇴양난, 딜레마

대영제국에 해가 진 지 오래지만 영어의 그림자는 여전히 드리워져 있다. 많은 신생독립국에서, 그 유산은 저항에 부딪혔고, 그리하여 영어를 구사하는 것은 외세의 영향에 지배되고 있는 것으로 여겨졌다. 그러나 지금은 그 해악이 이익으로 바뀌어, 학계뿐만 아니라 컴퓨터, 금융, 관광 등에서도 글로벌 커뮤니케이션 언어를 사용할 수 있는 사람들이 우위를 점하게 되었다. 다시 말해, 영어를 아는 것이 해외 투자는 말할 것도 없고 최고의 일자리와 큰돈을 갖는 비결이 될 수 있다는 것이다. 세계 일부 지역의 교육자들과 관리들 사이에서 이 같은 현재의 상황은 새로운 딜레마를 낳고 있다. 학교에서 때때로 현지 언어를 희생시키면서 영어를 장려하는 것은 많은 문화적 가치관과 정면으로 부딪히고 있다.

---

25 논리완성　　　　　③

'예스맨'이란 윗사람에게 예스만 남발하는 사람, 즉, 윗사람의 지시나 요구, 물음에 대해 무조건 '예'로만 대답하는 사람을 일컫는다. 빈칸에는 이와 같은 예스맨의 속성을 나타내는 표현이 들어가야 할 것이므로, '아첨하는'이라는 의미의 ③이 가장 자연스럽게 호응한다.

imperial a. 제국의; 황제의　senate n. (미국, 캐나다 등의) 상원; (고대 로마의) 원로원　intent on ~에 전념[열중]해 있는　preserve v. 보존하다, 보호하다　gratify v. 기쁘게 하다, 만족시키다　whim n. 변덕　whimsical a. 변덕스러운　vassal n. 봉신(封臣), 가신(家臣), 수하　bashful a. 수줍어하는　versatile a. 다재다능한　flattering a. 아첨하는　treacherous a. 불충한, 배반하는　stubborn a. 완고한, 고집 센

제국시대 동안 로마의 원로원은 거의 아첨하는 예스맨 집단에 불과했는데, 이들은 황제의 온갖 변덕을 충족시켜줌으로써 자신의 목숨을 보존하는 데만 열중했다. 그들의 땅, 노예, 그리고 그들의 삶까지도 충성스런 신하의 조언을 듣기 싫어했던 변덕스런 황제의 손 안에 들어있었다.

---

26 논리완성　　　　　②

첫 번째 빈칸의 경우, 다음 문장에서 '사람들의 의견이 다른 사람들의 의견에 쉽게 휘둘린다'고 부연설명하고 있으므로, 이와 같은 의미가 되도

록 susceptible to가 들어가는 것이 적절하다. 두 번째 빈칸의 경우, 군중을 다른 방향으로 나아가게 하기 위해서는 그 방향으로 조금씩 밀거나 움직이게 하는 자극이 필요한 것이므로 nudging이 들어가야 한다.

mantra n. 만트라, 진언(眞言)   vacuum cleaner 진공청소기   merchant n. 상인   reveal v. 드러내다; 보이다, 나타내다   massive a. 육중한, 무거운; 대량의   rating n. 등급을 정함; 등급, 점수   irrational a. 불합리한   herd behavior 군집 행동   manipulate v. 조작하다   skeptic n. 회의론자   sway v. 흔들다; (사람·의견 따위를) 움직이다, 좌우하다   present v. 주다, 제시하다   contrary a. 반대의   expose v. ~을 접하게 하다   steer v. 키를 잡다, 조종하다; (어떤 방향으로) 돌리다   endanger v. 위태롭게 하다   intrigue v. 흥미를 갖게 하다   susceptible a. ~에 영향 받기 쉬운   nudge v. 팔꿈치로 슬쩍 찌르다; ~을 조금씩 밀다[움직이다], 자극하다   affiliated a. 관계가 있는   dissuade v. 단념시키다   intertwined a. 뒤얽힌

"군중의 지혜"가 인터넷 시대의 진언(眞言)이 되었다. 새 진공청소기를 골라야 하는가? 그렇다면 온라인 판매업체에 대한 후기를 확인해보도록 하라. 그러나 새로운 연구에 의하면, 그와 같은 온라인상의 점수가 항상 최선의 선택을 나타내는 것은 아니다. 인터넷 사용자들을 대상으로 실시한 대규모 대조군 실험에서, 그러한 점수가 비합리적인 "군집 행동"의 영향을 받기가 매우 쉬우며, 조작될 수도 있다는 것이 밝혀졌다. 회의론자들은 사람들의 의견이 다른 사람들의 의견에 쉽게 휘둘린다고 주장한다. 그러므로 상반된 의견을 제시함으로써 군중을 일찍부터 조금씩 자극하는 것 — 예를 들어, 그들을 매우 좋거나 매우 나쁜 태도에 노출시키는 것 — 은 그 군중을 다른 방향으로 나아가게 할 것이다.

27-28

백화점의 우수고객에게는 특별한 주차장이 따로 있다. 이들 VIP 고객은 전용 휴게실에서 차를 마실 수도 있고 추가할인 혜택도 누릴 수 있다. 백화점은 단골고객에게 특전을 제공하는데, 수익의 대부분이라 할 수 있는 약 80%가 소수의 충성고객, 즉 상위 20%로부터 발생하기 때문이다. 이탈리아의 경제학자 빌프레드 파레토(Vilfred Pareto)가 주장한 20대 80의 법칙은 우리의 일상생활에서 쉽게 발견된다. 우리가 받는 전화 중 80%는 우리가 알고 있는 사람들 중 가장 가까운 20%로부터 걸려오는 것이고, 인구의 20%가 국가에 있는 돈의 80%를 가지고 있으며, 20%의 근로자가 80%의 일을 한다. 미국의 언어학자 조지 킹슬리 지프(George Kingsley Zipf)가 성경과 소설 『모비 딕』에 나오는 단어들을 빈도수에 따라 정리하자, 파레토 분포와 매우 유사한 분포를 얻게 되었다. <인터넷은 파레토의 법칙을 통쾌하게 뒤집었다.> 요시히로 스가야(Yoshihiro Sugaya)는 시장의 중심이 소수에서 다수로 옮겨가고 있다고 주장한다. 그는 그것을 '긴 꼬리(Long tail) 법칙'이라고 부른다. 그는 미국의 온라인 서점 아마존닷컴(Amazon.com)을 예로서 언급한다. 그곳은 수익의 절반을 비인기 서적의 판매로부터 얻는다. 파레토 분포에서 별로 중요하지 않은 것으로 간주됐던 긴 꼬리 부분이 보다 더 중요해지고 있다.

exclusive a. 배타적인; 독점적인   perk n. 특전   patron n. 후원자; 고객   portion n. 일부, 부분   revenue n. 소득, 수익   loyal a. 충성스러운, 충실한   linguist n. 언어학자   arrange v. 배열하다, 정리하다   frequency n. 횟수, 빈도수   occurrence n. 사건; (사건의) 발생   obtain v. 얻다, 획득하다   distribution n. 분배, 배분; 분포   principle n. 원리, 원칙   cite v. 인용하다; 예증하다   insignificant a. 무의미한, 하찮은, 사소한

27 문장삽입 ③

주어진 문장은 "인터넷은 파레토의 법칙을 통쾌하게 뒤집었다."라는 의미이므로, 파레토의 법칙과 상반되는 법칙, 즉 '긴 꼬리 법칙'을 언급하기 시작하는 부분인 ⓒ에 들어가는 것이 적절하다.

28 내용추론 ③

아마존닷컴의 사례는 파레토 법칙이 아닌 긴 꼬리 법칙을 보여주는 것이므로 ③이 정답으로 적절하다.

위 글을 통해 추론할 수 있는 것은?
① 인터넷 쇼핑의 인기가 정체 상태에 접어들었다.
② 단어 사용 빈도의 예는 "긴 꼬리" 법칙을 뒷받침한다.
③ 아마존의 사례는 파레토 법칙을 고수하지 않는다.
④ 우리는 지인보다 모르는 사람들에게 더 자주 전화를 건다.
⑤ 백화점은 VIP 고객의 혜택을 줄이려고 한다.

29-30

1920년부터 2차 세계대전이 시작된 1941년까지 모텔 사업이 써내려간 이야기는 끊임없는 성장의 이야기다. 모텔(이 용어는 motor와 hotel의 합성어이다)은 서부와 중서부에서 메인과 플로리다까지 줄곧 퍼져나갔다. 모텔은 미국의 40번, 66번 국도와 같은 대륙횡단 고속도로와 동부해안과 서부해안을 오르내리는 남북 국도를 따라 무리지어 들어섰다. 1930년에는 16,000개의 모텔이 있었고 1940년에는 24,000개의 모텔이 있었다. 모텔 산업은 1930년대의 대공황으로 피해를 입지 않은 몇 안 되는 산업 중 하나였다. 사실, 모텔의 싼 요금이 가진 돈이 얼마 없는 여행객들을 끌어들였던 것이다.

uninterrupted a. 끊임없는, 부단한   term n. 용어   combination n. 결합, 조합   cluster v. 모여들다, 몰려들다   transcontinental a. 대륙횡단의   the Depression 대공황   rate n. 가격; 요금   attract v. (사람을) 끌어들이다; 매혹하다

29 동의어 ④

uninterrupted는 '끊임없는'이라는 의미이므로 '계속되는'이라는 뜻의 continuing이 동의어로 적절하다. ① 현저한 ② 의심할 바 없는 ③ 눈에 보이지 않는 ⑤ 중요하지 않은

30 빈칸완성 ③

빈칸 이하는 앞 문장에 대한 구체적인 이유나 내막을 밝히는 내용에 해당하므로, 빈칸에는 In fact가 들어가는 것이 적절하다.

31-32

불과 25년 전만 해도 선진국에서는 60~65세 남성 5명 중 4명이 직업을 가지고 있었을 것이다. 오늘날 이 연령대의 남성들 중 절반은 더 이상

근로자로 간주되지 않는다. 그렇게 많은 고령의 남성들이 노동력에서 제외된 이유는 무엇일까? 한 가지 이유는 많은 나라들에서 조기 퇴직을 장려했다는 것이다. 프랑스는 퇴직 정년을 60세로 낮추기까지 했다. 조기 퇴직으로 인해 청년들을 위한 일자리가 더 많이 마련될 것이고, 그로 인해 특히 유럽에서 급증한 실업률이 줄어들 것이라는 생각에서였다. <퇴직하기 전에 여가와 대인관계에 더 많은 시간을 보내려 노력하는 것이 필수적이다.> 그러나 이것은 대체로 근거 없는 믿음으로 드러났다. 조기 퇴직으로 인해 생긴 대부분의 일자리는 그냥 사라지고 말았다. 산업계에서 구조조정은 일상적인 일이고, 노동력 감축은 작업 현장과 사무실 모두에서 이뤄지고 있다. 나이 든 남성 근로자들이 종종 가장 먼저 해고된다. 그들은 나이가 많고 새롭게 하기 어려운 낡은 기술을 갖고 있기 때문에 비용이 많이 드는 것으로 여겨지고 있다.

그러한 가정들은 최근의 노동 관련 연구에 비추어 재고돼야 한다. 경제 선진국에서는 인구 증가보다 인구의 고령화가 더 빨리 진행되고 있다. 더 적은 근로자들이 더 많은 퇴직자들을 부양해야 하는 상황이기 때문에, 정부는 연금, 사회 보장 제도, 그리고 의료보험에 더 많은 돈을 써야 할 것이다. 유럽에서는 사회복지제도가 이미 한계점에 다다랐고 축소되는 과정에 있다. 선진국들로서는 직장 생활을 늘일 방법을 찾는 것 외에 다른 선택의 여지가 거의 없어 보인다.

retirement n. 퇴직; 은퇴 lower v. 낮추다, 내리다 mandatory a. 의무적인, 강제적인 reduce v. 줄이다; 축소하다 employment n. 고용 soar v. (물가 따위가) 급등하다, 치솟다 myth n. 신화; (근거가 희박한) 사회적 통념 restructuring n. (조직·제도·사업 등의) 재편성, 구조조정 the order of the day 흔한 일 let go 해고하다 renew v. 새롭게 하다 in the light of ~에 비추어, ~의 관점[견지]에서 pension n. 연금 breaking point 한계점 process n. 진행; 과정

---

31 글의 흐름상 어색한 문장 고르기   ③

ⓒ의 전후 문장은 조기 퇴직을 장려한 것과 그에 따른 부작용에 관한 내용인 데 반해, ⓒ는 퇴직 이전에 해야 할 일에 대한 권고사항에 관한 것이므로 글의 흐름상 부적절하다.

---

32 빈칸완성   ②

조기 퇴직을 강제하는 것이 여러 부작용과 역효과를 낳았다고 했으므로, 이를 해결하는 방법은 조기 퇴직을 하지 않도록 하는 것, 즉 직장 생활을 오래할 수 있는 방법을 찾는 것이 될 것이다.

빈칸에 들어갈 말로 가장 적절한 것은?
① 해외로부터 건강한 근로자들을 고용하다
② 직장 생활을 늘릴 수 있는 방법을 찾다
③ 기존 직원들의 일자리를 없애다
④ 사업주들에게 위험을 감수하지 말 것을 촉구하다
⑤ 기업이 IT 사업에 더 많은 투자를 하도록 장려하다

33-34

잘생겨 보이는 것은 인간의 보편적인 집착이다. 우리는 어떻게 육체적인 아름다움을 인지하고, 또 왜 육체적인 아름다움을 그토록 중요하게 여기는가? 짝을 선택하는 것에 관한 한, 암컷 펭귄은 차를 세워서 경적을 울리는 첫 번째 녀석한테 홀딱 반해버릴 만큼 어리석지는 않다. 암컷 펭귄은 가능한 한 가장 튼튼한 구애자를 얻으려고 끝까지 기다린다. 남극에서 이것은 갓 부화한 알을 품은 채 몇 주를 지내도 굶어죽지 않을 만큼 토실토실 살이 찐 구애자를 의미한다. <동물의 세계 중에 인간의 세계는 다를까?> 인간사에서도 외모가 중요한 것은 분명하다. 연구에 의하면, 매력적으로 여겨지는 사람들이 부모와 교사들과 더 잘 어울리고, 더 많은 친구들과 사귀고, 더 많은 돈을 벌며, 더 많은 (그리고 더 아름다운) 파트너들과 더 나은 성관계를 가진다고 한다. 매년 48,000명의 남성을 포함한 400,000명의 미국인들이 성형외과로 몰려든다. 다른 나라들에서는 사람들이 흉터, 입술장식, 밝은 깃털로 몸을 '꾸민다'. "모든 문화는 '아름다움을 추구하는 문화'입니다. 저는 역사 속 어느 시대든, 세계 어느 곳에서든, 아름다움에 사로잡히지 않았던 사회가 있으면 누구든 지적해보라고 합니다."라고 MIT 미디어 연구실에서 인간의 매력을 연구하고 그 주제에 대한 책을 쓰고 있는 신경과학자 낸시 에트코프(Nancy Etcoff)는 말한다. 이상적인 아름다움은 시대마다, 문화마다 다르다는 것이 정설이다. 그러나 새로운 연구 성과는 그와 같은 생각을 혼란스럽게 만들고 있다. 여러 연구는 인종, 계급, 나이에 상관없이 모든 곳의 사람들이 무엇이 매력적인지에 대한 관념을 공유한다는 것을 입증했다. 그리고 어떻게 우리의 마음이 얼굴이나 몸을 보고 황홀하게 느끼게 되는지는 아무도 모르지만, 새로운 연구는 우리가 알지 못하는 규칙으로 서로를 판단하고 있음을 시사하고 있다.

universal a. 보편적인, 일반적인 obsession n. 강박관념, 집착 perceive v. 지각하다, 감지하다, 인식하다 when it comes to ~에 관한 한 fall for ~에 속다, 반하다 creep n. 싫은 녀석, 불쾌한 사람 pull up (말·차 따위를) 멈추다[세우다] honk n. 경적을 울리다 hold out for ~을 끝까지 지지[주장]하다 suitor n. 구혼자, 구애자 chubby a. 토실토실 살이 찐 hatch v. 부화하다 beyond dispute 분명히 fare v. 지내다, 살아가다 flock v. 몰려들다, 모이다 cosmetic surgeon 성형외과 의사 bedéck v. 꾸미다, 장식하다 scar n. 상처 자국, 흉터 lip plug 입술장식 neuroscientist n. 신경과학자 defy v. 무시하다; (노력·해결 따위를) 거부[저지]하다, 물리치다 preoccupied a. 열중한, 몰두한 era n. 시대, 시기 confound v. 당황하게 하다, 혼란스럽게 하다 translate v. 번역하다 rapture n. 환희, 황홀

---

33 글의 제목   ①

아름다움을 추구하고 아름다운 대상에게 끌리는 것은 생물의 본성임을 이야기하고 있는 내용이므로, 제목으로는 ①이 적절하다.

위 글의 제목으로 가장 적절한 것은?
① 아름다움의 생물학
② 아름다움을 추구하는 문화의 역사
③ 아름다움의 문화적 편차
④ 매개 변수적인 인간의 집착
⑤ 성형수술의 윤리

---

34 문장삽입   ②

주어진 문장은 "동물의 세계 중에 인간의 세계는 다를까?"라는 의미이므로, 동물이 짝을 구하는 기준을 언급한 다음 인간의 경우는 어떠한지를 이야기하기 시작하는 부분에 오는 것이 적절하다. 그러므로 주어진 문장은 ⓑ에 들어가야 한다.

35-36

주의를 기울이는 능력은 너무나도 필수적인 생활 기술로 여겨지기 때문에, 그것의 부족은 하나의 광범위한 의학적 문제(질환)가 되었다. 미국 아동 중 거의 4~5%가 주의력결핍 과잉행동장애(ADHD)로 진단받고 있다. 그러나 최근 들어서 주의를 기울이지 않는 것이 가진 놀라운 장점이 발견되었다. 예를 들어, 연구원들은 공상에 잠기는 것과 창의력 사이에 놀라운 연관성이 있음을 발견했다. 공상에 더 많이 잠기는 사람들이 또한 새로운 아이디어를 만들어내는 데 더 능하다는 것이다. 과학자들에 따르면, 집중을 하지 못하는 것은 의식 속에서 생각들이 확실히 더 풍부하게 뒤섞이도록 하는 데 도움을 준다. 이 사람들은 세상을 걸러내려고 애쓰기 때문에, 결국에는 모든 것을 받아들이게 된다. 그와 같은 주의력 상실이 매우 중대한 창조적 기술임이 드러나고 있다. 우리가 어려운 문제에 직면했을 때, 누가 봐도 가장 뻔히 보이는 해결책은 아마도 잘못된 것일지도 모른다. 그러한 순간에, 억지스러운 가능성들을 고려하고, 판에 박히지 않은 관점에서 과제에 접근하는 것이 종종 도움이 된다. 주의가 산만한 것이 유용한 것은 이런 이유에서다. 집중을 하지 못하는 사람들은 무관해 보일지 모르지만 나중에 돌파구를 마련하게 될 정보를 고려할 가능성이 더 높기 때문이다.

diagnose v. 진단하다 attention-deficit hyperactivity disorder 주의력결핍 과잉행동장애(ADHD) daydream v. 공상에 잠기다 generate v. 산출하다, 생기게 하다; 발생시키다 ensure v. 확실하게 하다, 확보하다 mixture n. 혼합; 혼합물 consciousness n. 의식, 자각 filter v. 거르다, 여과하다 crucial a. 결정적인, 중대한 obvious a. 명백한, 명확한 solution n. 해법, 해결법 perspective n. 시각; 견지 distraction n. 정신이 흐트러짐, 주의산만 irrelevant a. 부적절한; 무관계한 inspire v. 고무하다, 고취하다; (사상·감정 등을) 일어나게 하다 breakthrough n. 돌파구, 획기적인 약진

---

35 빈칸완성 ⑤

집중을 하지 못한다는 것은 주의력을 '상실'하는 것이므로 Ⓐ에는 lapses가 적절하다. 한편, 뻔히 보이는 해결책이 잘못된 해결책일 가능성이 높은 상황에서는 누구나 생각할 수 있는 것이 아닌 방법을 모색하는 것이 도움이 될 것이므로, 이것은 다소 억지스러운(farfetched) 수도 있는 가능성들을 고려하는 것이고 또한 판에 박히지 않은(unconventional) 관점에서 접근하는 것이다.

다음 중 Ⓐ, Ⓑ, Ⓒ에 들어갈 말로 바르게 짝지어진 것은?
① 세부사항 ─ 실용적인 ─ 판에 박힌
② 세부사항 ─ 실용적인 ─ 판에 박히지 않은
③ 세부사항 ─ 억지스러운 ─ 판에 박히지 않은
④ 상실 ─ 억지스러운 ─ 판에 박힌
⑤ 상실 ─ 억지스러운 ─ 판에 박히지 않은

---

36 글의 주제 ②

본문은 주의를 기울이지 못하는 것이 가진 놀라운 장점에 대해 주로 이야기하고 있으므로, 주제로는 ②가 적절하다.

위 글의 주제로 가장 적절한 것은?
① 주의력 향상의 중요성
② 주의력 결핍의 긍정적 측면
③ 주의력과 학업 성취도의 관계
④ 창의력이 주의력에 미치는 영향
⑤ 산만한 학생들을 위한 효율적 교육 방법

37-38

연구원들은 차(茶)가 박테리아와 다른 병원균들의 공격을 막도록 면역 체계를 준비시킬 수도 있다는 새로운 증거를 발견했다. "이것은 차가 면역 체계에 영향을 미칠 수 있음을 보여주는 최초의 보고서입니다."라고 류마티스학자이자 이번 연구의 공동 저자인 잭 부코우스키(Jack Bukowski) 박사는 말한다. 그러나 이것이 차로 인한 것으로 알려진 최초의 건강상의 효능은 아니다. 오랜 세월에 걸쳐, 차가 다양한 종류의 암, 심혈관 질환, 알츠하이머병, 파킨슨병, 류머티스성 관절염을 막는 데 도움을 줄 수 있다는 신빙성 있는 주장들이 제기돼 왔다. 그러나 급히 나가서 티백을 비축하기 전에 몇 가지 알아야 할 것들이 있다. 차의 효능에 대한 증거는 여전히 상충된다. 비록 차가 면역 체계를 전체적으로 증진시키는 것으로 실제로 드러나더라도, 그 효과는 그다지 강하지 않다. 결국, 세상에는 차를 마시는 사람들이 매우 많이 있지만, 그들조차도 사스(SARS)와 같은 질병의 발병으로부터 자유롭지 못했다.

evidence n. 증거 prime v. 준비시키다 immune system 면역 체계 fend off (공격 등을) 받아넘기다, 막아내다, 피하다 pathogen n. 병원균 affect v. 영향을 미치다, 악영향을 미치다 rheumatologist n. 류머티스학자 attribute v. ~의 탓으로 하다; ~의 출처[기원 따위]를 (…의) 것으로 추정하다 credible a. 신뢰할 수 있는, 확실한 claim n. 주장; 청구 cardiovascular a. 심혈관의 rheumatoid arthritis 류머티스성 관절염 stock up on ~을 비축하다 booster n. 효능 촉진제; 후원자

---

37 빈칸완성 ⑤

빈칸을 포함하고 있는 문장의 앞에는 '차가 면역 체계를 강화시켜 여러 질병을 예방할 수 있다'는 의견이 소개돼 있는데, 빈칸 뒤에서 설령 그러한 효능이 있다고 하더라도 그다지 크지 않을 수 있음을 이야기하고 있으므로, 차의 효능에 대한 증거는 서로 '상충됨'을 알 수 있다. 따라서 빈칸에는 '상충되는'이란 의미의 ⑤가 적절하다. ① 보이지 않는 ② 알려지지 않은 ③ 현저한 ④ 만연한

---

38 내용일치 ③

"오랜 세월에 걸쳐, 차가 다양한 종류의 암, 심혈관 질환, 알츠하이머병, 파킨슨병, 류머티스성 관절염을 막는 데 도움을 줄 수 있다는 신빙성 있는 주장들이 제기돼 왔다."고 했으므로, ③이 정답으로 적절하다. ⑤ 차가 면역체계에 긍정적인 영향을 줄 수 있다는 내용을 담은 첫 보고서라고 부코우스키 박사는 말하지만 오랜 세월에 걸쳐 그런 주장들이 제기되어 왔다.

위 글의 내용과 일치하는 것은?
① 면역력을 높이는 차의 효능은 강력하다.
② 차를 자주 마시는 사람들은 SARS에 걸리지 않는다.
③ 차는 암, 심장혈관 질환 등을 예방하는 데 도움을 준다.
④ 차의 다양한 효능이 알려지자 재고량이 부족해지고 있다.
⑤ Bukowski 박사팀의 연구로 차의 효능이 처음으로 알려졌다.

39-40

10년 전에 미국인들이 에이즈에 대해 걱정하기 시작했을 때부터 연구원들은 이 주제를 둘러싼 완고한 무지로 인해 곤혹스러워 해왔다. 공교육을 통한 대대적인 캠페인에도 불구하고, 많은 사람들은 이 병이 어떻게 전염되는지에 대해 여전히 혼란스러워하고 있다. 의료 종사자들은 감염이 주로 HIV 보균자의 혈액, 정액, 타액 등과의 직접적인 접촉을 통해 발생한다는 사실을 거듭 강조해 왔다. 그러나 일부 의사들조차 그들과 우연히 접촉하는 것을 거북하게 여기고 있는 듯하다. 심리학자들은 단순히 감염에 대한 두려움 이상의 무언가가 작용하고 있는 게 아닌가 하고 의심하고 있다. 공포가 논리를 무효화하는 것 같다. 애리조나 주립대학의 연구원들은 최근 한 연구에서 수백 명의 경영학 전공자들에게 에이즈 환자들이 전날에, 1주일 전에, 그리고 1년 전에 사용했던(사용 후에 세척을 한) 식기로 식사를 하는 것에 대해 어떻게 생각하는지 물었다. 그들은 HIV 감염에 대해 실제로 잘 알고 있었지만, 대다수는 1년 후에도 어느 정도의 불안감은 가시지 않을 거라고 인정했다. "사람들은 자신이 불합리하다는 것을 알면서도 에이즈에 걸린 사람들과 접촉하거나 그들과 식기를 함께 쓰길 원하지 않습니다."라고 이번 연구를 이끈 임상심리학자 캐롤 네메로프(Carol Nemeroff)는 말한다.

obdurate a. 완고한 transmit v. (병을) 전염시키다 emphasize v. 강조하다, 역설하다 infection n. 전염, 감염 contact n. 접촉 semen n. 정액 saliva n. 침, 타액 casual a. 우연한, 뜻밖의 silverware n. 은그릇, 은식기류 factually ad. 실제로, 사실상 linger v. (의심 따위가) 좀처럼 사라지지[떠나지, 가시지] 않다 irrational a. 불합리한, 이성[분별]이 없는 clinical a. 진료의, 임상의

---

39 글의 제목   ①

에이즈의 감염이 HIV 보균자의 혈액, 정액, 타액 등과의 직접적인 접촉을 통해 발생한다는 것을 실제로 잘 알고 있지만, 에이즈에 걸린 사람들이 사용한 적이 있는 식기를 오랜 시간이 지난 후에도 사용하는 것을 꺼리는 등, 그들과의 우연한 접촉마저 꺼리고 불안하게 여기는 분위기가 사람들 사이에 만연해 있음을 이야기하고 있는 내용이다. 이는 이성적으로는 우연한 접촉을 통해서는 에이즈에 감염이 되지 않는다는 것을 알면서도 심정적으로는 이를 기피하는 상황으로 요약할 수 있다. 따라서 제목으로는 ①이 적절하다.

위 글의 제목으로 가장 적절한 것은?
① 이성에 대한 저항
② 능력과 수행
③ 에이즈의 잊을 수 없는 진실
④ 대유행병의 본질
⑤ 의학에 대한 새로운 사회적 통념

---

40 빈칸완성   ①

이성적으로는 우연한 접촉만으로는 에이즈에 걸리지 않는다는 것을 알지만 혹시나 하는 두려움이 그들과의 접촉을 매우 꺼리도록 만든다는 맥락이므로, 빈칸에는 이를 나타내는 ①이 들어가는 것이 자연스럽다.

빈칸에 들어갈 말로 가장 적절한 것은?
① 공포가 논리를 무효화하는 것 같다
② 에이즈에 대한 많은 우려는 정당하다
③ 에이즈는 더 이상 공공장소에 널리 퍼져있지 않다
④ 도덕적 특성과 신체적 특성 사이에는 차이가 없다.
⑤ 만약 확률이 1,000분의 1이라면 모두가 위험을 감수할 것이다.

01 ④	02 ⑤	03 ③	04 ③	05 ⑤	06 ④	07 ④	08 ⑤	09 ①	10 ⑤
11 ④	12 ①	13 ④	14 ②	15 ③	16 ③	17 ②	18 ④	19 ③	20 ③

01 동의어　　　　④

sixth sense 육감　be in trouble 곤경에 처하다　prescience n. 예지; 선견(= foresight)　time after time 자주, 몇 번이고, 거듭, 많은 경우에　apprehension n. 우려, 불안　sentiment n. 정서, 감정　resentment n. 분함, 억울함, 분개　involvement n. 관련, 관여; 몰두, 열중

내 아들은 현재 스페인에 살고 있지만, 나는 그가 곤경에 처하면 일종의 육감을 느낀다. 내 딸은 나의 예지가 나의 상상일 뿐이라고 생각하지만, 나의 아들의 안전 문제에 대해서는 내가 옳을 때가 많았다.

02 동의어　　　　⑤

terms n. (지급·계약 따위의) 조건, 조항; 약정　insurance n. 보험　invalidate v. (서류·계약·선거 등을) 무효화하다(= repeal)　policy n. 보험 증권[증서]　accurate a. 정확한　diminish v. 줄어들다, 약해지다　upgrade v. 개선하다　prolong v. 연장시키다, 연장하다　distort v. 비틀다; 왜곡하다

귀하가 지난 9월 매입한 보험 증권의 약관에는 신청서에 어떤 허위 정보가 있으면 보험 증권을 무효화한다는 내용이 분명히 명시되어 있습니다. 우리는 귀하가 우리에게 제공한 병력(病歷)이 정확하지 않다는 결정을 최근 내렸습니다. 이에 따라 귀하의 보험 증권이 2020년 12월 2일부로 취소되었음을 이 이메일을 통해 알려드립니다.

03 논리완성　　　　③

어떤 문제와 관련한 사실을 대중들에게 납득시키려면 과학적인 확실한 근거에 기초해야 하므로, 납득시키기 어려웠다는 것은 과학적 근거가 확실하지 않았다는 말이다. 따라서 빈칸에는 과학적 평가가 확실한 결론에 이르지 못했다는 말이 되도록 하는 ③ inconclusive가 적절하다.

assessment n. 평가　convince v. 납득시키다, 확신시키다　address v. 역점을 두어 다루다, 처리하다　substantial a. 상당한; 실제적인　indisputable a. 반론의 여지가 없는, 부인할 수 없는　inconclusive a. 결정적이 아닌, 결론에 이르지 못하는　plausible a. 타당한 것 같은, 이치에 맞는　tranquil a. 고요한, 평온한

지구 온난화가 일어나고 있는지에 대한 과학적인 평가가 결론에 이르지 못했기 때문에, 이 현상이 역점을 둬서 다루어져야 할 필요가 있는 중대한 문제라는 것을 대중들에게 납득시키기 어려웠다.

04 논리완성　　　　③

빈칸에는 someone이 가지는 성격상의 특징을 나타내는 형용사가 적절한데, 이들이 어리석거나 가벼운 마음으로(in a silly or light-hearted way) 행동한다고 했으므로 이와 유사한 의미를 지니고 있으면서 rather than 다음의 serious(진지한)와 반대되는 의미의 형용사 ③ frivolous가 빈칸에 적절하다.

silly a. 어리석은, 바보 같은　light-hearted a. 마음이 가벼운, 근심 걱정 없는, 마음 편한; 쾌활한　modest a. 겸손한; 얌전한　insolent a. 버릇없는, 무례한　frivolous a. 경솔한, 바보 같은　boorish a. 상스러운, 천박한　dexterous a. 솜씨 좋은; 교묘한

만약 당신이 누군가를 경솔하다고 말한다면, 당신은 그들이 진지하고 분별력이 있다기보다 어리석거나 가벼운 마음으로 행동한다는 것을 의미한다.

05 to 부정사의 병치　　　　⑤

마지막 문장에서 that절의 reached는 have found의 found와 병치된 것이 아니라 to land와 병치된 것이므로 ⓔ를 to reach 또는 reach로 고쳐야 한다. 참고로 to 부정사가 병치될 때는 뒤의 to는 생략할 수 있다.

curiosity n. 호기심　progress n. 진전, 진척　frontier n. 변경(邊境); (특히 특정 지식·활동 영역의) 한계　dimension n. 차원, 관점　sparkling a. 반짝거리는　fascinate v. 마음을 사로잡다, 매혹하다

호기심이라는 본능은 인간의 개인적 그리고 집단적 진보에 크게 기여한다. 그것은 사람들로 하여금 미지의 것을 찾고 아직 이해되지 않는 것들에 대한 답을 찾게 한다. 따라서 보다 중대한 분야에서, 호기심은 인간으로 하여금 새로운 변경(邊境)을 모든 차원에서 조사하고 정복하게 한다. 예를 들면, 밤하늘의 반짝이는 천체는 인간이 달에 착륙하고 그 너머에 도달하는 방법을 발견했을 정도로 인간이 가진 호기심이라는 본능을 매료시켰다.

06 관계사절의 수일치　　　　④

관계대명사의 수는 선행사에 일치시킨다. 마지막 문장의 주격 관계대명사 that의 선행사는 the light라는 단수명사이므로, that절의 동사도 단수가 되어야 한다. ⓓ를 enters로 고친다.

gemstone n. 보석의 원석　measure v. 측정하다　bring out (빛깔·성질을) 드러나게 하다　angled a. 모난, 각이 있는　facet n. (보석의 깎인) 면　sparkle v. 반짝이다

원석은 자연적으로 생기는 광물이다. 원석의 가치는 다양한 방법으로 측정된다. 원석의 가치는 보석의 색, 투명도, 크기, 그리고 보석이 얼마나 잘 깎였는지에 의해 측정된다. 보석 세공인은 보석의 아름다움을 드러내 보이기 위해 원석을 깎아낸다(세공한다). 원석은 각진 면을 갖도록 깎이기 때문에 반짝인다. 그 면은 보석에 들어오는 빛을 반사하여 보석이 빛나게 한다.

---

07 지시대명사의 수일치　　　　　　　　④

ⓓ가 가리키는 것은 단수명사 ecology이므로 ⓓ를 that으로 고쳐야 한다.

anecdotal a. 입증되지 않은, 일화적인 looming a. 희미하게 나타나는 biodiversity n. 생물의 다양성 reinforce v. 강화하다, 보강하다 comprehensive a. 포괄적인, 종합적인 temperate a. (기후·계절 등이) 온화한; (지역 따위) 온대성의 ecology n. 생태학 microcosm n. 소우주, (더 큰 것의) 축소판

생물 다양성의 위기가 다가오고 있다는 일화적 증거가 현재 과학에 의해 힘을 얻고 있다. 영국에서 지난 20년 내지 40년 동안 이루어진 식물, 나비, 조류에 대한 포괄적인 조사에서 생태학자들은 모든 토착종의 3분의 1에 있어서 상당한 개체 수의 감소를 발견했다. 그 문제가 단지 지역적인 것이라 해도 충분히 나쁜데, 상황은 그렇지가 못하다. 영국의 온대성 생태계는 세계의 다른 많은 지역의 생태계와 비슷하기 때문에 과학자들이 자세히 연구할 수 있었던 가장 좋은 (세계 생태계의) 축소판이다.

---

08 수동태　　　　　　　　⑤

마지막 문장에서 타동사 supply의 목적어가 없고, 주어인 iodine(요오드)는 식단을 통해 신체에 공급되는 대상이므로 ⓔ는 수동태가 되어야 한다. 따라서 ⓔ를 must be supplied로 고쳐야 한다.

organism n. 유기체, 생물 trace element 미량 원소 iodine n. 요오드 vital a. 필수적인 functioning n. 기능, 작용 thyroid gland 갑상선 gland n. (분비)선(腺), 샘 slight a. 약간의, 적은 swelling n. 융기, 팽창 simple goiter 단순갑상샘종 fatal a. 치명적인

유기체 내에서 어떤 원소의 필요량이 극미할 때 그것을 미량 원소라고 한다. 요오드는 신체의 화학 작용, 즉 신진대사의 속도를 조절하는 갑상선의 기능에 필수적인 미량원소이다. 약간의 요오드 결핍은 갑상선이 있는 목 부위가 크게 부어오르게 할지도 모르는데, 이것이 단순갑상샘종으로 알려진 질환이다. 요오드가 완전히 없는 것은 치명적이다. 그러나 몸 안에 있는 요오드의 총량은 전체 몸무게의 약 1/2,500,000에 불과하다. 모든 미네랄의 경우와 마찬가지로, 요오드도 식단을 통해 몸에 공급되어야 한다.

---

09 논리완성　　　　　　　　①

두 번째 문장에서 캐나다의 법이 개정되어 이제 여성들은 캐나다 군대의 모든 직위에서 복무하는 것이 가능하다고 했는데, 이것은 지금까지 사람들은 여성이 군대에서 실제로 일을 하여 성공(성장, 생존)할 수 있을 것으로 생각지 않았다는 말이다. 따라서 빈칸에는 국방의 '가능성 있는' 원천이라는 말이 되게 ①이 들어가야 한다.

national defense 국방 revise v. 개정[수정, 조정]하다 viable a. 실행 가능한, 성공할 수 있는 representative a. 대표하는; 전형적인 distinctive a. 독특한, 특이한, 특색 있는 superficial a. 피상[표면]적인 presumptuous a. 주제넘은, 건방진

여성이 우리 국방의 가능성 있는 원천이라는 사실을 사람들은 언제 깨닫게 될까? 캐나다의 법이 개정되어 이제 여성이 캐나다 군대의 모든 직위에서 복무하는 것이 허용되고 있다.

---

10 논리완성　　　　　　　　⑤

존이 자신의 책무에 대한 관심이 부족해서 경고를 받았다고 했고, 그가 일자리를 잃을 위험에 처해있다고 했으므로, 그의 자리가 위태로웠음을 알 수 있다. 따라서 '위태로운'이라는 의미의 관용어 ⑤ on the line이 빈칸에 적절하다.

conscientious a. 양심적인, 성실한, 진지한 alert v. 경고하다; 주의하다 obligation n. 의무, 책무 in stitches 배꼽을 쥐고 웃는 out of woods 한 고비를 넘어, 위기를 벗어나 on one's[its] last legs 다 죽어가며, 기진맥진하여 in the hole 빚을 져서[적자로] on the line 위태로운

최근에 존(John)은 회사에서 자기 업무의 정확성과 질에 대해 더 진지해졌다. 그는 자기 책무에 대한 관심 부족으로 인해 그의 자리가 위태롭다는 경고를 받았다. 일자리를 잃을 위험에 처해있다는 경고를 받았을 때, 존은 회사에서 자신의 책무를 더 진지하게 여기기 시작했다.

---

11 논리완성　　　　　　　　④

어원학자들이 어떤 학자들과 비슷한지를 비교해서 설명하고 있는데, 빈칸에 들어갈 학자들이 연구하는 내용을 빈칸 이하에서 언급하고 있다. 이들은 사람과 사건의 물리적인 역사를 밝혀낸다고 했으므로 이를 연구하는 사람은 '고고학자'에 해당한다. 따라서 ④ archaeologists가 빈칸에 적절하다.

etymology n. 어원학, 어원 연구 word root 어원(語源) librarian n. (도서관의) 사서 archaeologist n. 고고학자 dig up 캐내다, ~에 대해 알아내다 phrase n. 구절 meteorologist n. 기상학자 linguist n. 언어학자 physicist n. 물리학자 archaeologist n. 고고학자 psychologist n. 심리학자

단어와 어원에 대한 연구인 어원학은 작고 먼지로 가득한 방 안에서 따분해하는 사서들이 하는 그런 일 같이 들릴 수 있다. 그러나 어원학자들은 실제로는 유달리 흥미로운 일을 하고 있다. 그들은 여러 면에서 사람과 사건의 물리적인 역사를 캐내는 고고학자들과 같다. 어원학의 특별한 면은 그것이 말하자면 (지금) 남겨져 있는 단어와 구절을 통해 (과거) 역사를 캐낸다는 것이다.

---

12 논리완성　　　　　　　　①

북아메리카 식민지 시대에 목재가 풍부했음을 설명하는 글이다. 마지막 문장에서 목재의 가격이 약간 올라있었다고 한 다음 역접의 접속사 but이 왔으므로, 가격 상승에도 불구하고 목재는 많이 쉽게 구할 수 있었다는 내용이 나와야 문맥상 적절하다. 따라서 ①이 정답이다.

strikingly ad. 현저하게, 눈에 띄게 in a respect ~의 점에 있어서 by comparison with ~와 비교하면 climax forest 극상림(極相林) seaboard n. (한 국가의) 해안 지방 abundant a. 풍부한 encounter v. 맞닥뜨리다, 접하다

북아메리카 식민지의 기술은 유럽의 기술과 크게 다르지 않았지만, 한 가지 면에서 식민지 정착민들은 커다란 이점을 누렸다. 특히 영국과 비교할 때, 미국인들은 목재를 놀라울 정도로 많이 갖고 있었다. 최초의 식민지 개척자들은 대륙 전체가 극상림(極相林)으로 덮여있다는 것을 발견하지 못했다. 심지어 대서양 연안을 따라서도 숲이 여러 지점에서 끊겨 있었다. 그럼에도 불구하고, 온갖 종류의 훌륭한 나무가 풍부했고, 초기 식민지 시대 동안 서쪽으로 나아간 사람들은 새로운 숲을 만나게 되었다. 식민지 시대가 끝났을 때는 이미, 동부 도시에서 목재의 가격이 약간 올라가고 있었지만, 목재는 여전히 쉽게 구할 수 있었다.

① 여전히 쉽게 구하다
② 찾기 쉽지 않다
③ 너무 비싸게 여겨지다
④ 다른 대륙으로 수출되다
⑤ 종류가 서부 도시와 다르다

13 논리완성   ④

초기 지도는 정확하지 않았으며, 초기 제작자들이 지도를 편찬할 때 상상력은 지리적 사실만큼 중요했다고 했다. 상상력이 지리적 사실만큼 중요했다는 점은 상상의 동물과 이국적인 사람들의 삽화가 그려져 있는 옛날 지도에서 분명하게 드러날 것이므로 빈칸에는 ④ evident가 적절하다.

steamship n. 증기선 transcontinental train 대륙횡단 열차 travel out of a country 국외로 여행하다 be accused of ~로 비난을 받다 compile v. 엮다, 편집[편찬]하다 geographic a. 지리학(상)의, 지리(학)적인 horrifying a. 소름끼치는 unanticipated a. 기대[예상]하지 않은 impeccable a. 흠 잡을 데 없는

증기선과 대륙횡단 열차로 인해 많은 사람들이 장거리 여행을 할 수 있게 된 19세기까지는 주로 선원과 무역상을 비롯한 소수의 모험가들만이 자국 밖으로 여행을 했다. "외국"은 실제로 대부분의 사람들이 거의 알지 못했던 대단히 이국적인 장소였다. 따라서 초기 지도 제작자들은 종종 부정확한 경우가 많았음에도 실수에 대해 비난받는 것에 대한 두려움이 거의 없었다. 그들이 지도를 편찬할 때 상상력은 지리적 사실만큼 중요했다. 이러한 점은 상상의 동물과 이국적인 사람들의 삽화가 그려져 있는 옛날 지도에서 가장 명백하다.

14 논리완성   ②

부동산 경기가 절정에 이르면 업체와 소비자의 요구를 수용하기 위해 공간이 많이 만들어질 것이다. 그러고 나서 호황기가 지나게 되면 공실률이 올라가고 하향 추세는 더욱 빨라질 것이다. 공실률이 올라가기 위해서는 건설된 공간이 많이 남아있어야 하므로 ② remains가 빈칸에 적절하다.

real estate 부동산 undergo v. 겪다, 경험하다 prolonged a. 오래 계속되는, 장기적인 contraction n. 수축, 축소 inventory n. 재고,

재고품 accommodate v. 공간을[숙소를] 제공하다 vacancy n. 공허, 텅 빔 suspend v. 유예[중단]하다 inflate v. 부풀리다, 올리다

부동산 임대 시장의 특징은 장기적 경기 수축기를 겪는 경향이 있다는 것인데, 공산품의 경우보다 그 경향이 더 강하다. 어떤 공산품의 공급이 수요를 초과하면, 수요와 공급의 균형을 맞추기 위해 제조업체는 생산량을 줄이고 상인은 재고를 줄인다. 하지만 부동산 소유자는 그들이 소유한 건물의 임대 가능한 공간의 양을 줄일 수 없다. 부동산 호황기에 업체와 소비자의 요구를 수용하기 위해 건설된 공간은 남아있고, 그래서 공실률은 오르고 하향 추세는 더욱 심해진다.

15 논리완성   ③

영화가 주는 도피의 속성과 관련한 내용이 마지막 문장에서 설명되는데, 영화가 끝나면 극장을 떠나 실생활의 대혼란으로 다시 들어간다는 것은 영화가 주는 도피의 '일시적'인 속성에 해당한다. 따라서 ③ temporary가 정답이다.

transport v. ~을 수송하다, 옮기다 escape v. 벗어나다 struggle n. 투쟁, 분투 rearrangement n. 재배열, 재정리 disperse v. 흩어지다, 해산하다 margin n. 여백, 차이 escapist n. 현실 도피주의자 neat a. 정돈된, 단정한, 말쑥한 fundamental a. 근본[본질]적인 perpetual a. 끊임없이 계속되는, 빈번한 temporary a. 일시적인, 임시의 unusual a. 특이한, 드문 tragic a. 비극적인, 비극의

전통적인 오락이 항상 약속했던 것은 우리를 일상적인 문제들로부터 옮기는 것, 즉 우리를 삶의 악전고투에서 벗어날 수 있게 해주는 것이었다. 이것이 이루어지는 메커니즘을 분석한 문학자 마이클 우드(Michael Wood)는 자신의 책 『America in the Movies』에서 영화는 "우리의 문제를 다룰 수 있는 형태로 재배치하여, 그것을 우리 관심의 주변으로 쫓아버려" 우리가 그것들을 잊을 수 있도록 하는 것이라고 설명했다. 이것은 우리가 오락을 "현실 도피적"이라고 할 때 우리가 실제로 의미하는 것인데, 우리는 대부분의 오락이 짜임새 있게 담고 있는 깔끔한 서술 방식으로 도피함으로써 삶에서 벗어난다. 하지만, 영화의 경우에는 그 도피가 일시적이라는 가정이 늘 존재했다. 영화가 끝나면 우리는 극장을 떠나서 실생활의 대혼란으로 다시 들어가야 했다.

16-17

달은 그 풍경이 육안으로 볼 수 있도록 펼쳐져 있는 지구 너머의 유일한 세계다. 당신의 시력이 정상이라면, 달의 표면에 있는 많은 특징들 즉, 평원, 산악 지역, 그리고 운석 충돌의 흔적들을 찾아볼 수 있다. 가장 눈에 띄는 흔적들은 어두운 회색 지역이다. 이 지역은 용암으로 이루어진 평원 지대이지만, 새로 발명된 망원경을 사용한 17세기의 천문학자들은 그 평원지대를 물이라고 추정했다. 그들은 각각의 장소의 이름을 마치 바다인 것처럼 라틴어로 'mare'라고 지었다. 고요의 바다를 의미하는 'Mare Tranquillitatis'는 가장 크고 닐 암스트롱(Neil Armstrong)이 1969년에 첫 발을 디딘 장소로 유명하다. 왼쪽 위편에는 평온의 바다 'Mare Serenitatis'와 비의 바다 'Mare Imbrium'이 있다. 세 개 모두 대략적으로 원형을 이루고 있으며, 달이 형성된 지 얼마 안 됐을 때, 운석 충돌로 인해 용암이 거대한 분화구 위로 범람하여 생긴 결과물이다. 그 왼쪽에는 더 크고, 형태가 갖춰지지 않은 폭풍의 바다 'Oceanus Procellarum'가 있고 그 밑에는 습기의 바다 'Mare Humorum'와 구름의 바다 'Mare Numbium'가 있다. 크고 밝은 지역은 더 연한 색의 암석으로 이루어진

산악 지역의 분화구 지형이다. 'Oceanus Procellarum'에 있는 작고 밝은 지역은 개별 분화구가 형성되면서 밝은 색의 암석들이 튕겨져 올라가 흩어진 지역이다.

naked eye 육안, 나안(裸眼) eyesight n. 시력 plain n. 평원, 평지 meteorite n. 운석 patch n. 작은 땅, 지역 flat pain 평야, 평원지대 lava n. 용암, 화산암 astronomer n. 천문학자 telescope n. 망원경 tranquility n. 평온 serenity n. 청명, 평온 crater n. 분화구 cratered terrain 분화구 지역 splash n. 튄 것, 얼룩, 반점 kick up 차올리다

16 글의 주제 ③

시력이 정상이라면 달 표면의 많은 특징들 즉, 평원, 산악 지역, 그리고 운석 충돌의 흔적들을 육안으로 볼 수 있음을 이야기하면서, 가장 눈에 띄는 흔적들은 어두운 회색 지역이라고 한 다음, 그 지역들의 지명, 위치, 크기, 형태, 생성과정 등을 설명하고 있으므로 ③이 글의 주제로 적절하다. ⑤ 그 지역들의 라틴어 지명에 모두 mare가 들어간 이유는 언급되었지만 그 지명의 어원에 대한 언급은 없고 그 지명 자체에 대해 중점적으로 설명한 것도 아니다.

위 글의 주제로 가장 적절한 것은?
① 인간이 처음 발을 디딘 달의 지역
② 망원경으로 달을 관측한 역사
③ 육안으로 달에서 볼 수 있는 것
④ 달에 바다와 분화구가 많은 이유
⑤ 달에 있는 지역들의 라틴어 지명의 유래

17 내용 일치 ②

달에서 어두운 회색 지역은 용암으로 이루어진 평원지대라고 했다. 물이라고 주장한 사람들은 17세기 천문학자들이므로 ②가 글의 내용과 일치하지 않는다.

위 글의 내용과 일치하지 <u>않는</u> 것은?
① 닐 암스트롱이 처음 착륙했던 곳은 평평한 용암 지대이다.
② 어두운 회색빛 조각들처럼 보이는 곳은 물이 흘렀던 흔적이다.
③ Mare Imbrium은 용암이 거대한 분화구 위로 범람하여 생겨났다.
④ 달 표면의 평야와 운석의 흔적들이 육안으로도 관찰 가능하다.
⑤ 달의 산악지역은 상대적으로 밝은 색의 바위들로 이루어져 있다.

18 문맥상 적절한 단어 고르기 ④

초보 운전자들은 잠재적인 위험을 인식하는 데 있어 운전 기술과 경험 모두 부족하다고 했으므로 충돌 사고의 비율이 매우 높을 것이다. 따라서 Ⓐ에는 disproportionately가 적절하다. 한편, 감독자 없이 운전하는 것에 대해 일시적인 제약 조건을 가한다고 했으므로 이 면허는 임시면허일 것이다. 따라서 Ⓑ에는 provisional이 적절하다. 그리고 야간 음전 금지, 승객 수의 제한, 음주 음전 금지는 초보 운전자에 대한 제약 조건에 해당하므로 Ⓒ에는 restrictions가 적절하다.

potential a. 가능성이 있는, 잠재적인 immaturity n. 미숙, 미성숙 graduated a. 등급을 매긴 apprenticeship n. 수습 기간; 수습직

learner's permit 실습면허, 임시면허 impose v. (~에게) 지우다, 부과하다 restriction n. 제한, 한정 prohibition n. 금지 lift v. 해제하다 requirement n. 필요조건, 요건

모든 연령의 초보 운전자들은 잠재적인 위험을 인식하는 데 있어 운전 기술과 경험 모두 부족하다. 갓 면허를 취득한 십대 운전자들의 경우, 그들의 미숙함과 제한된 운전 경험은 지나치게 높은 비율의 충돌 사고를 낳는다. 단계별 운전면허 시스템은 초보 운전자들이 직면한 중대한 위험에 대처하여, 실습면허 단계로 계획적이고 감독 아래 이루어지는 견습 기간을 요구한다. 그러고 나서 감독자 없이 하는 운전에 대해 일시적인 제약 조건을 가하는 임시면허가 발급된다. 일반적으로 부과된 제약 조건에는 야간 운전 제한, 승객수의 제한, 그리고 음주 운전에 대한 금지 등이 포함된다. 이 제약 조건들은 초보 운전자가 경험을 쌓고 십대 운전자가 성숙해져 운전면허증을 취득할 때 없어진다. 이 세 단계를 통과하기 위한 구체적인 요구사항들은 나라에 따라 다르지만, 그것들은 초보 운전자가 더 많은 경험을 쌓는 동안 보호하는 환경을 제공한다.

19-20

비록 미묘할지라도, 긍정적 정서의 효과는 신뢰할 만하며 광범위한 방법을 사용하여 연구소에서 실험되고 입증되었다. 기억, 주의 집중, 그리고 말의 유창함에 대한 연구는 긍정적 정서의 영향을 받는 사람들은 통상적으로 접근 가능한 것보다 더 넓은 범위의 정보에 접근한다는 것을 보여준다. 시선 추적 연구는 긍정적 정서가 실제로 주변 시야를 확장시켜서, 주변의 더 많은 것을 볼 수 있게 한다는 것을 보여준다. 뇌 영상 연구도 이와 일치한다. 예를 들어, 시각 무시를 앓고 있는 뇌졸중 환자가 불쾌한 음악을 듣거나 아무런 음악도 듣지 않는 것과 비교해서 즐거운 음악을 들을 때 시각적 인식이 확장된다는 것, 즉 감정의 뇌 영역과 주의력의 뇌 영역의 기능적 결합으로 인해 분명히 영향을 받은 효과를 보여준다. 이와 마찬가지로, 시각적 부호화의 폭에 대한 뇌 기반 측정은, 긍정적 감정이 시야를 증가시키고 부정적 감정이 시야를 감소시키는 등, 유발된 감정이 초기의 시각 정보를 편향되게 한다는 것을 보여준다.

subtle a. 미묘한, 감지하기 힘든 reliable a. 믿을[신뢰할] 수 있는 verbal a. 말의, 구두의 fluency n. 유창; 능변 peripheral a. 주변적인, 지엽적인 stroke n. 뇌졸중 visual neglect 시각 무시(손상을 입은 뇌와 반대쪽 시야에 제시된 시각 자극에 대한 반응을 하지 못하는 현상) mediate v. 중재[조정]하다; 영향을 주다

19 어법상 적절하지 않은 표현 고르기 ③

Ⓒ more가 명사로 쓰여, 뒤에 소유격 their가 올 수 없다. 따라서 more를 more of로 고쳐서 their surroundings에 의해 수식될 수 있도록 해야 한다.

20 빈칸완성 ③

빈칸 앞에서 시선 추적 연구는 긍정적 정서가 주변 시야를 확장하는 것을 보여준다고 했는데, 빈칸 다음에 이어진 뇌 영상 연구에 대한 예에서도 시각 무시를 앓고 있는 뇌졸중 환자가 즐거운 음악을 들을 때 시각적 인식이 확장되는 결과를 보여주었다고 했다. 긍정적 정서에 대한 시선 추적 연구와 뇌 영상 연구는 일치하는 결과를 보여주었으므로 빈칸에는 ③ concur가 적절하다. ① 다르다 ② 중요하다 ④ 발달하다 ⑤ 번영하다

01 ④	02 ⑤	03 ②	04 ①	05 ①	06 ①	07 ②	08 ①	09 ⑤	10 ①
11 ⑤	12 ③	13 ⑤	14 ①	15 ⑤	16 ①	17 ③	18 ③	19 ②	20 ④
21 ⑤	22 ④	23 ④	24 ④	25 ③	26 ②	27 ⑤	28 ②	29 ③	30 ⑤
31 ⑤	32 ②	33 ⑤	34 ③	35 ②	36 ⑤	37 ④	38 ②	39 ②	40 ③

01 동의어 ④

tension n. 긴장, 불안 facade n. 표면, 외관, 겉보기(= appearance) calmness n. 평온, 침착 dimension n. 차원; 크기, 부피 arcade n. 회랑(回廊), 아케이드(양쪽에 상점들이 늘어서 있는 아치로 둘러싸인 통로)

외면과 내적 갈등 사이의 긴장은 문학과 심리학의 중심 주제이다.

02 동의어 ⑤

psychoanalysis n. 정신 분석 expose v. 드러내다; 폭로하다 chasm n. 틈, 차이, 간극(= gap) narrative n. 묘사, 서술 characteristic n. 특징, 특질 allusion n. 암시 myth n. 신화

정신 분석과 다양한 '생활 개혁' 운동에 영감을 받아, 내면의 삶과 심리적인 간극과 열정을 드러내는 것이 예술가들에게 중요한 관심사가 되었다.

03 동의어 ②

exploit v. 이용하다; 활용하다; 착취하다 theatrical a. 연극조의, 과장된 spectacle n. 광경, 모습, 상황 sweep v. (장소를) 휩쓸다; (장소·사람을) 열광시키다 opulent a. 부유한; 풍부한(= rich) excessive a. 과도한, 지나친 unfamiliar a. 낯선, 익숙지 않은 mysterious a. 신비의, 불가사의한

한스 마카르트(Hans Makart)는 극적 광경(스펙터클)의 잠재력을 활용했고 그의 관객들을 풍부한 판타지의 세계로 몰아넣었다.

04 동의어 ①

reservoir n. 저수지, 저장소(= storage) simile n. 직유 metonymy n. 환유 metaphor n. 은유 hyperbole n. 과장(법)

이야기들은 가치관이 담겨있는 은밀한 저장소다. 개인의 삶이나 국가의 삶의 기준이 되는 이야기를 바꾸면, 개인과 국가 자체를 변화시키게 된다.

05 동의어 ①

viable a. (계획·생각이) 실행 가능한(= feasible) revise v. 변경[수정]하다, 개정하다 abundant a. 풍부한, 많은 inappropriate a. 부적절한 essential a. 필수적인, 극히 중요한 impartial a. 공정한

여성들이 우리 국방에 있어서 실용적 원천이라는 것을 사람들은 언제나 깨닫게 될까? 캐나다는 법을 개정하여 이제는 여성들이 모든 군사 직위에서 복무하는 것이 허용되고 있다.

06 동의어 ①

raise the hackle 화나게 만들다(= arouse the anger) shed tears of joy 기쁨의 눈물을 흘리다 be in grief 슬픔에 잠기다 be in a state of disorder 혼란 상태에 있다

이것은 정말 많은 사냥꾼들을 화나게 만든다. 만약 우리가 단지 재미로 동물을 죽인다면 사냥의 잔혹함을 정당화할 수 없다.

07 동의어 ②

odds n. 가망, 공산, 가능성(= likelihood) horrendous a. 대단히 충격적인, 참혹한 catastrophe n. 참사, 재앙 endeavor n. 노력; 시도, 진력 provocation n. 도발, 자극 intention n. 의도; 목적 apathy n. 무관심

우리는 가장 끔찍한 재앙을 막을 가능성을 높이기 위해 우리가 생각하는 것보다 훨씬 더 많은 것을 할 수 있다.

08 논리완성 ①

refer to A as B는 'A를 B라고 말하다[부르다]'라는 의미로 쓰이는데, A에 해당하는 것이 '많은 활동이나 오락거리가 있는 흥미로운 곳'이므로 B에 해당하는 빈칸에는 ① hot spot(사람들이 많이 찾는 명소)이 적절하다.

life cycle 생활 주기 death toll 사망자수 black market 암시장 identity parade (범인 확인을 위해 세우는) 피의자들(의 줄)

많은 활동이나 오락거리가 있는 흥미로운 곳을 핫스폿이라고 부를 수 있다.

---

09 논리완성 ⑤

"'직장을 그만두라'는 말을 듣는다."와 호응하는 표현이 필요하므로, 빈칸에는 lay off(~를 일시 해고하다)의 과거분사 형태인 ⑤가 적절하다.

put aside 무시하다, 제쳐놓다 lay out ~을 펼치다; 제시하다 put off 미루다 put out 내놓다

근로자들이 일시 해고될 경우, 그들은 일반적으로 그들이 할 일이 더 이상 없기 때문에 직장을 그만두라는 말을 고용주로부터 듣는다.

---

10 논리완성 ①

두 총계 사이의 차이, 즉 선거나 경기에서 승자와 패자 사이의 득표수나 점수의 차이를 의미하는 것은 ① margin이다.

margin n. 차이, 마진; (찬반 투표 따위의) 표차 statistics n. 통계학, 통계자료 significance n. 중요성 verification n. 확인, 입증 matrix n. 행렬; 모체

마진(차이)은 두 총계의 사이의 차이, 특히 선거나 혹은 그 밖의 경기에서 승자와 패자 사이의 득표수나 점수의 차이이다.

---

11 논리완성 ⑤

빈칸에 들어갈 단어를 주절에서 재진술하고 있는 형태의 문장이다. 따라서 빈칸에는 '중요하지 않은 세부사항이나 전통적인 규칙에 집착하는 것'과 유사한 의미의 표현이 들어가야 할 것이므로, '세세한 것에 얽매이는 것'이라는 의미의 ⑤ pedantry가 적절하다.

disapprove of ~를 탐탁찮아[못마땅해] 하다 pay attention to ~에 집중하다, 주목하다 in connection with ~와 관련하여 criticism n. 비판, 비난 harrassment n. 괴롭힘, 애먹음 swindling n. 사취, 사기 plagiarism n. 표절 pedantry n. 지나치게 규칙을 찾음[세세한 것에 얽매임]

당신이 누군가를 세세한 것에 얽매인다고 비난한다면, 당신은 그들이 특히 학문적인 주제와 관련하여 중요하지 않은 세부 사항이나 전통적인 규칙에 지나치게 주의를 기울이기 때문에 그들을 못마땅하게 여긴다는 것을 의미한다.

---

12 논리완성 ③

두 번째 문장은 첫 번째 문장을 부연 설명하는데, 모든 것이 긴급하고, 분초를 다투고, 마감시한에 쫓기는 상황은 우선시해야하는 몇 가지 일들이 한 번에 몰려 들 때이므로, 빈칸에는 '모이다', '집중하다'는 의미의 ③ converge가 적절하다.

at once 동시에, 한꺼번에 priority n. 우선 사항, 우선권 urgent a.

긴급한, 시급한 deadline n. 기한, 마감 시간 dissipate v. 소멸되다 mitigate v. 완화하다 converge v. 모여들다, 집중되다 deteriorate v. 악화되다 augment v. 늘리다, 증가시키다

모든 사람의 인생에는 여러 가지 위기가 동시에 닥치고 우선시해야 할 몇 가지 일들이 한데 모일 때가 있다. 당신이 아무리 계획적이고 침착한 사람이더라도, 때때로 당신은 모든 것이 긴급하고, 분초를 다투며, 마감시한에 쫓기는 상황에 처하게 될 것이다.

---

13 논리완성 ⑤

중요한 면에서 서로 다르고, 서로 어울리지 않거나 서로 일치하지 않는다는 것은 서로 근본적으로 달라서 양립할 수 없다는 것이므로 빈칸에는 ⑤ incompatible with가 적절하다.

independent of ~와는 관계없이, ~와는 별도로 irrelevant to ~와 관계 없는, 무관한 subsumed to ~에 포함된 dubious about ~에 대해 의심스러워하는 incompatible with ~와 맞지 않는, 양립할 수 없는

만약 어떤 사물이나 사람이 또 다른 사물이나 사람과 양립할 수 없다면, 그(것)들은 중요한 면에서 매우 다르며, 서로 어울리지 않거나 서로 일치하지 않는다.

---

14 논리완성 ①

전자 상거래를 성공시키는 방안으로 고객들에게 전체 CD가 아닌 개별 곡의 구매를 허용하는 것을 예로 들고 있다. 이는 미디어 회사들이 콘텐츠를 일괄하여 세트로 파는 것을 포기해야만 가능하므로 빈칸에는 ① surrender가 적절하다.

package v. 포장하다, 꾸리다; 일괄하다 remarkable a. 놀라운, 주목할 만한 surrender v. 항복하다, 포기하다 maintain v. 유지하다; 주장하다 corroborate v. 제공하다, 확증하다 strengthen v. 강화되다, 강력해지다, 증강하다

전자 상거래를 성공적으로 만드는 것과 관련된 사실은 미디어 회사들이 미디어 콘텐츠의 일괄 판매에 대해 가져온 지배권의 일부를 기꺼이 포기하려는 의지를 보여줘야 한다는 것이다. 고객들에게 전체 CD 음반이 아닌 개별 곡을 살 수 있게 허용하는 것은 음반사들이 최근까지 현저한 저항을 보인 것의 간단한 예이다.

---

15 논리완성 ⑤

첫 번째 문장은 "대가를 치러야 하는 원인 제공자는 사회와 연예업계가 아니라 자녀들에게 옳고 그름을 가르칠 수 없어 보이는 소수의 사람들이다."라는 의미이며, 이어서 그 원인제공자로 자녀들에게 관심이 없는 부모를 구체적으로 지목하고 있다. 따라서 빈칸에는 '문제를 일으킨 범인'을 뜻하는 ⑤ culprits가 적절하다.

pay the price 대가를 지불하다[치르다] be interested in ~에 관심[흥미]이 있다 judge n. 판사 plaintiff n. 원고, 고소인 attorney n. 변호사, 대리인 prosecutor n. 검찰관 culprit n. 범인

자녀들에게 옳고 그름을 가르칠 수 없어 보이는 소수의 사람들에 대한 대가를 왜 사회와 연예업계가 치러야 하는가? 진짜 범인은 자신들의 자녀가 어떤 TV 프로그램을 보는지에 대해 관심이 없는 부모들이다. 역할 모델은 어디에 있는가? 누가 아이들에게 올바른 가치관을 가르치고 있는가?

16 논리완성 ①

사이보그는 새로운 환경에 적응하는 것을 돕기 위해 인공적인 요소들이 더해진 유기체라고 정의한 다음 우주복을 입은 우주비행사도 사이보그라고 했다. 그리고 이러한 정의에 따라 인공적인 요소인 심박조율기, 의족 등을 착용한 사람들도 사이보그가 될 수 있다고 했으므로, 앞의 우주비행사와 같은 경우를 나타내는 ① Similarly가 빈칸에 적절하다.

cyborg n. 사이보그, 인조 인간 abbreviation n. 축약형, 약어 define v. 정의하다 astronaut n. 우주 비행사 implant v. 심다, 주입하다 pacemaker n. 심박[심장 박동] 조율기 artificial limb 의수, 의족 life-support system 생명 유지 장치 qualify v. 자격을 얻다 chances are (that) ~ 아마도 ~일 것이다

"사이버네틱 오가니즘(cybernetic organism)"의 약어인 '사이보그'라는 용어는 1960년 우주여행에 관한 한 기사에서 처음 사용되었다. 그것은 새로운 환경에 적응하는 것을 돕기 위해 인공적인 요소들이 더해진 유기체로 정의되었다. 이 정의에 따르면, 우주복은 우주비행사가 새로운 환경인 우주에 적응하는 데 도움을 주기 때문에 우주복을 입은 우주비행사는 사이보그이다. 이와 마찬가지로 심박조율기, 의족 또는 응급 생명 유지 장치를 이식받은 사람은 누구나 사이보그가 될 자격이 있다. 그러므로 여러분은 사이보그인 누군가를 아마도 이미 알고 있을 것이다.

17 논리완성 ③

마지막 문장에서 "그럼에도 불구하고 행동의 기준이 실제 생활에서보다 결코 더 낮지 않다"고 한 것은 온라인상에서 행동 기준이 낮을 것에 대한 우려라고 볼 수 있다. 따라서 빈칸의 앞 문장에는 사이버 세계에서 행동 기준이 낮아지게 만들 만한 것과 연관된 내용이 적절하므로, '잡힐 가능성이 희박하다'라는 의미를 만드는 ③ slim이 빈칸에 적절하다.

fairly ad. 상당히, 꽤 law-abiding a. 법을 준수하는 virtual a. 사실상의, 거의 slim a. (가망 등이) 아주 적은; 불충분한 optimal a. 최선의, 최상의 imaginary a. 가상적인

실제 생활에서 지키는 것과 동일한 행동 기준을 온라인상에서도 지키도록 하라. 실제 생활에서 우리들 대부분은 상당히 법을 잘 준수하는데, 이는 그렇게 타고났기 때문이거나 잡히는 것을 두려워하기 때문이다. 사이버 세계에서는 잡힐 가능성이 때로는 희박한 것처럼 보인다. 그럼에도 불구하고 행동의 기준이 실제 생활에서보다 결코 더 낮지 않다.

18 논리완성 ③

빈칸에는 '숨 쉬는' 항아리라고 불리는 옹기의 특징이 들어가는 것이 적절한데, 앞에서 옹기를 굽는 과정 중에 표면에 작은 구멍을 만들어 적당한 양의 공기가 옹기 항아리를 드나들 수 있다고 했다. 이는 항아리 표면에 작은 구멍이 있는 성질인 다공성과 어떤 물질이 항아리를 투과할 수

있는 투과성에 해당하므로, 빈칸에는 ③이 적절하다.

fire v. (도자기 등을) 굽다 miraculous a. 기적적인, 놀라운 onggi n. 옹기 jar n. 병 earthenware n. 토기, 질그릇 seep into 침투하다, 스며들다 leak out of ~에서 새어 나오다 pore n. 작은 구멍 visible a. (눈에) 보이는, 알아볼 수 있는 naked eye 육안, 나안(裸眼) microscope n. 현미경 raw material n. 원료, 재료, 원자재 porosity n. 다공성, 투과성 permeability n. 삼투성, 투과성

(항아리를) 굽는 과정 중에 '옹기' 항아리를 매우 특별한 그릇으로 만드는 놀라운 일이 일어난다. 다른 토기들처럼, 이 항아리는 물이 용기로 스며들거나 새어 나오지 못하도록 하는 방수 표면을 가지게 된다. 더욱 중요하게도, 굽는 과정은 항아리의 표면에 많은 작은 구멍을 만들어내는데, 이것은 육안으로는 보이지 않지만 현미경으로는 볼 수 있다. 이 구멍들은 사용되는 원재료와 가마에 갇힌 열 때문에 만들어진다. 결과적으로, 적당한 양의 공기가 '옹기' 항아리를 드나들 수 있다. 적절한 다공성과 투과성 덕분에 옹기는 '숨 쉬는' 항아리라고 불린다.

① 가장 노련한 장인
② 숙련된 전통적인 과정
③ 옹기의 적절한 다공성과 투과성
④ 자연에서 얻은 원재료
⑤ 곡식을 신선하게 유지할 수 있는 경제적인 방법

19 문맥상 적절하지 않은 표현 고르기 ②

오늘날 사회에서 외모가 높이 평가받고 있으며, 사람들을 처음 만났을 때 매력적이라면 호의적인 인상을 받는다고 했으므로, 우리는 매력적인 혹은 잘생긴 사람들을 보는 것을 좋아하며, 이들과 친해지기를 원한다고 볼 수 있다. 그런데 ⑧ blemished는 '결점이 있는'이라는 의미로 앞 문장의 attractive와는 반대되므로 ⑧가 문맥상 적절하지 않다.

favorable a. 호의적인, 호의를 보이는 attractive a. 멋진, 매력적인 blemished a. 결점이 있는 get acquainted with ~와 아는 사이가 되다 prejudiced a. 편견이 있는

아름다움은 오늘날의 사회에서 높이 평가받는다. 사람들을 처음 만나면, 우리는 그들이 매력적이기 때문에 호의적인 인상을 받을지도 모른다. 우리는 <결점이 있는(못생긴)> 얼굴을 보는 것을 좋아하며 이런 사람들과 친해지기를 원한다. 우리는 심지어 외모에 따라 편견도 갖게 된다. 그러나 우리는 이렇게 사람들을 판단하는 방식을 버리고 그들이 가지고 있는 내면이 얼마나 좋은지를 살펴보기 시작해야 한다.

20 문장삽입 ④

제시문에 역접의 접속사 However가 있으므로 제시문 다음에는 앞 내용과 반대되는 내용이 나와야 하며, such mistakes는 빠른 사고로 인한 실수를 일컫고 있다. 그리고 느린 생각이 빠른 생각을 확인하고 감시할 수 있다고 했는데, ④ 앞부분에서는 빠른 사고로 인한 단점을 설명하고 ④ 이후에는 느린 생각이 가지는 정점을 설명하고 있으므로, 제시문의 위치로는 ④가 적절하다.

rationally ad. 합리적으로, 이성적으로 strive v. 노력하다, 힘쓰다 intuitive a. 직감[직관]에 의한 downside n. 불리한[부정적인] 면 trap

n. 함정, 덫 end up with 결국 ~하게 되다 ordered a. (질서)정연한 illustrate v. 보여주다 peril n. 위험, 유해함 embarrass v. 당황스럽게 만들다, 곤란하게 만들다

우리는 항상 이성적으로 행동하는가? 우리는 확실히 그러려고 노력하지만 우리의 노력은 충분하지 않을지도 모른다. 우리의 일상 행동은 대부분 직관적인 생각과 완전히 자동적인 정신 활동을 포함한 빠른 사고에 의존한다. 이것의 단점은 우리가 빠른 사고의 함정에 빠지는 경향이 있다는 것이다. 이에 따라 우리는 종종 어리석은 생각과 부적절한 충동을 갖게 된다. <그러나 이런 실수를 막기 위해서 우리가 관여할 수 있는 체계가 있는데, 느린 생각이 빠른 생각을 확인하고 감시할 수 있다는 것이다.> 느린 생각은 또한 수많은 활동에서 성과를 향상시키며, 비교, 선택, 정연한 추론을 포함한 몇몇 작업을 하는 데 중요하다. 아래에서는 빠른 사고의 위험성을 보여주는 네 가지 예를 살펴보고, 느린 사고가 어떻게 우리를 곤란한 상황에서나 막대한 손실로 인한 고통에서 벗어나게 할 수 있는지 살펴볼 것이다.

21 현재분사　　　　　　　　　　　　　⑤

while 다음에 주어 없이 ⓔ infused가 오는데, 생략된 주어인 the artist는 묘사에 재치와 독특함을 불어넣는 주체이므로 ⓔ는 현재분사 infusing이 되어야 한다.

sensual a. 감각적인; 관능적인 infuse v. (특정한 특성을) 불어넣다[스미게 하다] portrayal n. 묘사 uniqueness n. 유일함, 비길 데 없음; 진귀함

필립 거스턴(Philip Guston)의 T.S. 엘리엇(T.S. Eliot)의 작품과의 관계는 공유된 이미지의 관계일 뿐만 아니라, 그것은 그 시인(엘리엇)이 '통합된 감수성'이라고 일컬었던 것이다. 창작 행위 자체에 비쳐질 때, 시는 화가의 캔버스와 마찬가지로 "심리적이고 관능적인 경험을 보여주는 동시에 이 묘사에 재치와 독특함을 불어넣는" 예술가의 능력에 기초해 있다.

22 적절한 관계부사　　　　　　　　　　④

ⓓ 관계부사 where 다음에 완전한 절이 와서 이상이 없는 문장처럼 보이지만, 관계부사 where의 선행사로 장소가 아니라 시간을 가리키는 1484년이 나왔으므로 ⓓ는 when이 되어야 한다.

basis n. 기지, 근거지 irregular a. (길 등이) 울퉁불퉁한 strip n. 좁고 긴 땅 fortification n. 요새화; 방비[방어] 시설 edge n. 테두리, 가장자리 gorge n. 골짜기, 협곡

황금소로(Golden Lane)의 기초는 12세기 로마네스크 양식의 오래된 성벽과 스태그 해자(Stag Moat)로 알려진 자연 협곡 가장자리에 프라하 성 북쪽 외곽 요새를 이루는 나중에 세워진 성벽 사이에 있는 폭이 4~8미터로 다양한 울퉁불퉁하고 좁고 긴 땅이다. 프라하 성의 북쪽 요새 건설 작업은 블라디슬라프 야기엘론(Vladislav Jagiellon) 왕이 구도시를 떠나 성에 정착하기로 결정한 1484년 직후 건축가 베네딕트 리드(Benedikt Ried)에 의해 시작되었다.

23 관계대명사 what　　　　　　　　　④

관계대명사 what은 관계절 안에서 주어나 목적어로 쓰여야 하는데, good이라는 형용사의 목적어는 될 수 없다. 따라서 형용사 good 다음에 전치사 at을 넣어서 관계대명사 what이 전치사의 목적어가 될 수 있도록 해야 한다. 참고로 be good at은 '~에 능숙하다'는 의미이다.

imitate v. 모방하다, 흉내 내다 strong point 장점

학교나 직장에서 친구가 많아 보이는 사람들에게 배우세요. 그들이 어떻게 친구를 사귀고 유지하는지를 지켜보세요. 그들이 하는 모든 것을 모방하지 말고 그들이 하는 행동을 알아차리려 해보세요. 그러고 나서 그런 것(행동)들을 직접 해보세요. 여러분이 정말 잘하는 것을 사람들에게 보여주기를 두려워하지 마세요. 여러분이 좋아하고 가장 잘하는 것들에 대해 말해보세요. 당신의 장점을 숨기지 마세요. 만약 당신에게 흥미로운 점이 있으면 사람들은 당신에게 관심을 가질 것입니다.

24 관계대명사의 용법　　　　　　　　④

ⓓ in which 다음에는 완전한 절이 와야 하는데, 주어가 제시돼 있지 않다. 선행사인 the company가 주어 역할을 하므로 ⓓ를 주격 관계대명사 that이나 which로 고쳐야 한다.

substance n. 물질 strand n. 가닥(줄), 근 elastic a. 탄력[신축성] 있는 fabric n. 직물, 천

1934년에 월리스 캐러더스(Wallace Carothers)라는 이름의 한 화학자는 길고 부드러운 가닥으로 늘일 수 있는 물질을 실험실에서 생산했다. 그것은 실크보다 훨씬 더 신축성이 있었다. 캐러더스를 고용한 회사인 듀폰(Du Pont)은 이 물질을 직물에 사용하는 방법을 연구하는 동안 그 발견을 비밀에 부쳤다.

25 수동태와 능동태의 구분　　　　　　③

타동사 accompanied 다음에 목적어 economic activity가 있으므로 ⓒ는 수동태가 될 수 없다. 따라서 ⓒ를 has always accompanied로 고쳐야 한다.

mundane a. 현세의; 보통의, 평범한 desire n. 욕구, 갈망 accompany v. ~을 수반하다 transaction n. 거래, 매매 keep track of ~을 계속 파악하고 있다

돌이켜보면, 양(羊)의 수를 세고자하는 욕구만큼 평범한 것이 문자 언어만큼 근본적인 발전을 위한 원동력이었다는 것은 놀라운 일처럼 보일지도 모른다. 그러나 문자 기록에 대한 욕구는 언제나 경제 활동을 수반해서 일어났는데, 누가 무엇을 소유하고 있는지를 계속 명확하게 파악하고 있을 수 없으면 거래는 무의미하기 때문이다.

26 관계대명사의 용법　　　　　　　　②

관계대명사 뒤에는 불완전한 문장이 오고, 관계부사나 '전치사+관계대명사' 뒤에는 완전한 문장이 온다. ⓑ의 뒤에 완전한 절이 왔으므로, ⓑ는 in which 또는 where이어야 한다.

tool n. 도구, 수단 composer n. 작곡가 humble a. 변변치 않은, 초라한 instrument n. 악기; 기구

믿기 힘들겠지만, 컴퓨터화된 요즘 세상에서조차도 종이 한 장과 연필이 작곡가에게 최상의 도구인 상황이 여전히 많이 있다. 많은 저명한 현대 작곡가들, 특히 1940년 이전에 태어난 작곡가들은 종이와 연필 이외에는 어떤 것으로도 곡을 쓰려고 하지 않는다. 그러므로 이러한 초라한 도구들에 비해 당신은 너무 앞서 있다고 생각하지 마라. 종이와 연필만으로 작곡을 하는 것은 피아노와 다른 악기로 작곡하는 것과 비교하여 몇 가지 놀라운 장점이 있다.

27-28

스트레스에 시달리는 현대 사회의 점점 더 많은 수의 사람들은 시간이 돈보다 더 귀중해지고 있다는 생각이 들어 느린 삶을 살려고 노력한다고 말한다. 사람들은 이제는 지쳤다고 말한다. 그러나 극도의 피로는 한 가지 역설을 나타낸다. 사람들은 한 세대 전의 사람들보다 더 많은 돈을 벌고, 더 많은 여가 시간을 갖고, 더 많은 시간 절약형의 효율적인 기술을 즐기고 있음에도 불구하고 엄청나게 스트레스를 받고 있다. 이 역설의 기저를 이루는 이유들은 다양하다. 많은 사람들 특히 기혼 여성들은 비록 그들이 집에서 하는 일의 양을 줄이긴 했지만 이전보다 직장에서 더 오랜 시간 근무를 하고 있다. 거실에서 가정용 미니밴에 이르기까지 어느 곳에서나 팩스, 이메일, 휴대폰을 통해 업무가 밀고 들어올 수 있다는 사실은 말할 것도 없고, 점점 더 경쟁이 치열해지는 세계 경제에 의해 야기된 불안이 또한 많은 사람들을 안절부절못하게 만들었다.
현재 점점 더 많은 시민들은 에너지를 재충전할 시간이 거의 혹은 전혀 없게 만든다고 여겨지는 시스템으로부터 그들의 삶을 분리하기 시작했다. 그들은 적어도 얼마간의 조용한 시간을 요구하면서, 사적인 공간으로 물러나기 시작했다.

slow down 느긋해지다, (속도·진행을) 늦추다 wear down ~을 지치게 하다; ~을 서서히 약화시키다 exhaustion n. 소모, 고갈, 극도의 피로 extraordinarily ad. 엄청나게, 유별나게 stress out 스트레스를 받다 time-saving a. 시간을 절약해 주는 underlie v. (~의) 기저를 이루다 cut back on ~을 줄이다 anxiety n. 불안(감), 염려 on edge 흥분하여, 안절부절하여 not to mention ~은 말할 것도 없고, 물론이고 intrude v. 침범하다, 방해하다 unplug v. (전기) 플러그를 뽑다 recharge v. (휴식으로 에너지 등을) 재충전하다 retreat v. 후퇴하다, 멀어져 가다

27 빈칸완성   ⑤

첫 번째 빈칸 다음의 문장이 그 앞 문장을 부연 설명하고 있다. 돈과 여가 시간과 기술은 일반적으로 삶의 질을 향상시켜주는 것으로 스트레스를 없애줄 수 있는데도 실제로는 사람들이 스트레스를 받고 있다고 했으므로, 논리적으로 모순이 되는 역설적인 상황을 의미하는 ⑤ paradox가 빈칸에 적절하다.

28 글의 요지   ②

현대 사회의 많은 사람들은 한 세대 전보다 더 많은 돈을 벌고, 더 많은 여가 시간을 갖고, 더 많은 시간절약형의 효율적인 기술을 즐기고 있어 생활수준이 향상되었지만, 직장에서의 오랜 근무 시간과 치열해지는 경

쟁으로 인해 더 많은 스트레스를 받고 있다고 했으므로 ②가 글의 요지로 적절하다.

위 글의 요지로 가장 적절한 것은?
① 생산성은 직장에서 보내는 시간의 가치를 높인다.
② 사람들은 생활수준이 향상되고 있음에도 불구하고 여전히 스트레스를 받는다.
③ 노동 절약형 기기의 확산은 사람들이 더 쉽게 자유 시간을 보내도록 한다.
④ 기술의 발전에도 불구하고 기혼 여성은 한 세대 전보다 직장에서 더 오랜 시간 근무를 하고 있다.
⑤ 효율적인 통신 기술로 인해 현대 사회에는 일과 사생활의 구분이 없다.

29-30

노인들이 칵테일파티에서 사람들의 이름을 더 이상 기억할 수 없을 때, 그들은 본인들의 지적 능력이 감소하고 있다고 생각하는 경향이 있다. 그러나 점점 더 많은 연구들은 이러한 가정이 종종 틀렸음을 보여준다. 연구 결과, 그렇지 않고 오히려, 노화 중인 뇌는 단지 더 많은 데이터를 받아들이고 혼란된 정보를 고르게 체질하여 종종 뇌에 장기적으로 유익이 되게 하는 것으로 밝혀졌다. 어떤 뇌는 실제로 나이가 들면서 악화된다. 예를 들면, 알츠하이머병은 65세 이상의 미국인들 중 13퍼센트에게 발병이 된다. 그러나 대부분의 노화 중인 성인들에게 일어나는 일의 많은 부분은 주의의 초점이 점점 넓어지는(분산되는) 것인데, 이로 인해 이름이나 전화번호와 같은 겨우 한 가지 사실을 파악하기도 더 어려워진다고 연구 저자들은 말한다. 그것은 좌절감을 줄 수 있지만, 종종 유용하다.

cocktail party 칵테일파티(칵테일이나 다른 술을 마시는, 보통 초저녁에 격식을 차려서 하는 사교 모임) brainpower n. 지적 능력, 지능 assumption n. 가정 sift through 체질하다, 꼼꼼하게 살펴 추려내다 clutter n. 흐트러진 물건, 난잡, 뒤죽박죽, 혼란 deteriorate v. 악화되다, 더 나빠지다

29 빈칸완성   ③

노인들이 지적 능력이 감소하고 있다고 생각하는 가정은 틀렸다고 한 다음 이와 반대되는 연구를 설명하고 있으므로, Ⓐ에는 '지적능력이 감소하는 것이 아니라 오히려'라는 의미로 Instead가 적절하다. 그리고 Ⓑ 앞에서 어떤 뇌는 나이가 들면 악화된다고 했는데, 다음 문장에서 노인들에게 생기는 알츠하이머병이 예로 소개되고 있으므로 Ⓑ에는 for example이 적절하다.

30 동의어   ⑤

latch onto는 '~을 자기 것으로 하다', '~을 이해하다'는 의미이므로 ⑤ comprehend가 정답이다. ① 무시하다 ② 잊어버리다 ③ 과장하다 ④ 축소하다

31-32

한 연구에서 참가자들은 미취학 아동을 위한 수업을 비디오로 찍도록 요청받았다. 한 '전문가'가 참가자들에게 그들의 수업에 대한 상세한 피드백을

주었다. 참가자들은 동일한 수업을 한 파트너와 함께 실시했다. 관심을 두고 보는 문제점은 피드백이 참가자들의 기분에 어떻게 영향을 미치는가 하는 것이었다. 행복한 사람들의 기분은 그들이 긍정적인 피드백을 받았을 때 향상되었고, 그들이 부정적인 피드백을 받았을 때는 나빠졌지만, 그들이 그들의 파트너에게 주어진 피드백을 들든 못 들든 아무런 차이가 없었다. 반면에 불행한 사람들은 그들의 파트너가 받은 피드백에 의해 매우 많은 영향을 받았다. 만일 한 참가자가 긍정적인 피드백을 받았지만 그녀의 파트너가 더 좋은 피드백을 받았다면, 그 참가자의 기분은 더 나빠졌다. 만일 한 참가자가 부정적인 피드백을 받았지만, 그녀의 파트너가 더 나쁜 피드백을 받았다면, 그 참가자의 기분은 더 나아졌다. 따라서 불행한 사람들에게 유일하게 중요한 점은 그들이 자신들의 파트너에 비해 어떠한가 하는 것인 것 같았다.

participant n. 참가자, 관계자 videotape v. 비디오테이프에 녹화하다 detailed a. 상세한 mood n. 기분 improve v. 개선되다, 나아지다 worsen v. 악화되다 matter v. 중요하다 in comparison to ~와 비교해 볼 때, ~에 비해

---

31 지시대상   ⑤

ⓐ, ⓑ, ⓒ, ⓓ는 happy people을 가리키고, ⓔ는 unhappy people을 가리키므로 ⓔ가 가리키는 대상이 나머지 넷과 다르다.

---

32 빈칸완성   ②

Ⓐ 앞에서 '행복한 사람들은 자신들의 파트너에게 주어진 피드백에 영향을 받지 않는다'고 했고, Ⓐ 뒤에서 '불행한 사람들은 자신들의 파트너가 받는 피드백에 영향을 많이 받는다'고 했다. 따라서 Ⓐ에는 앞의 내용과 상반됨을 표현하는 on the other hand가 적절하다. 한편, Ⓑ 이하는 앞 내용을 근거로 하여 결론적인 추론을 하고 있으므로, Ⓑ에는 접속부사 Thus가 적절하다.

33-34

언제나 직장에서의 사생활은 사무실에서 무슨 일이 일어나고 있는지를 알고자 하는 상사의 권리를 간섭받지 않을 직원의 권리와 비교해서 판단하는 민감한 사안이었다. 그러나 일리노이 주에서는 상사가 직원들의 업무상 전화를 엿듣는 것을 허용하는 새로운 주법(州法)에 의해 그 미묘한 균형이 깨졌다. 텔레마케터와 소매업자들이 원래 생각했던 것처럼, 이 법은 오로지 업무감독자들이 예의와 효율성을 위해서만 업무 통화를 감시할 수 있도록 한 것이었다. 그러나 12월 13일 공화당 소속의 주지사 짐 에드거(Jim Edgar)의 서명을 받는 과정에서 그 법안은, 부적절한 감시에 대한 정의(규정)도 없이, "교육, 훈련 또는 연구 목적"에 도움이 되는 모든 도청을 포함하도록 수정되었다. 최종 법안은 수신자가 (다른 사람의) 개인적인 통화를 우연히 듣게 될 경우 전화를 끊도록 명령하는 연방 도청법 뿐 아니라 많은 다른 주의 법보다 더 관대한 것이었다.
이로 인해 일리노이 주의 근로자들은 누가 언제 듣고 있을지 두려워하며 궁금해 하고 있다. 어찌됐건, 근무 시간이 늘어나고 여가 시간이 줄어드는 시대에, 초조하게 기다리던 건강검진결과를 통지받거나 채권자와 씨름하는 일로 사무실 전화를 사용해보지 않은 사람이 누가 있는가? "저는 회사 전화를 남용하는 것을 용납하지 않지만, 당신이 부부간의 문제나 돈 문제로 집에 전화를 건다고 가정해보세요. 분명히 당신의 고용주가 그런 종류

의 것들에 대해 무언가를 알게 된다면 당신은 위험에 처합니다."라고 노스웨스트 항공사 전화 교환원을 대변하는 노조 대표는 말한다. "그것은 조지 오웰(George Orwell)의 소설과 같은 것입니다."

privacy n. 사생활 sensitive a. 예민한, 민감한 weigh A against B A를 B와 비교 고찰하다 delicate a. 미세한, 미묘한 conceive v. (계획 등을) 생각해 내다, 착상하다 courtesy n. 공손함, 정중함 measure n. 법안 rework v. 재가공하다, 개정하다 embrace v. 받아들이다, 포함하다 listen in (전화를) 엿듣다 permissive a. 허용[허가]하는 wiretap n. 도청(장치) chance upon 우연히 발견하다 skittishly ad. 잘 놀라며, 두려워하며; 활발하고 수선스럽게; 변덕스럽게 contract v. ~을 축소하다, 줄이다 condone v. 용서하다, 너그럽게 봐주다 misuse n. 남용, 오용 marital a. 결혼의, 부부간의 jeopardy n. 위험

---

33 동의어   ⑤

eavesdrop on은 '~을 엿듣다'라는 의미로 ⑤ tap(전화·도청 장치를 이용해서 도청하다)과 의미가 가장 가깝다. ① 청구하다 ② 억제하다 ③ 합법화하다 ④ 최소화하다

---

34 내용일치   ③

첫 번째 단락의 마지막 문장에서 일리노이 주의 최종 법안은 연방 도청법 뿐 아니라 많은 다른 주의 법보다 도청에 대해 더 관대하다고 했으므로 ③이 글의 내용과 일치하지 않는다. ① 세 번째 문장이 직원들의 도청 피해를 최소화하려는 이 법안의 원래의 취지를 말하고 있다.

위 글의 내용과 일치하지 <u>않는</u> 것은?
① 그 법안은 원래 소매상과 텔레마케터를 위해서 도입되었다.
② 일리노이 주의 새로운 주법은 오용될 가능성을 일부 피하지 못할지도 모른다.
③ 일리노이 주의 최종 법안은 연방 도청법보다 덜 관대하고 덜 관용적이다.
④ 현대사회에서 근로자들은 사사로운 용무를 하는 데 회사전화를 사용하는 경향이 더 많다.
⑤ 고용주들이 직원들의 사생활 문제를 알아내면 직원들이 위험에 처할 수 있기 때문에 노조는 새로운 주법에 대해 반대한다.

35-36

'쓰레기학(garbology)의 아버지'인 윌리엄 랏제(William Rathje)는 쓰레기가 사람들에 대해 많은 것을 알려줄 수 있다고 생각한 교수였다. 그는 이를 염두에 두고 쓰레기 프로젝트를 시작했다.
쓰레기 프로젝트를 위해, 랏제와 그의 학생들은 한 무리의 조사 응답자들에 의해 버려진 쓰레기를 살펴보았다. 이 참가자들의 답변을 그들이 실제로 버린 쓰레기와 비교해봄으로써, 랏제와 그의 연구팀은 그들이 '린 퀴진 신드롬'이라고 부른 것을 발견할 수 있었다. 사람들은 자신들이 건강한 음식을 얼마나 많이 먹는지에 대해서는 과장해서 말했지만, 그들이 정크푸드를 얼마나 먹는지에 대해서는 줄여서 말했다. 예를 들면, 사람들은 자신이 실제 구입했던 것보다 더 많은 과일을 먹었다고 주장했다. 한편, 사람들은 포테이토칩과 같은 간식을 그들의 쓰레기 속의 빈 간식 봉지가 보여주는 것보다 훨씬 적게 먹었다고 주장했다.

쓰레기학이라는 이름은 일종의 농담과 같은 것으로 시작되었는지도 모른다. 그러나 현재 쓰레기학은 실제 과학의 한 분야로 간주된다.

garbology n. 쓰레기학[연구](= garbageology)   with ~ in mind ~을 고려하여, 염두에 두고   examine v. ~을 조사[검토]하다   throw away 버리다, 없애다   overreport v. 과장해서 말하다   underreport v. ~을 실제 이하로 보고하다   snack n. 간식   originate v. 시작되다, 생기다   branch n. (지식의) 분야; (어족의) 분파

기 시작했다. 그럼에도 불구하고, 그는 그의 이전 직업을 가리키는 'Le Douanier(세관원)'이라는 별명으로 널리 알려지게 되었다.

widowed a. 미망인[홀아비]이 된   toll collector (통행) 요금 징수원   spare time 여가 시간   teach oneself 독학하다   botanical a. 식물의   proportion n. 부분, 비율   perspective n. 관점; 원근법   naive a. 소박한, 순진한; 세련되지 않은   retire v. 은퇴[퇴직]하다   reference n. 참고; 언급

35 내용파악 ②

쓰레기 프로젝트는 참가자들이 먹는다고 답변하는 음식의 양을 그들이 실제로 버린 쓰레기의 양과 비교해본 조사 실험이다. 참가자들은 자신들이 버리는 쓰레기의 양이 아니라 자신들이 먹는 음식의 양을 과장하거나 축소해서 답변했으므로 ②가 Garbage Project에 관한 위 글의 내용과 무관하다.

Garbage Project에 관한 위 글의 내용과 일치하지 <u>않는</u> 것은?
① Rathje 교수에 의해 시작되었다.
② 참가자들은 자신들이 버리는 쓰레기의 양을 축소해서 응답하였다.
③ Rathje 교수는 참가자들의 응답에서 Lean Cuisine Syndrome을 발견했다.
④ 참가자들은 건강에 좋지 않은 음식은 실제 먹은 양보다 덜 먹었다고 주장했다.
⑤ Garbology는 실제 학문의 한 분야로 인정받게 되었다.

36 빈칸완성 ⑤

Ⓐ 앞에서 "사람들은 자신들이 건강한 음식을 얼마나 많이 먹는지에 대해서는 과장해서 말했지만, 그들이 정크푸드를 얼마나 먹는지에 대해서는 줄여서 말했다."고 한 다음 "사람들은 자신이 실제 구입했던 것보다 더 많은 과일을 먹었다고 주장했다."라고 했는데 이는 과일을 건강한 음식의 예로 든 것이다. 따라서 Ⓐ에는 For example이 적절하다. 한편, 건강하지 않은 음식을 축소해서 말하는 내용이 Ⓑ 다음에 이어지므로 Ⓑ에는 앞 내용과는 다른 측면의 내용을 언급할 때 사용하는 접속부사 Meanwhile이 적절하다.

37-38

앙리 루소(Henri Rousseau)는 프랑스의 루아르 계곡에 있는 라발이라는 마을에서 태어났다. 1868년 그의 아버지가 돌아가신 후에 그는 미망인이 된 어머니를 봉양하기 위해서 파리로 이사를 갔다. 그는 1871년 통행세 징수원으로 취직을 하게 됐다. 그가 취미로 여가 시간에 그림을 그리기 시작한 것이 바로 이때였다. 그는 정규 교육을 받지 않았다. 그는 파리의 미술관에 있는 그림을 모사하거나 파리의 식물원과 국립 자연사 박물관에서 스케치하면서 그림을 독학했다. 자신에게 "자연 이외에는 다른 스승이 없다"고 루소는 공공연하게 주장했다.
독학한 화가로서 루소는 정확한 비율이 없고, 원근법이 평면적이며, 선명하고 종종 부자연스러운 색을 사용하는 매우 개인적인 화풍을 개발했다. 그의 초상화와 풍경화는 흔히 아이와 같은 '소박한' 특징을 가지고 있으며 그의 몇몇 작품들은 꿈에서 나오는 장면처럼 보인다. 1893년 루소가 49세가 되었을 때 그는 세금 징수원에서 퇴직을 하고 전업으로 그림을 그리

37 내용파악 ④

앙리 루소는 정식 교육을 받지 않고 독학으로 그림을 배웠다고 했다. 따라서 매우 개인적인 화풍을 개발할 수 있었으며 그의 초상화와 풍경화는 흔히 아이와 같은 '소박한' 특징을 가지고 있었다고 했다. 그러므로 ④가 정답으로 적절하다.

Henri Rousseau에 관한 위 글의 내용과 일치하는 것은?
① 프랑스 파리에서 태어났다.
② 1871년 생계를 위해 그림을 그리기 시작했다.
③ 파리에 있는 국립 미술 학교에서 그림을 배웠다.
④ 그가 그린 초상화는 때 묻지 않은 소박한 모습을 보여준다.
⑤ 49세에 그림을 그만 두고, 예전 직업을 다시 갖게 되었다.

38 빈칸완성 ②

세금 징수원에서 퇴직하고 전업으로 그림을 그리기 시작한 것과 그의 이전 직업인 'Le Douanier(세관원)'이라는 별명으로 널리 알려지게 된 것은 양보 관계에 있으므로, ② Nevertheless가 빈칸에 적절하다.

39-40

왜 저개발국가의 여성들은 아이들을 양육하는 것이 문제가 될 수 있는데도 많은 아이를 갖는가? 그에 대한 대답은 종종 그들에게 선택의 여지가 없다는 것일지도 모른다. 많은 요인들이 여성이 가족의 규모를 제한하는 것을 어렵게 만든다. 경제적 상황은 의심할 바 없이 중요한 역할을 한다. 가난한 나라에서 대가족은 경제적 생존을 위해 필요하다. 더 많은 아이가 있다는 것은 더 많은 일손이 있다는 것을 의미한다. 아이들은 또한 노령에 이른 부모를 돌봐줄 수 있는 누군가를 의미한다. 그러나 경제적인 상황만으로 출생률을 완전히 설명할 수는 없다. 예를 들면, 사우디아라비아는 세계에서 가장 부유한 나라 중 하나이지만, 출생률이 매우 높다. 멕시코와 인도네시아 또한 일반적인 규칙을 따르지 않는다. 이 두 나라는 부유하지 않지만, 최근 인구 증가가 상당히 감소했다. 분명히 다른 요인들이 관련되어 있다. 인구 전문가들은 이 요인들 중 가장 중요한 것은 여성들의 지위라고 생각한다. Ⓑ 높은 출산율은 거의 항상 여성의 교육 부족과 낮은 지위와 함께 한다. Ⓓ 이것은 사우디아라비아의 높은 출생률을 설명할 것이다. 즉, 전통적인 아랍 문화에서는 여성들이 거의 교육을 받지 못하거나 독립을 하지 못하고 집 밖에서의 기회도 거의 없다. Ⓐ 그것은 또한 멕시코, 태국, 인도네시아의 출산율 감소를 설명한다. Ⓒ 이들 정부는 여성을 위한 교육과 집 밖에서의 기회를 개선하기 위한 조치를 취했다.

factor n. 요인   limit v. 제한하다   undoubtedly ad. 의심할 여지없이, 확실히   birth rate 출산율   status n. 지위   take measures 조치를 취하다

39 빈칸완성

가난한 나라에서는 대가족이 경제적 생존을 위해 필요해서 출산율이 높다고 한 다음 However가 와서 경제 상황만으로는 출생률을 완전히 설명하지 못한다고 했다. 따라서 경제적 상황이 좋음에도 출생률이 높은 국가와 관련된 내용이 와야 하는데, 이러한 예로 사우디아라비아를 들고 있다. but 앞에서 좋은 경제적 상황을 언급하고 있으므로 but이하에는 높은 출산율과 관련된 내용이 적절하다.

빈칸에 들어갈 말로 가장 적절한 것은?
① 높은 유아 사망률
② 매우 높은 출산율
③ 열악한 아동 보육 제도
④ 열악한 사회 복지 제도
⑤ 높은 비율의 노인

40 문장배열

마지막 문장에서 "출산율과 관련한 요인들 중 가장 중요한 여성의 지위라고 생각한다"고 했으므로, 높은 출산율과 여성의 낮은 지위를 결부시킨 ⑧가 첫 문장으로 와야 한다. 그리고 ⑧에 대한 예로 사우디아라비아를 언급한 ⑩가 와야 하며, 이와는 달리 출산율이 감소하는 국가를 설명한 ⑧가 이어서 와야 하며, 이들 정부가 여성의 지위 개선을 위해 취하고 있는 조치를 설명한 ⓒ로 문장이 이어져야 한다.

01 ③	02 ⑤	03 ③	04 ①	05 ③	06 ①
07 ③	08 ⑤	09 ②	10 ①	11 ④	12 ⑤
13 ①	14 ③	15 ⑤	16 ④	17 ③	18 ②
19 ④	20 ②				

01 동의어 ③

outgrowth n. 자연적인 발전[산물], 결과; 부산물 austerity n. 검소, 내핍, 긴축(= abstention) ingenuity n. 재간, 독창성 convention n. 협정; 풍습, 관례 tenacity n. 고집; 끈기 propensity n. 경향, 성질

대체로, 일본이 친환경 자동차 기술에서 앞서 나가고 있는 것은 일본의 오랜 내핍(절제) 생활의 산물이다.

02 동의어 ⑤

give voice to ~을 말로 나타내다 facet n. 양상, 국면(= aspect) affirm v. 확인하다, 단언하다; 확인하다 vantage point 견해, 관점 restoration n. 회복; 복구, 복원 embellishment n. 장식; 수식, (이야기 등의) 윤색 decadence n. 쇠미; 타락 distinctiveness n. 독특함, 특이함

그녀의 작품이 미국 흑인 문화의 이러한 거의 언급되지 않은 측면을 표현한 것과 마찬가지로, 그것은 흑인 여성의 독특한 관점을 확인시켜 주었다.

03 동의어 ③

hit the ceiling 격노하다, 화가 나서 길길이 날뛰다 detain v. 붙들어두다; 억류하다, 구금하다(= imprison) disorderly a. 무질서한, 난잡한 charge v. 고발하다, 고소하다 murder v. 살해하다 torment v. 괴롭히다, 고문하다 investigate v. 조사하다, 수사하다

대니(Danny)의 아버지는 아들이 풍기문란 행위로 경찰에 구금되었다는 소식을 전해 듣고는 격노했다.

04 동의어 ①

fishy a. 의심스러운, 수상한(= suspicious) obvious a. 명백한, 명료한 placid a. 평온한; 조용한 worthy a. 가치 있는, 훌륭한 helpless a. 무력한; 난감한

폐점 시간 이후에 그 가게 안에서 불빛을 보았을 때, 경비원은 뭔가 수상한 일이 일어나고 있는 것 같은 느낌이 들었다.

05 동의어 ③

indulgence n. 탐닉, 방자, 방종(= luxury) gay a. 명랑한, 즐거운; 방탕한 miserable a. 불쌍한, 비참한; 볼품없는 mockery n. 흉내; 비웃음; 냉소 frugality n. 검약 discipline n. 훈련; 수양; 자제 complaint n. 불평, 불평거리 contempt n. 경멸, 모욕

"즐거운 삶"으로 잘못 불리고 있는 방종의 삶의 행복을 불쌍하게 흉내 내고 있는 것이다.

06 논리완성 ①

'배심원이 피고의 유죄 여부에 대해 판단하고 결정하는 행동'에 해당하는 표현이 두 빈칸에 들어가야 하므로, '평결'이라는 의미의 verdict가 정답으로 적절하다.

evidence n. 증거 verbatim a. 축어적인, 말 그대로의 confession n. 고백, 실토, 자백 jury n. 배심원 the accused 피고 conviction n. 신념, 확신; 유죄 판결[선고] claim n. 요구, 청구; 주장 justification n. 타당한[정당한] 이유, 정당화 overturn v. 뒤집어엎다; (법안 등을) 부결시키다 verdict n. (배심원의) 평결 itinerary n. 여행일정계획서, 여행안내서 covenant n. 계약, 맹약 declaration n. 선언; 공표 propaganda n. 선전, 선전활동

법원에서, 자백에 대한 구두 기록과 같은 증거들을 고려한 후에 배심원들은 평결에 도달한다. 그러나 만약 피고가 유죄 판결에 동의하지 않는다면 재심이 진행될 수 있다. 만약 피고의 주장이 정당한 것으로 인정되면 새로운 평결이 이뤄지고, 유죄 판결은 뒤집히게 된다.

07 논리완성 ③

주어진 글에서의 등반은 '산을 좋아해서가 아니라 명성과 돈을 위해 가장 높은 산을 오르려고 하는 것', '사람들의 능력과 이해도와는 상관없이 그들을 산에 오르도록 강요해야 하는 계약상의 의무를 지고 있는 사람들이 이끄는 등산'을 가리킨다. 이것은 곧 '상업적인(commercial)' 목적의 등반이라 할 수 있다.

due a. 적당한, 당연한, 합당한 hazard n. 위험; 위험요소 scale v. (산 따위에) 올라가다; 사다리로 오르다 contract n. 계약, 계약서 obligation n. 의무, 책임 irrespective of ~와 관계없이, ~에 상관하지 않고 alpinism n. (일반적으로 높은 산의) 등산 altitude n. 높이, 고도; (보통 pl.) 높은 곳, 고소(高所) mighty a. 강력한 take chances 운명에 맡기고 해보다 recreational a. 레크리에이션의, 휴양의, 오락의 legal a. 법률의; 적법한 commercial a. 상업의; 영리적인 scientific a. 과학의; 과학적인 professional a. 직업의; 전문적인

사람들은 산의 위험에 합당한 주의를 기울이지 않은 채 명성과 돈을 위해 세상의 정상에 도달하려고 노력한다. 왜 오직 에베레스트 산인가? 아직

사람들이 오르지 않은 산들도 많이 있는데도 말이다. 그것은 등반가들이 가장 높은 곳에 오르기를 원하기 때문이지, 모험을 정말로 좋아해서가 아니다. 이와 같은 것을 상업적인 목적으로 하는 것은 위험하다. 왜냐하면 가이드는 사람들의 능력과 이해도와는 상관없이 그들을 산에 오르도록 독촉해야 하는 계약상의 의무를 지고 있는 사람들이기 때문이다. 그런 사람들의 죽음은 인간의 생명과 재능을 낭비하는 것이다. 높은 고도의 등산은 트레킹이나 하이킹과는 매우 다르기 때문에 이제는 상업적인 등산을 중단해야 한다. 매우 거대한 산에 모험을 해선 안 된다. 그것은 인간보다 훨씬 더 강하다.

08 복합관계대명사의 격 ⑤

복합관계대명사의 격은 관계절 내에서의 역할에 따라 결정된다. ⓔ에서 복합관계대명사는 needs의 주어 역할을 하고 있으므로 주격이어야 한다. ⓔ를 to whoever로 고친다.

distribute v. 분배하다, 배급하다   give out 나누어주다   liquid n. 액체, 유동체   colony n. 식민지; 군체(群體)   stomach n. 위(胃), 복부, 배

사람들과 마찬가지로, 개미도 해야 할 일을 분배한다. 몇몇 일개미들은 먹이를 구해서 어린 개미들에게 먹인다. 그 개미들은 사람들이 먹을 음식을 모으는 농부들과 같다. 어린 개미들이 그 먹이를 먹을 때, 그들은 어른 개미들이 먹을 수 있는 액상의(묽은) 먹이를 나누어준다. 일부 군체(群體)에서는 개미들이 몇몇 특별한 일개미들에게 그 액상의 먹이를 먹인다. 이 일개미들은 그것을 배에 저장하며, 그래서 그들의 배는 매우 커진다. 가게를 운영하는 사람처럼 그들은 필요로 하는 누구에게나 액상의 먹이를 나눠주면서 모든 시간을 개미집에서 보낸다.

09 be free to + 동사원형 ②

'be free to+동사원형'은 '자유롭게 ~하다', '마음껏 ~하다'의 의미이다. ⓑ를 동사원형 construct로 고친다.

be to do with ~와 관련되다, ~에 관한 것이다   construct v. (기계·이론 등을) 꾸미다, 구성하다   identity n. 동일성; 정체성   constrain v. 강제하다, 강요하다; 속박하다   psyche n. 영혼, 정신   institutionalize v. 제도화하다, 관행화하다   structure n. 구조, 구성

여기서 문제는 사람들이 그들의 정체성을 그들이 원하는 어떤 방법으로든 자유롭게 확립할 수 있는지, 아니면 정체성 구축이 무의식적인 정신에서부터 제도화된 권력 구조에 이르는 다양한 종류의 힘에 의해 제약을 받는지에 관한 것이다.

10 주어와 동사의 수일치 ①

첫 번째 문장에서 주어의 핵심 명사는 pressure이고 이것은 단수명사다. 따라서 동사의 수도 단수여야 한다. ⓐ를 is로 고친다.

intensify v. 강렬하게 하다, 증강하다   graze v. (가축이) 풀을 뜯어먹다; 가축을 방목하다   browse v. (소·사슴 따위가) 어린잎을 먹다   pressure n. 압박; 곤란   reduction n. 감소   habitat n. 서식지   quality n. 품질, 특성   contribute to ~의 한 원인이 되다   decline n. 쇠퇴; 하락   conclude v. 결론을 내리다, 추단하다   principal a. 주요한; 중요한

decline n. 퇴보; 하락   species n. 종(種), 종류

사슴의 수가 증가함에 따라 잎과 풀을 뜯어먹는 일에 대한 압박이 커진 것이 서식지의 질을 저하시키고 일부 숲속 새들의 수를 감소시킨 원인이 됐을 가능성이 매우 높지만, 사슴이 모든 조류 종(種)을 대규모로 감소시킨 주된 원인이라고 결론 내려서는 안 된다.

11 논리완성 ④

빈칸을 포함한 문장의 내용을 마지막 문장에서 부연설명하고 있다. 마지막 문장에서 야생 토마토와 야생 해바라기의 경제적 유용성과 다른 동식물들의 의학적 유용성을 언급했는데, 인간 생활에 유용한 것을 '자원(resource)'이라 칭하므로 빈칸에는 ④가 적절하다.

species n. 종류, 종(種)   creature n. 창조물; 생물   environment n. 환경, 자연환경   genetically ad. 유전학적으로, 유전적으로   improve v. 개선하다, 개량하다   food crop 식량작물   finding n. 발견, 발견물   challenge n. 도전, 힘든 일, 노력의 목표   heritage n. 유산; 전통, 세습재산   resource n. 자원   background n. 배경

과학자들은 전 세계적으로 많은 종(種)들이 사라지고 있는 것을 크게 우려하고 있다. 동료 생물들을 잃는 것은 우리에게도 손실이다. 우리는 우리 자신과 환경에 대해 더 많이 배울 기회를 잃을 뿐만 아니라, 귀중한 경제적 혹은 과학적 자원도 잃게 되는 것이다. 야생 토마토와 야생 해바라기와 같은 많은 야생 식물들은 식량작물을 유전학적으로 개선하는 데 유용하다. 다른 식물이나 동물들은 의학 연구에 유용하다.

12 논리완성 ⑤

두 번째 문장에서 네 번째 문장까지는 '유머는 웃고 농담을 하는 것 이상으로 많은 것을 더 포함한다.'라는 첫 번째 문장을 부연설명하고 있다. 결론에 해당하는 마지막 문장 또한 첫 번째 문장을 재진술한 것이 되어야 하므로, ⑤가 정답으로 적절하다. ② 웃음과 농담도 유머에 포함되므로 농담 능력이 유머의 정의와 전혀 무관한 것은 아니다.

needlessly ad. 불필요하게   require v. 요구하다, 명하다   definition n. 정의; 설명   element n. 요소, 성분

유머는 웃고 농담을 하는 것 이상으로 많은 것을 더 포함한다. 많은 사람들은 자신들이 농담을 잘 하지 못하기 때문에 좋은 유머 감각이 없다고 불필요하게 걱정한다. 유머감각을 가지려면 농담을 하는 것 이상으로, 삶의 여러 상황이 일어날 때 그 상황의 재미있는 면을 기꺼이 보려 하고 또 볼 수 있어야 한다. 사실, 유머 감각에 대한 가장 좋은 정의 가운데 하나는 "상황 속에서 심각하지 않은 요소를 볼 수 있는 능력"이다. 농담을 하는 능력은 유머의 작은 일부에 불과하다.

① 적절하게 정의될 수 없는 것이다
② 그것의 정의와 전혀 연관되지 않는다
③ 자신의 성격과 밀접한 관계가 있다
④ 유머의 가장 중요한 측면이다
⑤ 유머의 작은 일부에 불과하다

13 논리완성 　　　　　　　　　　　①

앞에서 "특정 상황에서 언어와 방언을 서로 대신 사용해야 하는지의 여부를 판단하는 데 많은 어려움을 경험한다"고 했는데, 이것은 "언어라는 용어를 사용해야 하는 상황과 방언이라는 용어를 사용해야 하는 상황을 명확하게 구분 지을 수 없다"는 의미이다. 그러므로 언어와 방언이라는 용어는 '매우 복잡한 상황'을 단순화하여 이 두 가지 용어만을 사용하는 이분법적 행위의 결과물이라 할 수 있다.

dialect n. 방언, 지방 사투리; (어떤 직업·계급 특유의) 통용어, 말씨
ambiguous a. 애매한, 모호한　term n. 용어, 전문어　ordinary a.
보통의, 평범한　non-prestigious a. 명성이 없는, 유명하지 않은
variety n. 변화, 다양성; 종류　considerable a. 상당한　represent
v. 묘사하다, 나타내다; 대표하다　dichotomy n. 이분법

하우겐(Haugen)은 '언어'와 '방언'이 애매모호한 용어라고 지적했다. 보통 사람들은 말을 할 때 이 용어들을 꽤 자유롭게 사용한다. 사람들에게 방언이란 그저 특정 지역에서만 쓰이는 잘 알려지지 않은 종류의 실제 언어일 뿐이다. 이와는 대조적으로, 학자들은 종종 특정 상황에서 한 용어를 다른 나머지 용어들 대신 사용해야 하는지의 여부를 판단하는 데 많은 어려움을 겪는다. 하우겐이 말하듯이, 그 용어들은 "거의 무한히 복잡한 상황에서의 단순한 이분법을 나타낸다."

① 거의 무한히 복잡한
② 그 용어들만큼 애매모호하지는 않은
③ 학자들이 좀처럼 자세하게 살펴보지 않는
④ 대부분의 언어 사용자들에게 매우 민감한
⑤ 언어학자와 보통 사람들 모두가 종종 무시하는

14 문장삽입 　　　　　　　　　　　③

주어진 문장은 '그러나 게이시는 죽기까지 18분이 걸렸다.'라는 의미이므로, 이 문장의 앞에는 '독극물 주사액을 맞은 사형수가 죽기까지 일반적으로 걸리는 시간'을 언급한 내용이 있어야 한다. 따라서 ⓒ가 가장 적절한 위치가 된다.

victim n. 희생자　anticipate v. 예상하다; 기대하다　torture v. 고문하다　murder v. 살해하다, 학살하다　execute v. 사형을 집행하다, 처형하다　lethal a. 죽음을 가져오는, 치명적인　injection n. 주입, 주사, 주사액
swiftly ad. 신속하게, 빨리　chemical n. 화학약품, 화학제품
introduce v. 안으로 들이다, 받아들이다　intravenously ad. 정맥을 통해, 정맥주사를 통해　bloodstream n. 혈류　suppress v. 억제하다, 억압하다　clog n. 방해물, 장애물　delivery tube 유도관　attach v. 붙이다, 달다　snort v. (경멸·놀람·불찬성 따위로) 콧방귀 뀌다, 씩씩거리며 말하다　death-chamber n. 사형실　stream v. (액체·기체가) 줄줄[계속] 흐르다[흘러나오다]

존 웨인 게이시(John Wayne Gacy)에게 희생당한 사람들의 가족들에게 그의 죽음은 오래전부터 고대해 온 일이었다. 1970년대에 33명의 젊은이와 아이들을 고문하고 살해한 그 남자는 마침내 일리노이 주 스테이트빌 교도소에서 독극물 주사를 맞고 처형됐다. 세 가지 화학물질이 정맥을 통해 그의 혈류 속으로 주입되면서 신속하고 깨끗하게 정의가 실현될 것이었다. 첫 번째 약물은 그를 기절시키고, 두 번째 약물은 그의 호흡을 억제하고, 마지막 약물은 그의 심장을 멈추게 할 것이었는데, 전부 단 5분이면

끝날 일이었다. <그러나 게이시는 죽기까지 18분이 걸렸다.> 그의 팔에 부착된 주사액 유도관에 응고물질이 생겼다. 그가 씩씩대자 곧바로 사형집행실의 교도관들은 막힌 관을 뚫으려고 애쓰면서 그의 주위에 커튼을 쳤다. 마침내, 두 가지 독극물이 그에게 흘러들어갔다. 그 괴물은 죽었다.

15-16

많은 여행객들이 빌바오(Bilbao)에 가는 것은 오직 프랭크 게리(Frank Gehry)가 설계한 그 유명한 구겐하임(Guggenheim) 미술관을 보기 위함이다. 이 미술관은 현대 건축 양식을 상징하는 건물 가운데 하나이다. 유감스럽게도, 내가 구겐하임에 도착했을 때는 이미 날이 저물고 있었다. 그 미술관은 오후 8시에 닫는데, 입장 시간은 오후 7시 30분까지이다. 나는 너무 늦어버려서 안으로 들어갈 수가 없었다. 애석한 일이었다. 좀 더 일찍 왔어야 했는데. 나는 어쩔 수 없이 미술관 외관만 봐야 했다. 티타늄과 유리로 지어진 그 건축물의 외관은 일몰을 배경으로 하여 신비롭게 보였다. 티타늄 벽은 바람에 흐르는 것 같았는데, 이러한 모습은 그 건물이 마치 살아 있는 물고기처럼 보이게 했다. 벽은 석양빛을 반사하여 그 색깔이 변했다. 정말 장관이었다! 그 미술관의 아름다움을 감상하기에 가장 좋은 때가 일몰 때라고 하니, 얼마나 운이 좋았단 말인가! 내 실망은 갑작스럽게 기쁨으로 변했다. 나는 그곳에서 멋진 사진을 찍고 미술관 밖을 걸어 다녔다. 미술관 외부에 특이한 미술품이 몇 점 설치돼 있었다. 가장 눈에 띄는 것은 '마망(Maman)'이라 불리는 9미터 높이의 거미 조각상이었다. 자신의 소중한 알을 보호하고 있는 그 거미 조각상은 마치 꿈에서 나온 생명체 같았다. 시간이 늦어져서 나는 다음날 다시 돌아오기로 했다. 나는 밖에 있는 다른 예술작품뿐만 아니라 미술관 안에 있는 소장품도 보고 싶었다.

iconic a. ~의 상징[아이콘]이 되는, 우상의　architecture n. 건축, 건축 양식　admission n. 들어가는 것을 허용함, 입장(허가); 입장료　be obliged to ~을 해야 한다　construct v. 조립하다; 건설하다, 축조하다　architecture n. 건축물; 건축술　reflect v. 반사하다; 반영하다, 나타내다　spectacular a. 장관의; 눈부신　appreciate v. 평가하다, 감정하다; (문학·예술 따위를) 감상하다, 음미하다　install v. 설치하다, 가설하다, 설비하다　prominent a. 현저한, 두드러진; 저명한, 걸출한　sculpture n. 조각, 조각 작품

15 내용파악 　　　　　　　　　　　⑤

마망(Maman)이라 불리는 9미터 높이의 거미 조각은 미술관 외부에 설치돼 있었다.

구겐하임 미술관에 관한 위 글의 내용과 일치하지 않는 것은?
① 현대적인 건축 양식을 잘 보여주는 건물이다.
② 저녁 7시 30분 이후에는 박물관에 입장할 수 없다.
③ 티타늄 외장재 사용으로 살아 있는 물고기처럼 보인다.
④ 해질녘에 건물을 감상하는 것이 가장 좋다고 한다.
⑤ 9미터 높이의 거미 조각이 건물 안쪽에 전시되어 있다.

16 어법상 적절하지 않은 표현 고르기 　　　④

appear는 자동사이므로 수동태로 쓸 수 없다. ⓓ를 능동태 appeared로 고친다.

17-18

13세기는 성녀(聖女)들의 세기였고, 그 가운데 보헤미아의 아그네스 (Agnes of Bohemia)와 같은 몇몇의 유명한 왕족 출신이었다. 그들은 성(聖) 아그네스의 삶의 이야기에서 분명히 드러나듯이, 강한 성품을 가지고 있었다. 아그네스는 그녀의 믿음, 지성, 강한 의지로 인해 크게 <소외되었고>, 종종 국내외 정치에 영향을 끼쳤다. 그녀는 거의 반세기 동안 자신의 집이 되어주었던 수도원을 건립했고, 중요한 병원 체계를 창설하였는데, 이것은 가난한 사람들을 위한 병원 네트워크 전체를 관리했고 오늘날까지도 남아 있다. 그녀는 또한 자신의 병원 체계의 규칙을 만들고 그 체계를 중유럽 전역에 퍼지게 하는 데 크게 기여했다. 뛰어난 외교관으로서, 그녀는 또한 자신이 속한 왕가의 정치에 미묘하게 영향을 미칠 수 있었다. 혹독한 시대였음에도 불구하고 그녀가 남긴 유산은 수세기 동안 계속 보존되었고, 그녀는 조상들과 함께 국가의 수호성인의 반열에 당연히 들게 됐다.

saintly a. 성도다운, 덕망 높은 personality n. 개성, 인격 evident a. 분명한, 명백한 alienate v. 멀리하다, 소원(疏遠)케 하다, 소외시키다 faith n. 신념, 신조 will n. 의지, 의지력 influence v. ~에게 영향을 끼치다 monastery n. 수도원 found v. (단체·회사 따위를) 설립하다 administer v. 관리하다, 지배하다, 통치하다 significantly ad. 상당하게; 중요하게 contribute v. 기부하다; 기여하다, 공헌하다 diplomat n. 외교관 subtly ad. 미묘하게 legacy n. 유산 deservedly ad. 당연히, 정당히 patron saint 수호성인

---

17 내용파악 ③

'수도원을 설립하여 거의 반세기 동안 기거했다'라고만 했을 뿐 수도원에서 의료 활동을 했다는 내용은 없다.

St. Agnes에 대한 위 글의 내용과 일치하지 <u>않는</u> 것은?
① 13세기에 활약한 성녀로서 왕족 출신이다.
② 국내외적으로 상당한 정치적 영향력이 있었다.
③ 수도원을 건립하고 그곳에서 가난한 사람들을 치료했다.
④ 그녀가 구축한 빈자들을 위한 병원 체계가 오늘날까지 남아있다.
⑤ 자신의 조국에서 국가의 수호성인 중 한 명으로 추앙받고 있다.

---

18 문맥상 어색한 표현 고르기 ②

ⓑ에 쓰인 alienate는 '소외시키다'라는 의미이므로, '국내외 정치에 영향을 끼쳤다'라는 뒷 내용과 자연스럽게 이어지지 않는다. 따라서 이것을 '추앙받다(celebrated)', '존경받다(admired)' 등의 의미가 되도록 고치는 것이 적절하다.

19-20

'창의적인 글쓰기'라는 용어는 시, 소설, 희곡을 쓰는 것과 같은 상상력으로 하는 일을 암시한다. 이러한 활동은 많은 특징들을 갖고 있어 권장할 만하다. 우르(Ur)에 따르면, 이 특징들 가운데 가장 주된 것은 최종 결과물이 종종 일종의 성취로 느껴지며, '대부분의 사람들이 자신의 작품에 자부심을 느끼고 자기 작품이 읽히길 원한다.'는 점이다. 이것은 다른 더 일반적인 글보다 창의적인 글쓰기에서 훨씬 더 두드러진다. Garffield-Vile은 창의적인 글쓰기가 자기발견의 여정이며 자기발견은 효과적인 학습을 촉진한다

고 말한다. 교사들이 상상력으로 하는 글쓰기 과제를 학생들이 전적으로 참여하도록 설정할 때, 그 학생들은 보다 일상적인 과제의 경우보다 정확하고 적절한 언어를 더 다양하게 만들어내기 위해 종종 평소보다 더 열심히 노력한다.

term n. 용어, 전문어 imaginative a. 상상력이 풍부한; 상상의 task n. 임무; 과업 feature n. 특징, 특색 achievement n. 성취, 달성; 업적 significantly ad. 중요하게; 상당하게 marked a. 명료한; 두드러진 standard a. 표준의; 일반적인 promote v. 진전시키다, 조장하다, 장려하다 effective a. 유효한; 효과적인 thoroughly ad. 아주, 전적으로 engage v. 종사시키다, 참여시키다 strive v. 노력하다; 얻으려고 애쓰다 variety n. 변화, 다양성; 종류 appropriate a. 적합한, 적절한

---

19 글의 제목 ④

학습자에게 권장할만한 창의적인 글쓰기의 특징적인 장점과 학습효과 증진이라는 이점에 대해 이야기하고 있는 글이므로, 제목으로는 ④가 적절하다.

위 글의 제목으로 가장 적절한 것은?
① 창의적인 글쓰기의 유형과 주된 특징
② 창의적인 글쓰기 vs. 상상력으로 하는 글쓰기: 차이점과 유사점
③ 학생들이 글쓰기에 깊이 참여하도록 동기를 부여하는 방법
④ 창의적인 글쓰기 과제가 가진 학습상의 장점과 이점
⑤ 글쓰기를 통해 성취감을 느끼는 것의 중요성

---

20 빈칸완성 ②

"상상력이 풍부한 글쓰기 과제"와 비교 혹은 대조되는 과제에 해당하는 표현이 빈칸에 적절하다.

문맥상 빈칸에 들어갈 말로 가장 적절한 것은?
① 어려운 학습 과제
② 일상적인 과제
③ 기초적인 연습
④ 효과적인 학습 활동
⑤ 다양한 문학 작품

01 ③	02 ①	03 ②	04 ②	05 ③	06 ⑤	07 ④	08 ③	09 ③	10 ⑤
11 ④	12 ⑤	13 ②	14 ③	15 ③	16 ③	17 ④	18 ②	19 ⑤	20 ③
21 ③	22 ①	23 ④	24 ④	25 ②	26 ①	27 ④	28 ④	29 ②	30 ⑤
31 ⑤	32 ④	33 ③	34 ③	35 ⑤	36 ②	37 ④	38 ④	39 ②	40 ⑤

01 동의어 ③

ban n. 금지(령)(= restriction) behind the wheel (자동차의) 핸들을 잡고; 운전하여 be on the rise 증가하고 있다 offer n. 제의, 제안 permit n. 허가; 허가증 institution n. 기관; 제도 project n. 안(案), 계획

운전 중에 휴대 전화를 이용하여 문자 메시지를 주고받는 것을 막기 위한 여러 주법(州法)의 금지규정과 전국적인 캠페인에도 불구하고, 운전 중에 문자메시지를 주고받는 사람들의 수가 실제로 증가하고 있다는 것을 새로운 연구는 보여준다.

02 동의어 ①

turn up 파 뒤집다, 발굴하다, 조사하다 preoccupied a. 몰두한, 여념이 없는, 정신이 팔린(= absorbed) measure v. 측정하다[재다]; 판단하다 passage n. (시간의) 흐름[경과] excluded a. 제외된 provided a. 준비된 convicted a. 유죄로 결정된 dissolved a. 용해된; 해산된

기록과 유물을 발굴하는 어디에서나, 우리는 모든 문화권에서 일부 사람들이 시간의 흐름을 측정하는 데 몰두하고 있었다는 것을 대개 발견한다.

03 동의어 ②

humidity n. 습기 dust n. 먼지, 티끌 buildup n. 증강, 강화; 축적 related a. 관련된 symptom n. 증상, 증후(= indication) sore throat 인후염 fatigue n. 피로, 약화 prompt n. 촉진; 조언, 주의 illness n. 병, 불쾌; 발병 occasion n. 때[기회, 경우] function n. 기능, 구실

실내식물은 더욱 이상적인 습도 수준에 기여하고 먼지 발생을 줄여주기 때문에, 감기와 인후염과 피로와 같은 관련 증상을 30%까지 줄이는 데 도움을 준다.

04 동의어 ②

in terms of ~면에서, ~에 관하여 morality n. 도덕(성) apologize v. 사죄하다, 사과하다 bow one's head 머리[고개]를 숙이다; 패배를 인정하다 humiliating a. 치욕적인, 굴욕적인(= shameful) elevate v. 높이다, 향상시키다 abnormal a. 보통과 다른, 정상이 아닌 amicable a. 우호적인, 친화적인 obscene a. 음란한, 외설적인; 터무니없는

provident a. 선견지명이 있는; 신중한

도덕성 면에서 내 인생의 가장 큰 성과는 내가 잘못 대우한 사람에게 사과할 수 있다는 것이다. 나는 머리를 숙이고 용서를 구할 수 있다. 나는 모든 사람이 이렇게 하는 것을 배워야 하며 모든 사람이 그것은 굴욕적인 것이 아니라, 오히려 영혼을 고양시켜준다는 것을 알아야 한다고 생각한다.

05 문의 구성 ③

주어는 Anger, 본동사는 mobilize, 목적어는 you, 목적격 보어는 세 개의 to 부정사(to take, to think, to defend)가 병치된 문장이다. 그런데 'take action to 부정사(~하기 위해 조치를 취하다)' 구문의 to 부정사인 to set limits to the demands 다음에 others make you가 the demands를 수식하는 관계절로 왔다. make를 4형식동사나 5형식동사로 보아서는 의미상 적절하지 않은 문장이 되고 3형식동사로 보아 'make a demand of~(~에게 요구하다)'의 구문이 되어야 한다. 따라서 ©를 make of you로 고쳐야 한다. to set, to think, to defend가 병치되어 to take action에 이어지는 것으로도 볼 수 있으나 그러면 두 번째 '~에 대해 생각하기 위해 조치를 취하다'가 의미적으로 어색해 부적절하다.

set limits to ~을 제한하다

분노는 당신으로 하여금, 예를 들면, 다른 사람들이 당신에게 하는 요구를 제한하기 위해 조치를 취하거나, 어떤 것이 당신에게 왜 중요한지에 대해 생각하거나, 공격을 받는 경우에 자신을 보호하게끔 해줄 수 있다.

06 원급비교 ⑤

than은 형용사와 부사의 비교급 뒤에 써서 '~보다'라는 뜻으로 비교를 나타내는데, © than 앞에 비교급이 아닌 원급 as successful이 왔으므로, ©를 as로 고쳐 원급비교 구문이 될 수 있도록 한다. 두 번째 문장 that절 이하에는 without 가정법이 쓰였으므로, 주절의 가정법 동사인 Ⓓ would는 적절하다.

promote v. 승진[진급]시키다 executive secretary 사무국장 it's safe to say that ~라 말해도 괜찮다, 과언이 아니다

당신의 업무 능력은 1992년 당신을 사무국장으로 승진하게 했다. 따라서 오랜 세월에 걸친 당신의 공헌이 없었더라면, 우리가 예전만큼 성공적이지는 못할 것이라고 해도 과언이 아니다.

헬리콥터로 한번 비행한 후에 어떤 지역의 상세 지도를 그릴 수 있다.

07 명사를 수식하는 형용사 ④

다섯 번째 문장의 주절은 앞을 보지 못하는 헬렌 켈러와 앞을 볼 수 있는 사람들을 비교한 동등 비교 구문이다. '앞을 볼 수 있는', '시력이 정상인'이라는 뜻의 형용사는 sighted이므로 ⑩를 sighted로 고쳐야 한다. 참고로 sighting은 '목격', '관측'의 뜻으로 쓰이는 명사이다.

lose one's sight 시력을 잃다   frustrated a. 좌절감을 느끼는   exhausted a. 기진맥진한, 진이 다 빠진

헬렌 켈러(Helen Keller)는 아주 어린 나이에 시력을 잃어서 어렸을 때 매우 좌절감을 느꼈다. 무엇보다도, 그녀는 말을 들을 수도 말을 할 수도 없었기 때문에 그녀 주위에 어떤 일이 일어나는지 이해할 수 없었다. 그녀는 자신의 어머니가 말을 할 때, 입술을 움직인다는 것을 알고 있었지만, 이것이 그녀에게는 무의미한 것이었다. 그녀는 어머니가 무엇을 하고 있는지 이해할 수 없었다. 다음으로, 그녀가 단어들이 무엇인지 알게 되자, 자신은 결코 그 단어로 시력이 정상인 사람들만큼 빨리 의사소통할 수 없을 거라 그녀는 생각했다. 이런 모든 좌절감으로 인해 그녀는 지칠 때까지 자주 울고 비명을 지르곤 했다.

08 형용사를 수식하는 부사 ③

첫 번째 문장의 주절인 'so ~ that …' 구문에서 형용사 interwoven을 수식할 수 있는 것은 부사이므로 ⓒ dense를 densely로 고쳐야 한다.

interchange n. 교환, 교역, 교체   external a. 외부의   internal a. 내부의   densely ad. 짙게, 밀집하여, 빽빽이   interweave v. 복잡하게 서로 얽히다   pick apart 찢어놓다, 떼어놓다   distinguishable a. 구별할 수 있는, 분간[식별]할 수 있는

수천 년 동안 수학의 외적인 사용과 내적인 구조 사이에 교환이 계속된 후, 이제는 그 학문(수학)의 이 두 가지 측면이 너무나 복잡하게 얽히게 되어서 그것들을 서로 떼어놓기가 거의 불가능하다. 하지만 연관된 정신적 태도는 쉽게 구별할 수 있어서, 두 종류의 수학 즉, 순수 수학과 응용 수학으로 광범위하게 분류된다.

09 부정대명사 ③

'일부/많은 사람들은 ~하고, 다른 사람들은 ~하고, 또 다른 사람들은 ~한다'라고 설명할 때 'Some/Many people ~, others ~, and still others ~'라고 표현한다. 그런데 ⓒ The others는 셋 이상에서 일부를 제외한 나머지 모두를 가리키므로, 마지막 문장에서 Still others로 설명할 수 없게 된다. 따라서 ⓒ는 Others로 고쳐야 한다.

autistic a. 자폐성[자폐증]의   savant n. 학자, 석학; 서번트(특정 분야에 뛰어난 재능을 가진 정신 장애인)   retain v. (계속) 유지[보유]하다   recite v. 암송하다; (열거하듯) 죽 말하다, 나열하다   word for word 정확히 말한[글자] 그대로

자폐적 서번트(천재장애인)는 평범한 사람보다 훨씬 더 발달된 특별한 능력, 기술 또는 지식을 가지고 있는 사람이다. 사실, 많은 서번트들은 고도로 발달된 수학 능력을 가지고 있다. 다른 서번트들은 그들의 기억 속에 많은 양의 정보를 간직할 수 있다. 예를 들면, 일부 자폐적 서번트들은 사전 또는 전화번호부 전체를 그대로 외워서 말할 수 있다. 또 다른 서번트들은

10 분사구문 ⑤

마지막 문장의 본동사는 declined이므로 이어서 접속사 없이 시제를 가진 동사 caused가 올 수 없다. 원래 이 문장은 and caused인데, and를 없애고 분사구문으로 만들 수 있으므로 ⓔ를 causing으로 고쳐야 한다.

continent n. 대륙, 육지   Antarctica n. 남극 대륙(= the Antarctic Continent)   parasite n. 기생 동물[식물]   outward ad. 바깥쪽으로

초기 인류는 아마도 약 5만년의 짧은 기간 이내에 남극 대륙을 제외한 모든 대륙에 정착했을 것이다. 최초의 인간들은 열대 지역에 살았는데, 이 지역에는 병과 기생충이 있었다. 인구가 열대 지역에서 밖으로 퍼져 나감에 따라 사망률이 감소했고, 이는 급속한 인구 증가를 가져왔다.

11 논리완성 ④

인생은 일방통행로와 같다고 했으므로, 이는 한 반향으로만 갈 수 있다는 것을 의미한다. 다른 어떤 길을 택하더라도 제자리로 돌아가는 것이 불가능할 것이므로, 빈칸에는 이러한 '다른 길'에 해당하는 표현이 들어가야 한다. 그러므로 ④ detours가 빈칸에 적절하다.

lead back (길 따위가) 제자리로 돌아오다   hedge n. 산울타리; 대비책   throne n. 왕좌   detour n. 우회로   poll n. 투표; 득표집계

인생은 일방통행로와 같다. 당신이 아무리 많은 우회로를 택한다고 하더라도, 어느 길로도 제자리에 돌아올 수 없다. 당신이 그 사실을 인식하고 받아들인다면, 인생은 훨씬 더 단순해지게 된다.

12 논리완성 ⑤

두 번째 문장에서 "그는 세상과 사람들을 자신과 관련지어서만 보았다"고 했는데 이는 자신을 지나치게 중시하는 자만(自慢)을 뜻하므로 ⑤ conceit가 빈칸에 적절하다.

affability n. 상냥함   conspiracy n. 음모, 모의   dedication n. 전념, 헌신   equanimity n. 침착, 평정   conceit n. 자만, 자기 과대평가

그는 자만(自慢)의 괴물이었다. 그는 단 1분도 세상이나 사람들을 자신과 관련짓지 않고 보는 법이 없었다.

13 논리완성 ②

인간이 "자기중심적인 경향"이 있다고 했으므로, 자신의 상황을 기준으로 해서 해석하는 성향이 있다고 볼 수 있다. although가 이끄는 양보절에서 지구가 자전, 즉 움직이고 있다고 했는데, 인간은 자신의 입장에서 해석해서 그렇지 않다고 여길 것이므로, 빈칸에는 '움직임'과 반대되는 의미의 ② motionless가 적절하다.

egocentric a. 자기중심의, 이기적인   superior a. (보다) 위의; 우수한   motionless a. 움직이지 않는, 정지한   selfish a. 이기적인, 제멋대로의

untouchable a. 건드릴 수 없는 independent a. 독립한, 자주의

인간은 자기중심적인 경향이 있다. 우리는 적도 근처에서 시간당 약 1,600킬로미터의 지면 속도로 자전하고 있는 지구에 있음에도 불구하고, 일반적으로 우리가 움직이지 않는다고 생각한다.

14 논리완성 ③

첫 번째 문장의 though절 안에서 식사예절에 대해 예전보다 덜 걱정한다고 했으므로, 그 원인이나 이유를 설명하는 now that절에서는 예절을 덜 중요하게 여긴다는 뜻으로 현재는 예전보다 덜 격식을 차린다고 해야 문맥상 적절하다. 그런데 빈칸 앞에 less가 있으므로, '격식을 차린다'는 의미의 ③ formal이 정답으로 적절하다.

polite a. 공손한, 예의 바른 frequent a. 자주 일어나는, 빈번한 formal a. 격식을 차린, 정중한 comfortable a. 편한, 위안의 expensive a. 비싼, 돈이 많이 드는

많은 식사가 격식을 덜 차리므로 사람들이 예전보다 식사 예절에 대해 덜 걱정하지만, 식사 시간에 좋은 예절은 중요하다. 다른 사람들과 함께 식탁에서 식사를 할 때, 냅킨을 테이블 밑 무릎 위에 올려놓고, 입을 다물고 음식을 씹으며, 입안에 음식이 있을 때는 말을 하지 않고, 팔꿈치를 식탁에서 올려놓지 말고, 천천히 음식을 먹는 것이 정중한 것으로 여겨진다.

15 논리완성 ③

아이가 태어나면 이름의 순서는 "이름-아버지의 성-어머니의 성"이라고 했으므로, 아이의 이름인 Anita, 아버지의 성인 Martinez, 어머니의 성인 Gonzalez순으로 배열된 ③이 빈칸에 적절하다.

maiden name (여성의) 결혼 전의 성(姓) given name (성이 아닌) 이름

멕시코에서 여성이 결혼을 하면, 그 여성은 결혼 전의 성을 그대로 쓸 수 있고 단어 'de(전치사 of)' 뒤에 남편의 성을 붙인다. 마리아 곤잘레스(Maria Gonzalez)가 티노 마르티네스(Tino Martinze)와 결혼을 하게 되면 마리아는 마르티네스의 마리아 곤잘레스(Maria Gonzalez de Martinez)가 되는 것이다. 아이들이 태어나면, 이름의 순서는 다음과 같다. 이름, 아버지의 성, 어머니의 성의 순서이다. 티노와 마리아의 아이인 아니타(Anita)의 이름은 아니타 마르티네스 곤잘레스(Anita Martinez Gonzalez)가 되는 것이다. 이것은 그들이 미국에서 서류를 작성하는 방법에 영향을 미친다.

16 논리완성 ③

낮 동안에는 지상풍이 바다에서 (육지로) 불고, 저녁에는 지상풍이 육지에서 (바다로) 불어서 낮과 밤의 바람 방향이 반대로 바뀌는 것이므로, 빈칸에는 ③ reversed가 적절하다.

convection n. (기체나 액체에 의한 열의) 대류 surface wind 지상풍(地上風)(땅바람) sea breeze 바닷바람, 해풍 recharge v. 다시 충전하다 recover v. 되찾다 refine v. 정제[제련]하다; 개선[개량]하다 reconcile v. 조화시키다

낮 동안에는 지표면이 넓은 수역보다 더 빨리 데워진다. 이것은 지상풍이 바다에서 불어오는 대류 순환, 즉 바닷바람을 만들어낸다. 저녁이 되면, 지표면은 바다보다 더 빨리 식는다. 이때는 대류 순환이 반대로 역전되어, 지상풍이 육지에서 불어오는 육지바람이 된다.

17 논리완성 ④

첫 문장에서 사랑하는 것이 무엇이든 간에 사랑이 클수록 그에 상응하는 슬픔이 커진다고 했는데, 이는 사랑하는 대상이 아니라 사랑의 깊이에 따라 슬픔이 좌우된다는 것이므로 빈칸에는 ④ object가 적절하다.

corresponding a. 해당[상응]하는 grief n. 비탄, 슬픔

우리가 사랑하는 것이 무엇이든 간에, 우리의 사랑이 클수록, 사랑하는 사람이나 물건을 잃어버리면 그에 상응하는 슬픔이 더욱 커진다. 우리의 슬픔의 깊이를 결정하는 것은 우리가 사랑하는 대상의 본질이 아니라 우리의 사랑의 깊이이다.

18 논리완성 ②

두 번째 문장의 that dread는 첫 문장에서 언급한 '공포, 불안'을 가리키며, 이것과 심장병 사망 원인의 연관성을 연구 중이라고 했다. 마지막 문장에서 언급한 '스트레스가 심할 때 심장이 가장 강하게 반응하는 것'도 '불안'과 관련되어 있다고 볼 수 있다. 따라서 빈칸에는 ② anxiety가 적절하다.

terrify v. 겁나게 하다, 무서워하게 하다 dread n. 공포, 불안 coronary a. 관상(冠狀)(동맥)의; 심장의 obesity n. 비만 anxiety n. 걱정, 근심 infinity n. 무한성 speech n. 말, 언어 audacity n. 대담함, 무모함

청중 앞에서 말하는 것은, 청중의 규모가 작다고 하더라도, 사람들을 겁먹게 하는데, 심지어 죽음에 대한 생각보다 더 겁에 질리게 만든다고 여러 조사들은 보여준다. 현재 연구자들은 불안이 어떻게 심장병으로 인한 사망의 원인이 되는지 알아보기 위해서 그 두려움을 이용했다. 한 새로운 연구는 스트레스를 받을 때 심장이 강하게 반응하는 관상동맥 질환을 앓고 있는 사람들은 말년에 심장 질환으로 사망할 위험이 3배나 높다는 것을 보여준다.

19 논리완성 ⑤

두 번째 문장에서 '이민이 한창이었을 때, 이미 이곳에 살고 있던 사람들은 새로 온 사람들을 의심하면서 대했다.'라고 했는데, 이는 새로운 사람들에 대한 '편견' 또는 '차별'에 해당하므로 첫 번째 빈칸에는 discrimination이나 prejudice가 적절하다. 그리고 이 집단들 중 가장 고통을 받는 사람들의 예로 흑인을 들고 있는데, 이들의 피부색과 신체적인 특징은 이미 정착해 있는 사람들과 차이를 나타냈을 것이므로 두 번째 빈칸에는 distinctive가 적절하다. ① 기회 ― 유리한 ② 재해 ― 의심스러운 ③ 차별 ― 인상적인 ④ 자유 ― 예외적인

minority n. (한 사회·국가 내의) 소수집단 immigration n. 이주, 이민 suspicion n. 혐의, 의혹, 의심 feature n. 특징, 특색 status n. (사회적) 지위; 자격 distinctive a. 특유의, 특이한; 차이를 나타내는

미국의 역사를 통틀어, 소수 집단은 편견에 직면해왔다. 한창 이민이 진행되던 시기 동안, 이미 이곳에 살고 있던 사람들은 새로 온 사람들을 의심하면서 대했다. 가장 고통을 받은 집단은 피부색이나 신체적 특징이 가장 차이가 나는 사람들이었다. 노예로 미국에 팔려왔던 흑인들은 현재 아프리카계 미국인으로 널리 불리고 있는데, 이들은 피부색과 이전의 사회적 지위, 두 가지 모두로 인해 큰 고통을 받았다.

20 논리완성 ③

대시 이하의 '재능이 무엇이든지 간에 자신이 틀릴 수 있다는 것을 인정하는 것'은 ③ 겸손(humility)에 해당한다.

extreme a. 극도의, 극심한 stage fright 무대 공포증 principal a. 주요한, 으뜸가는 throbbing a. 두근거리는, 울렁거리는 panic n. 극심한 공포, 공황 fallible a. 틀리기 쉬운, 틀리지 않을 수 없는 conscience n. 양심, 도의심

린 하렐(Lynn Harrell)은 약 30년 전에 클리블랜드 관현악단의 수석 첼리스트로서 극도의 무대 공포증을 겪었다. "제 마음이 너무 조마조마해져서 내 가슴이 심장박동에 따라 같이 움직이는 것을 관객들이 볼 수 있을 거라고 확신하던 때가 있었어요. 그냥 완전한 패닉(공황) 상태였지요. 나는 '음악을 연주하기 위해서 이런 상황을 겪어야 한다면, 다른 직업을 찾아봐야 할 것 같다'고 생각하는 지경에까지 이르렀어요." (무대 공포증을) 극복하는 것은 겸손함을 발달시키는 것과 관련되어 있다고 그가 말했는데, 그것은 자신의 재능이 무엇이든 간에 틀릴 수 있고, 완벽하지 않은 콘서트도 재앙이 아니라는 것을 인정하는 것이었다.

21 문맥상 적절하지 않은 단어 고르기 ③

인간의 성격을 형성하는 '본성 대 양육' 이론 논쟁에 대해 설명하는 글이다. 첫 번째 이론은 태어나기 전에 이미 성격이 형성된다는 본성에 대한 이론이고, 두 번째 이론은 문화적·사회적 환경에 따라 성격이 형성된다는 양육에 대한 이론이다. 양육 이론에서는 '신생아가 확실한 성격적 특징을 가지고 태어나지 않는다'고 볼 것이므로, ©는 definite (확실한)가 되어야 한다.

sociologist n. 사회학자 psychologist n. 심리학자 nature n. (사람·동물 따위의) 본성; 성질 nurture n. 양육; 양성 genetics n. (pl.) 유전적 특징[현상] deficient a. 모자라는, 부족한; 결함이 있는 factor n. 요인

사회학자들과 심리학자들은 인간의 성격이 어떻게 형성되는지에 대해 수세기 동안 논쟁을 벌여 왔다. 그것은 두 가지 상반된 이론을 설명하는 '본성 대 양육'의 논쟁으로 오랫동안 알려져 왔다. 첫 번째 이론은 태어나기 전에 성격이 유전적으로 형성된다고 주장한다. 이 이론에 따르면, 본성이 유전적인 특징을 통해서 어떤 사람이 될 것인가를 결정한다고 한다. 그와는 반대로, 나머지 한 이론에서는 신생아는 그 어떤 <부족한> 성격도 갖고 있지 않다고 주장한다. 아이가 자라면서 성격이 발달하며, 성격의 발달은 아이의 가족과 사회적인 환경에 의해 형성된다는 것이다. 따라서 두 번째 이론에 따르면, 가장 중요한 것은 문화적이고 사회적인 요인들이다.

22 논리완성 ①

두 번째 문장에서 지식이 축적됨에 따라 인간은 자신에게 가장 알맞은 형태로 자신을 만들 수 있게 되었다고 했다. 그리고 인간이 현명한 한에서 새로운 힘은 유익해지고 인간이 어리석은 한은 정반대가 된다고 했는데, 이는 지식의 증가와 함께 자신이 지식을 어떻게 활용하는지와 관련된 것이므로 지식의 증가에 지혜의 증가가 수반해야(뒤따라야) 한다고 볼 수 있다.

accumulate v. 모으다, 축적하다 mould v. (성격·의견 등에) 강한 영향을 주다, (성격·의견 등을 형성하도록) 만들다 in so far as ~하는 한에 있어서는 reverse n. 역(逆), 정반대 accompany v. ~을 수반하다

과학이 만들어내는 모든 효과는 과학이 제공하는 지식의 결과물이다. 지식이 축적됨에 따라, 인간은 점점 더 자신의 물리적 환경, 사회적 환경과 자기 자신을 자신이 가장 좋다고 생각하는 형태로 만들 수 있게 된다. 그가 현명한 한에서 이 새로운 힘은 유익하고, 그가 어리석은 한 그것은 완전히 반대가 된다(해롭게 된다). 따라서 과학 문명이 좋은 문명이 되려면, 지식의 증대에 지혜의 증가가 수반해야 한다.

① 지혜의 증가
② 사회 연결망의 생성
③ 물리적인 힘의 감소
④ 과학적 발견의 축적
⑤ 보다 유리한 환경의 조성

23 논리완성 ④

첫 번째 문장 서두에서 업무성취가 태도의 결과로 생긴다고 했는데, 세미콜론 다음에서는 업무나 행동에 의해 우리의 태도가 형성된다고 했으므로 문맥상 앞뒤 내용이 서로 반대가 된다. 따라서 첫 번째 빈칸에는 to the contrary(거꾸로)가 적절하다. 즉 앞의 might think과 관련하여 세미콜론이 'however, in fact(그러나 사실은)'의 의미를 함축하고 있다고 할 수 있다. 두 번째 빈칸 앞에서 우리가 어떤 일을 잘한다면, 그 일에 대해 호의적인 태도를 갖는 경향이 있다고 했는데, 두 번째 빈칸 다음에는 직장에서 성공할 때 갖는 직장에 대한 호의적인 태도를 예를 들어 설명하고 있으므로 두 번째 빈칸에는 For example이 적절하다.

come about 생기다, 일어나다; 바뀌다 precede v. ~에 선행하다, ~에 앞서다 favorable a. 호의를 보이는; 유리한 necessarily ad. 필연적 결과로서, 반드시 internal a. 내부의, 내면적인 drive n. 의욕, 추진력 motivation n. 동기 부여; 자극 external a. 외부의, 밖의 pleasant a. 쾌적한, 즐거운

당신은 업무성취가 태도의 결과로 생긴다고 생각할지도 모르지만, 사실은 거꾸로 우리는 우리가 일을 얼마나 잘하는지 또는 우리의 행동 때문에 태도를 형성하는 경향이 있다. 연구 결과, 일련의 성공적인 행동인 업무성취가 종종 태도에 선행한다는 것이 드러났다. 다시 말해, 우리가 어떤 일을 잘하면, 우리는 그 일에 대해 호의적인 태도를 갖는 경향이 있다. 예를 들면, 당신이 직장에서 성공한다면, 당신은 근무하는 회사에 대해 호의적인 태도를 가질 가능성이 크다. 그에 반해서, 당신의 회사에 대한 긍정적인 태도가 반드시 당신이 업무를 더 잘 성취할 것이라는 것을 의미하지는 않는다. 왜냐하면, 업무 성취를 결정하는 것은 대개 당신의 내적인 추진력이나 잘 성취해야겠다는 동기이지, 쾌적한 근무 환경이나 회사 야유회와 같은 외적인 요인이 아니기 때문이다.

24 논리완성 ④

필자는 성취감과 돈이 어느 정도까지는 행복을 증진시킬 수 있다고 생각하지만, 그 이상으로는 행복을 증진시킬 수 없다고 했다. 마지막 문장에서는 이 내용을 부연 설명하고 있는데, 성공을 위해 다른 모든 것을 희생시키면 성공에 치러야 하는 비용이 너무 크다고 했으므로, 성공은 행복의 한 요소에 불과하다고 볼 수 있을 것이다.

obscure a. 불명료한, 애매한, 어두운, 무명인 win recognition 존재를 인정받다 up to a certain point 어느 정도까지 be capable of ~을 할 수 있다 maintain v. 주장하다 dearly ad. 비싼 대가[희생, 비용]를 치르고 ingredient n. 재료, 구성 요소 sacrifice v. 희생시키다

나는 성취감이 인생을 더 쉽게 즐기게 만든다는 것을 부인하지 않는다. 이를테면 무명으로 젊은 시절을 보낸 한 화가가 그의 재능을 인정받는다면 더 행복해질 수 있을 것이다. 나는 또한 돈도 어느 정도까지 행복을 증진시킬 수 있다는 것을 부인하지 않는다. 하지만 그 이상으로는 행복을 증진시킬 수 없다고 생각한다. 내가 주장하는 것은 성공은 행복의 한 요소가 될 수 있을 뿐이라는 것이다. 만약 성공을 얻기 위해 다른 모든 것들을 희생시켜야 한다면 치러야 하는 비용이 너무 크게 된다.

① 성공은 노력을 통해 얻을 수 없다
② 우리는 돈이 없다면 더 행복해질 수 없다
③ 인생에서 성공은 진정한 행복을 초래한다
④ 성공은 행복의 한 가지 요소가 될 수 있을 뿐이다
⑤ 재능을 인지하는 것은 우리의 행복에 반드시 필요하다

25 논리완성 ②

필자는 정교함을 요구하는 뇌수술을 참관할 기회가 생겼는데, 초조해 보였던 외과의사가 수술대에 서자 기계와 같이 확실하게 수술을 했다고 했다. 따라서 필자를 놀라게 했던 것은 수술 시에 보였던 그 의사의 '침착함'이라고 볼 수 있으므로 ②가 빈칸에 적절하다.

delicate a. 세심한; 미묘한, 까다로운 operation n. 수술 slight a. 약간의, 조금의, 경미한 slip n. (작은) 실수 surety n. 보증인, 확실함 dumbfound v. 말문이 막히게[깜짝 놀라게] 하다, 어쩔 줄 모르게 하다

얼마 전에 나는 한 외과의사가 까다로운 뇌수술을 하는 것을 지켜볼 기회를 가졌다. 그가 손을 조금만 미끄러트려도 환자가 마비되거나 사망했을 것이다. 그 의사가 나에게 인상적이었던 것은 그의 기술이 아니라 그의 놀랄만한 침착함이었다. 나는 수술이 시작되기 불과 몇 분 전만해도 그 의사가 긴장하고 있었다는 것을 알고 있었다. 그러나 일단 수술대에 서자 그는 기계와 같이 확실하게 수술을 했는데, 그것이 나를 깜짝 놀라게 했다.

① 그의 불안정한 성격
② 그의 놀랄만한 침착함
③ 그의 위로의 말
④ 그의 환자에 대한 인간적인 태도
⑤ 그의 솜씨 좋은 로봇 의사의 사용

26 빈칸완성 ①

본문에서는 차량 증가에 따른 도시의 심각한 주차 공간 부족 문제에 관

해 주로 이야기하고 있으므로, 빈칸에는 ① "어디에 주차해야 하는가?"가 들어가는 것이 적절하다.

dense a. 빽빽한, 밀집한; (인구가) 조밀한 parking lot 주차장 in due course 적절할 때에 boulevard n. 도로, 대로 bottleneck n. (차량 흐름이 느려지는) 좁은[번잡한] 도로, 병목지역, 병목현상 annoying a. 성가신, 귀찮은 persistent a. 영속하는, 끊임없는

자동차로 인한 교통 혼잡은 여러 도시에 주차 문제를 일으켰다. 처음에 운전자들은 길가에 주차했고, 그러다가 그들은 주차장을 필요로 했다. 곧 그들은 더 큰 주차장을 필요로 했고, 적절할 때가 되어서는 훨씬 더 큰 주차장을 필요로 했다. 즉, 주차장이 더 커질수록, 더 많은 사람들이 그 주차장을 이용하기를 원했다. 큰길을 새로 내고, 도로를 확장하고, 고속도로를 건설하는 것이 도시로 들어오는 차량의 흐름을 느리게 하는 병목현상을 완화하는 데 도움이 됐다. 그리고 점점 더 많은 차들이 도시로 들어오게 됐다. 오늘날 미국의 모든 도시에서 "어디에 주차해야 하는가?"라는 질문은 자동차 역사상 그 어느 때보다도 더 짜증나게 하고 끊임없이 반복되는 질문이다.

① 어디에 주차해야 하는가?
② 주차비가 얼마나 드는가?
③ 이곳에서 발렛 파킹(대리주차)을 이용할 수 있는가?
④ 이 근처의 야구장이 어디에 있는가?
⑤ 운전면허증을 좀 보여주시겠습니까?

27 글의 흐름상 어색한 문장 고르기 ⑤

4년간 이어진 남북전쟁을 통해 북부 연합이 유지되고, 흑인 노예들이 해방되었다고 했다. 그리고 이 전쟁을 바라보는 관점을 제시했는데, ⓔ에는 패배한 남부 연합을 어떻게 재건할 것인지에 대한 문제가 나와서, 뒤에 이어진 남북전쟁에 대한 역사적인 의미와 연결이 되지 않는다. 따라서 글의 흐름상 어색한 문장은 ⓔ이다.

festering a. 지겨운, 싫증이 나는 inauguration n. (대통령·교수 등의) 취임(식) secede from ~에서 탈퇴[분리]하다 the Union 미합중국, (남북 전쟁 때 연방정부를 지지한) 북부의 여러 주, 북부 연합 Confederate States (of America) (the~) 남부 연방(= the Confederacy) bloody a. 피비린내 나는 preserve v. 보전하다, 유지하다 oppressive a. 압제적인, 압박하는 subculture n. 하위문화 pivotal a. 중심(축)이 되는 tangled a. 헝클어진; 복잡한; 뒤얽힌 reconstruct v. 재건[복원]하다 interpret v. 설명[해석]하다, 이해[해석]하다

1860년에 에이브러햄 링컨(Abraham Lincoln)이 대통령에 당선된 것은 연방정부와 주정부의 상대적인 권력에 대한 오래되고 지겨운 논쟁이 절정에 이르게 했다. 그가 취임했을 때는 이미 남부의 여섯 개 주들이 미합중국에서 탈퇴하여 남부 연방을 만들었고 곧 다섯 개의 주가 더 합류했다. 뒤이은 북부와 남부 사이의 전쟁은 입헌 정부를 가장 가혹한 시험대에 올렸다. 4년 동안 이어진 피비린내 나는 전쟁 후에 미합중국은 유지되었고, 400만 명의 미국 흑인 노예가 해방되었으며, 국가전체가 노예제도의 억압적인 중압에서 벗어나게 되었다. 이 전쟁은 다양한 면으로 바라볼 수 있는데, 두 지역 하위문화의 충돌의 폭력적인 최종 국면으로도, 민주적인 정치 체제의 몰락으로도, 수십 년 동안 이어진 사회 개혁의 절정으로도, 미국 인종 역사의 중심적인 장으로도 볼 수 있는 것이다. <전쟁 자체만큼이나 중요한 것은 패배한 남부를 어떻게 재건할 것인가에 대한 뒤얽힌

문제였다.> 그러나 어떻게 해석할지라도 남북전쟁은 위대한 영웅주의, 희생, 승리, 그리고 비극의 이야기이다.

---

28 글의 주제 ④

매우 뛰어난 사람들은 그들이 특별한 사람들이어서가 아니라 훌륭한 참모를 고용할 수 있는 사람들이기 때문임을 설명하면서, 존 F. 케네디와 오프라 윈프리의 예를 들고 있다. 이들은 훌륭한 참모를 활용하여 성공할 수 있었으므로, ④가 글의 주제로 가장 적절하다.

exceptional a. 특별한, 보통이 아닌, 특별히 뛰어난 resource n. 자원; 수단; 지략, 기지 credit n. 신용; 신망; 명예, 칭찬 fund v. 자금[기금]을 대다 giveaway n. 현상금을 주는 방송프로그램

매우 뛰어난 사람을 살펴보라. 좀 더 자세히 살펴본다면, 아마도 그 사람이 한 사람의 개인이 아니기 때문에 특별하다는 것을 알 수 있을 것이다. 그는 훌륭한 참모를 고용할 수 있는 자원을 가진 사람이다. 지도자에게는 혼자 모든 것을 이루었다는 공로와 인상이 돌아간다. 존 F. 케네디(John F. Kennedy)는 "국가가 당신을 위해 무엇을 할 수 있는지 묻지 말고, 당신이 국가를 위해 무엇을 할 수 있는지 물으십시오."라는 말을 한 것으로 기억된다. 그의 연설문 작가인 테드 소렌슨(Ted Sorenson)은 그 유명한 말을 만들어낸 사람이 자신인지를 묻는 질문을 받았을 때, "물어보지 마십시오."라고 답했다. 오프라 윈프리(Oprah Winfrey)에게는 조사원들과, 패션 컨설턴트들과, 메이크업 아티스트들과 그녀의 꿈-실현 방송프로그램에 기꺼이 돈을 대려는 기업 후원자들이 있다.

다음 글의 주제로 가장 적절한 것은?
① 국가를 위한 개인의 희생의 중요성
② 표준화된 지도자 양성 과정의 필요성
③ 성공을 위한 철저한 외모관리의 중요성
④ 성공에 있어서 효율적 인력 활용의 중요성
⑤ 꿈의 실현을 위한 인지도 향상의 필요성

---

29 글의 요지 ②

사람이 나이가 들수록, 두뇌가 퇴화한다는 생각을 뒤집는 최근의 연구 결과를 소개하며, 마지막 문장에서 "가장 놀라운 결론 중의 하나는 인간의 두뇌가 평생 동안 학습할 능력이 있다는 점이다."라고 이 글의 요지를 언급하고 있으므로 ②가 정답이다.

less and less 점점 적은[덜한] competent a. 유능한, 적임의 intellectual power 지력, 지적 능력

과학자들은 사람들이 나이가 들수록, 두뇌가 점점 더 특정한 일을 수행하지 못하게 되고, 정보를 기억하지 못하며, 새로운 아이디어를 배울 수 없다고 오랫동안 생각해왔다. 그러나 두뇌에 대한 새로운 연구는 이런 생각 중 일부가 잘못되었다는 것을 증명해줄지도 모른다. 오늘날 과학자들은 어떤 면에서 두뇌가 실제로는 시간이 지남에 따라 더 유능해진다는 점을 발견하고 있다. 『타임(Time)』지의 기고가인 제프리 클루거(Jeffrey Kluger)는 "예전에 과학자들은 지적 능력이 40세에 절정에 도달한다고 생각했었다."라고 보도했다. 그러나 최근의 연구는 두뇌가 중년기(약 35세에서 65세 사이)에도 계속해서 발달하며, 심지어 나이 든 두뇌가 중요한 장점이 있을 수도 있다는 것을 보여준다. 가장 놀라운 결론 중의 하나는 인간의 두뇌가 평생 동안 학습할 능력이 있다는 점이다.

다음 글의 요지로 가장 적절한 것은?
① 나이가 들수록 두뇌의 기능은 쇠퇴한다.
② 인간의 학습하는 능력은 평생 동안 유지된다.
③ 두뇌의 주된 기능은 새로운 정보의 학습이다.
④ 아이들은 성인보다 정보를 더 잘 기억한다.
⑤ 인간의 지적 능력은 40살에 절정에 이른다.

---

30 문장삽입 ⑤

주어진 문장에서 소가 먹는 풀인 자주개자리가 꿀벌을 수분 매개자로 필요로 한다고 했으므로, 주어진 문장 앞에는 소와 관련된 내용이 와야 하겠는데, ⓔ 앞에서 "꿀벌은 또한 식탁에 고기를 가져다주는 순환과정의 중요한 한 부분을 차지한다."라고 했으므로 주어진 문장이 들어가기에 적절한 곳은 ⓔ이다. 주어진 문장의 '소 – 자주개자리 – 꿀벌'이 하나의 순환과정을 보여준다.

beekeeper n. 양봉가 colony n. (동일 지역에 서식하는 동·식물의) 군집 pollinate v. 수분(受粉)하다 pollinator n. 꽃가루 매개자, 꽃가루의 공급원이 되는 식물 cattle n. 소, 축우 alfafa n. 알팔파, 자주개자리 figure out (생각한 끝에) ~을 이해하다, 알아내다 meat eater n. 고기 먹는 사람[동물], 식충 식물 vegetarian n. 채식(주의)자 be in short supply 공급이 부족하다

2007년 1월과 5월 사이에 양봉가들은 봉군(蜂群: 벌들의 군집), 즉 많은 벌들 중에서 4분의 1을 잃었다. 이처럼 대규모로 꿀벌이 사라지는 것은 꽃을 수분하기 위해 벌이 필요한 원예가들에게 중요할 뿐만 아니라 식량 위기를 초래할 수도 있을 것이다. 꿀벌은 견과류, 아보카도, 사과, 오이, 체리, 그리고 블루베리 등에 수분한다. 그리고 심지어 이것이 전부가 아니다. 전문가들은 인간이 먹는 음식 중 약 3분의 1은 곤충에 의해 수분되는 것이며, 80%의 경우 꿀벌이 수분 매개자로 선택된다. 꿀벌은 또한 식탁에 고기를 가져다주는 순환과정의 중요한 한 부분을 차지한다. <소는 자주개자리를 먹고 살며, 자주개자리는 꿀벌을 수분 매개자로서 필요로 한다.> 과학자들이 왜 꿀벌이 사라지고 있는지 알아낼 수 없다면, 고기를 먹는 사람들은 정확하게 야채의 공급도 부족한 그 시점에 가서 채식주의자가 되어야 할지도 모른다.

31-32

프라하 성은 역사적으로 기념비적인 건축물들의 아름다운 복합체일 뿐만 아니라 우리나라의 정치와 법률의 발달과 밀접히 관련된 장소이기도 하다. 프라하 성의 성벽 안에는 크고 비극적인 사건들이 모두 반영되어 있다. 프라하 성이 지어진 이후로, 그 성은 많은 기능을 수행해왔다. 그것은 군주의 거주지였고, 군사 요새였고, 부족의 안식처였고, 기독교의 중심지였고, 지방 의회의 소재지였고, 법원과 행정청의 중심지였다. 특히 중요한 것은 체코 왕들의 매장지로서의 기능과 국가로서의 체코의 지위를 여전히 상징하고 있는 체코의 왕권 상징 보석의 저장소로서의 기능이다. 1918년 이후로, 그것은 대통령의 집무실과 함께 체코공화국 대통령이 있는 곳이었으며, 1천 년 이상 지속되어온 국가의 수장이 있는 곳으로서의 전통이 계속되는 곳이다. 대통령이 있는 곳의 상징은 프라하 성의 하늘에서 휘날리고 있는 공화국 대통령의 깃발이며, 이 깃발은 체코 공화국의 상징 중 하나이며, 깃발의 중앙에는 거대한 국가의 문장(紋章)과 'Pravda vitezi(진실은 승리한다)'라는 제명(題銘)이 있다.

monument n. 기념비적인[역사적인] 건축물 wall n. 벽, (pl.) 성벽 tragic a. 비극의, 비참한 fulfil v. (특정한 역할·기능을) 하다 function n. 기능, 구실 monarch n. 군주, 주권자 fortification n. 방어 시설, 요새화 sanctuary n. 보호구역; 안식, 피난처 seat n. 위치, (활동의) 소재지, 중심지 provincial a. 주(州)[도(道)]의, 지방의 administrative a. 관리[행정]상의 burial n. 매장, 장례식 repository n. 저장소; 진열장, 박물관 coat of arms (가문·도시 등의 상징인) 문장(紋章)

31 지시대상 ⑤

Ⓐ, Ⓑ, Ⓒ, Ⓓ는 프라하 성을 가리키고 있지만, Ⓔ는 체코의 대통령기를 가리키고 있으므로 ⑤가 정답이다.

32 내용파악 ④

밑줄 친 a number of functions 다음에는 프라하 성이 수행한 여러 가지 기능을 나열하고 있다. "그것은 군주의 거주지, 군사 요새, 부족의 안식처, 기독교의 중심지, 지방 의회의 소재지, 법원과 행정청의 중심지 등이었다. 특히 체코 왕들의 매장지로서의 기능과 국가로서의 체코의 지위를 여전히 상징하고 있는 체코의 왕권 상징 보석의 저장소로서의 기능이 중요하다"고 했다. 하지만 '문화예술 공연장'으로서의 기능은 언급되어 있지 않으므로 ④가 정답이다.

밑줄 친 a number of functions의 예로 언급되지 않은 것은?
① 최고 통치자의 거소(居所)
② 국가적 상징물의 보관소
③ 왕실의 무덤
④ 문화예술 공연장
⑤ 군사 요새

33-34

월트 디즈니(Walt Disney)는 시카고에 있는 미술 학교에서 공부를 했고 1920년 만화가로 활동을 시작했다. 1928년에 디즈니는 무성영화인 "Plane Crazy(정신 나간 비행기)"에서 미키 마우스 캐릭터를 만들었다. 그해에 미키는 또한 "Steamboat Willie(증기선 윌리)"에서 모습을 드러냈는데, 각각의 움직이는 동작에 대해 별도의 밑그림을 만든다는 생각으로 처음 만들어진 단편영화였다. 그는 또한 음악, 소리의 사용, 속도감의 묘사, 3차원(입체)의 효과, 색의 사용 등을 실험했다. 디즈니는 최초의 장편 만화인 "Snow White and the Seven Dwarfs(백설 공주와 일곱 난쟁이, 1983)"를 만들었는데, 이 만화를 완성하는 데는 3년이 걸렸다.
그의 생전에 디즈니와 그가 제작한 작품들이 수많은 아카데미상과 기타 상들을 받았다. 그가 사망하고 나서도 디즈니 스튜디오는 여전히 활기찼고, 사업을 다각화했으며, 결국 대단한 성공을 거두게 되었다. 1980년 초 디즈니 스튜디오는 어른들을 위한 영화를 만들기 시작했다.
디즈니는 캘리포니아 주(州) 애너하임에 위치한 거대한 테마파크인 디즈니랜드를 1955년에 개장했다. 애너하임에 있는 규모가 조금 작은 또 다른 테마파크인 디즈니 캘리포니아 어드벤처가 2001년에 디즈니랜드와 인접한 곳에 문을 열었다. 훨씬 더 큰 테마파크인 월트 디즈니 월드는 1971년에 플로리다 주 올랜도에서 테마파크와 리조트로 문을 열었고, 엡콧 센터, 디즈니-MGM 스튜디오, 애니멀 킹덤이 그 후에 추가되었다. 디즈니랜드 파크는 또한 1983년에 도쿄 인근에 개장을 했고, 1992년에는 파리 인근

의 마른 라 발레(Marne-la-Valle)에 문을 열었다.

appear v. 나타나다, 출현하다 commence v. 시작하다, 개시하다 animated a. (사진·그림 등이) 동영상으로 된, 만화 영화로 된 portrayal n. 그리기, 묘화(描畵), 묘사 three-dimensional a. 3차원의, 입체의 feature-length a. 보통 장편 극영화 길이의, 장편의 dwarf n. 난쟁이 spry a. 활발한, 재빠른, 원기 왕성한 diversified a. 변화 많은, 다양한, 다채로운 enormously a. 엄청나게, 대단히 humongous a. 거대한 adjacent a. 인접한, 가까운

33 내용일치 ③

두 번째 단락 첫 번째 문장에서 "그의 생전에 디즈니와 그가 제작한 작품들이 수많은 아카데미상과 기타 상들을 받았다."고 했으므로 디즈니의 사후가 아니라 '생전'에 아카데미상을 받았다고 볼 수 있다. 따라서 ③이 월트 디즈니에 관한 내용과 일치하지 않는다.

Walt Disney에 관한 위 글의 내용과 일치하지 않는 것은?
① 1920년에 만화가로 활동을 시작했다.
② 최초의 장편 만화영화 "백설공주와 일곱 난장이"를 만들었다.
③ 사후에 처음으로 아카데미 영화상을 받았다.
④ 그의 사후 디즈니 영화사는 사업을 다각화했다.
⑤ 1980년대 이후 도쿄와 파리 근교에 디즈니랜드가 개장했다.

34 어법상 틀린 표현 고르기 ③

remain은 자동사이므로 수동태가 불가능하다. 따라서 © were remained는 remained가 되어야 한다.

35-36

필립 거스턴(Philip Guston)의 예술적인 언어와 시적 동기는 인간 존재의 비논리적이고 역설적인 현실을 더 잘 이해하고 파악하려고 한다. 그 화가의 과업은 "표현의 방법"이 아니라 "이해하는 방법"이다. 거스턴은 추상회화를 포기하고 구상회화, 즉 단순하고 직접적인 형상으로 돌아갔다. 언뜻 보기에 어려운 도상학으로 보이는 것은 종종 전구, 신발 밑창, 쓰레기통의 뚜껑 같은 그의 어린 시절의 그림들과, 마치 그것들이 피에로 델라 프란체스카(Piero della Francesca)의 프레스코화에서 차용한 요소들인 것처럼, 관련하고 있다. 거스턴의 도상학은 서술적 논리를 통해 해석될 수 있는 단순한 표현이 아니다. 그것은 더 심오한 지식과, 칼 융(Carl Jung)의 "아니마"와 관련이 있다. 거스턴의 비논리적인 도상학은 서술적 형상에 대해 말하지 않고, 신화적인 잠재의식의 밑바닥에 있는 형상이나 본질의 돌연한 현현(顯現)이나 비논리적으로 받아들여지는 것으로 나타나는 예지에 대해 말한다.

apprehend v. (의미를) 파악하다, 이해하다 represent v. 표현하다[나타내다] paradoxical a. 역설적인, 모순된, 불합리한 existence n. 존재, 실재, 현존 abandon v. 단념하다, 그만두다 abstraction n. 추상주의, 추상주의 작품[도안] concretion n. 구체화[실체화](한 것) figuration n. 비유적 표현, 형상, 상징(화) iconography n. 도해(圖解); 도상학; (인물·풍경 따위를 포함한) 초상화(집) refer back to 어떤 것을 다시 언급하다(= mention something again); 예전의 어떤 것과 관련하다 (= relate to something previously mentioned or seen) epiphany

n. (어떤 사물이나 본질에 대한) 직관, 통찰 manifest v. 명백히 하다; (감정을) 나타내다, 보이다 divination n. 예측, 예지; 예언

35 글의 주제 ⑤

필립 거스턴의 그림의 양식적인 특징인 도상학에 대해 설명하고 있으므로 글의 주제로 ⑤가 적절하다.

위 글의 주제로 가장 적절한 것은?
① Philip Guston 시(詩)의 언어적 특징
② Philip Guston의 그림에 나타난 논리성
③ 추상예술과 구상 예술의 철학적 배경
④ Carl Jung이 현대 미술에 미친 영향
⑤ Philip Guston 회화의 양식적 특징

36 빈칸완성 ②

두 번째 문장에서 필립 거스턴은 단순하고 직접적인 형상의 구상회화로 돌아갔다고 했으므로, 그 이전에는 이와 반대되는 화법인 추상표현주의 작품을 추구했다고 볼 수 있으므로 Ⓐ에는 abstraction이 적절하다. 그리고 Ⓑ 다음 문장에서 거스턴의 비논리적인 도상학은 서술적인 형상에 대해 말하는 것이 아니라고 했으므로 거스턴의 도상학은 서술적 논리를 통해 해석될 수 없을 것이다. 따라서 Ⓑ에는 descriptive가 적절하다. 그리고 마지막 문장의 대시(─) 다음의 divination은 '전조(前兆)', '예지' 등의 뜻을 가지는 단어로 비논리적인 것을 설명하는 말이므로 Ⓒ에는 illogically가 적절하다.

37-38

여자아이들은 일반적으로 말을 더 일찍 시작하며, 읽는 법을 더 빨리 배우고, 학습 장애가 더 적다. 예일대학교 신경과 교수들에 따르면, 그 이유는 여자아이들이 글을 읽거나 혹은 말하는 것과 관련된 다른 활동을 할 때 양쪽 뇌 모두의 신경 영역을 사용하기 때문일지도 모른다고 한다. 반대로 남자들은 왼쪽 뇌의 신경 영역만을 사용한다.

이러한 접근법은 여성들로 하여금 논리적인 좌뇌의 추리력뿐만 아니라 우뇌의 감정과 경험도 이용하게 함으로써 여성들에게 장점이 될지도 모른다. 성인 여성들은 남성들보다 언어에 더 능숙한 경향이 있다. 시간이 정해져 있는 테스트에서, 여성들은 남성들보다 같은 글자로 시작하는 단어들을 더 많이 생각해내고, 더 많은 동의어를 나열하고, 색 또는 모양의 이름을 더 빨리 떠올린다. 여성들은 심지어 알파벳 글자를 더 빨리 외우기도 한다. 그러나 여성의 뇌의 이중반구(좌우뇌 이용) 언어 처리는 훨씬 더 큰 이점을 제공한다. 그것은 뇌졸중이나 뇌 손상을 입은 여성이 더 쉽게 회복될 수 있도록 돕는다. "여성들이 말을 하거나 읽을 때 남성들보다 더 많은 수의 뉴런을 활성화시키기 때문에, 뇌의 일부가 손상되어도 덜 취약합니다. 의학계에서, 우리는 뇌졸중을 앓고 있는 여성들이 남성들보다 언어 능력을 더 많이 회복하는 경향이 있다는 것을 관찰했는데, 양쪽 뇌 모두의 뉴런을 사용하는 것이 그 이유일지도 모릅니다."라고 한 신경학자는 말한다.

neurology n. 신경(병)학 neural a. 신경(계)의 engage in ~에 관여[참여]하다 verbal a. 언어[말]의 synonym n. 동의어, 유의어 come up with ~을 떠올리다, 생각해내다 memorize v. 기억하다, 암기하다 stroke n. 뇌졸중 vulnerable a. 취약한, 연약한 regain v. 되찾다

37 빈칸완성 ④

테스트에서 여성들이 남성들보다 같은 글자로 시작하는 단어들을 더 많이 생각해내고, 더 많은 동의어를 나열하고, 색이나 모양의 이름을 더 빨리 떠올린다는 것은 언어에 더 '능숙하다'는 것을 보여주는 것이므로, 빈칸에는 ④ adept가 적절하다.

위 글의 빈칸에 들어갈 말로 가장 적절한 것은?
① 정상의
② 간결한
③ 게으른
④ 능숙한
⑤ 강제하는

38 내용일치 ④

마지막 단락에서 한 신경학자는 "여성들이 말을 하거나 읽을 때 남성들보다 더 많은 수의 뉴런을 활성화시키기 때문에, 뇌의 일부가 손상되어도 덜 취약합니다."라고 했다. 따라서 여성들이 말할 때 남성들보다 더 많은 수의 뉴런을 활성화한다고 볼 수 있으므로 ④가 본문의 내용과 일치하지 않는다.

위 글의 내용과 일치하지 않는 것은?
① 언어활동을 할 때 여성들은 뇌의 양 측면을 사용한다.
② 여성들은 남성들보다 알파벳 글자들을 더 빨리 암기한다.
③ 여자 아이들은 남자 아이들보다 일반적으로 더 일찍 말을 시작한다.
④ 남성들은 말할 때 여성들보다 더 많은 수의 뉴런이 활성화된다.
⑤ 여성들은 뇌가 손상되더라도 남성들보다 회복이 용이하다.

39-40

자연 선택은 적대적인 환경에서의 생존을 선사시대에 있었던 모든 적응의 진화에 근본적인 것으로 강조한다. 그러나 만약 예술이 적응이라면, 단순한 생존은 그것(예술)의 존재에 대한 완전히 불충분한 설명이다. 그 이유는 분명하다. 예술 작품과 예술 행위는 전형적으로 인간 정신의 가장 풍부하고, 사치스럽고, 화려한 창작물에 속한다. 예술은 두뇌력과 신체적 노력과 시간과 소중한 자원을 과도하게 소비한다. 다른 한편, 자연 선택은 경제적이다. 그것은 비능률과 낭비를 제거한다. 동물의 기원과 행동은 한 종(種)이 현지의 자원을 가장 효율적으로 사용하여 생존하고 번식할 수 있게 하도록 자연 선택에 의해 설계되어있다. 자연 선택에 의한 진화는 가혹한 회계사처럼 비용과 혜택의 관점에서 잠재적인 적응을 선별해낸다. 따라서 종종 지나치게 낭비적인 경향이 있으며 생존을 위한 그 어떤 확실한 적응의 혜택보다도 훨씬 더 많은 비용을 치르게 하는 인간의 예술에 대해 다윈식의 진화론적 기원을 주장하는 것은 얼마나 이상한 일인가.

natural selection 자연 선택[도태] ample a. 풍부한, 넉넉한, 다량의 extravagant a. 돈을 함부로 쓰는, 사치한 glittering a. 눈부신, 성공적인; 반짝이는 weed out (불필요하거나 부족한 대상 등을) 제거하다[뽑아버리다] sort out 선별하다, 분류하다 accountant n. 회계사 genesis n. 발생, 기원 lavish a. 풍성한, 호화로운, 낭비하는 버릇이 있는 excess n. 과다; 과잉

39 빈칸완성

빈칸 앞에 on the other hand가 왔으므로 소비적인 예술과 다른 자연
선택의 특징이 빈칸에 적절한데, 비능률과 낭비를 제거한다고 했으므
로, 자연선택은 '경제적'이라고 볼 수 있다. 따라서 ② economical이 빈
칸에 적절하다.

위 글의 빈칸에 들어갈 말로 가장 적절한 것은?
① 신중한
② 경제적인
③ 유능한
④ 역설적인
⑤ 예외적인

40 글의 요지

자연 선택은 가장 경제적이고 능률적으로 적응하는 데 반해, 예술은 자
원을 소비하는 방식으로 이루어진다고 했다. 이에 따라 다윈의 자연선
택 개념으로 소비적인 예술을 설명하는 것이 부적절하다고 글을 마무리
하고 있으므로 ⑤가 요지로 적절하다.

위 글의 요지로 가장 적절한 것은?
① 적대적 환경에서의 생존이 진화를 촉진한다.
② 자연선택은 비용과 이익의 계산에 의해 결정된다.
③ 예술은 신체적 노력과 귀중한 자원을 과도하게 소비한다.
④ 예술은 인간의 가장 풍부하고 사치스러운 창작품에 속한다.
⑤ Darwin의 자연선택 개념으로 예술을 설명하는 것은 부적절하다.

MEMO

MEMO

MEMO